죽을 때까지 행복하라

죽을 때까지 행복하라

초판 1쇄 인쇄 2012년 04월 06일
초판 1쇄 발행 2012년 04월 13일

지은이 | 강문일
펴낸이 | 손형국
펴낸곳 | (주)에세이퍼블리싱
출판등록 | 2004. 12. 1(제2011-77호)
주소 | 153-786 서울시 금천구 가산동 371-28 우림라이온스밸리 C동 101호
홈페이지 | www.book.co.kr
전화번호 | (02)2026-5777
팩스 | (02)2026-5747

ISBN 978-89-6023-778-0 03320

삶의 큰 그림을 그리기 위한 강 문 일 의 행복론

죽을 때까지
행복 하라

강 문 일 지음

ESSAY

책을 펴내며

행복한 삶을 살아가고자 하는 모든 분들에게, 내가 40여 년 동안 읽었던 책, 다양한 경험과 배움 및 수많은 대화 속에서의 깨달음, 그리고 삶의 고민 속에서 느낀 내 인생의 모든 노하우를 알기 쉽게 보여드리고 싶다.

성공한 사람들이 펴낸 책들이 많다. 난 성공한 사람은 아니다. 실패한 사람도 아니다. 평범하지만 행복한 삶을 살고 있다고 생각하는 사람이다. 세상 모든 사람들이 평범함 속에 행복을 느끼며 살아갈 수 있기를 간절히 희망한다. 충분히 행복할 수 있는데도 불행한 삶을 사는 사람들과 행복한 삶을 살려면 어떻게 살아가야 할까 고민하는 사람들에게 이 책을 전하고 싶다.

난 어머니 손잡고 초등학교 3학년 때부터 교회에 다녔다. 그 어린 시절 교회 다니며 기도를 잘하지는 못해도, 항상 마음속으로 이렇게 기도했다.

"하나님 우리 가족 모두가 지금보다 더 행복해지고, 우리 사회와 국가가 더 살기 좋은 곳이 되고, 저의 주변 모든 사람들이 더욱 더 행복해질 수 있도록 해주세요."

지금 책을 쓰게 된 것도 그 기도에서 예견된 역할을 수행하는 과정이 아닌가 생각된다.

나는 개인적으로 기록하기를 좋아한다. 중학교 2학년 때 서울 올라오며 쓰기 시작한 일기장을 아직도 가지고 있다. 지금도 그 일기장에 매년 한두 번은 1년간의 나의 생활들을 기록하고 새해에는 어떻게 살아갈지에 대해 다짐의 글을 남기고 있다. 1993년도 군 입대 후엔 군대생활 26개월 동안 매일 일어난 일을 군인수첩에 기록했으며, 군 제대할 때 '추억록' 앨범을 만들어 옮겨 적은 뒤 지금까지 보관하고 있다. 자녀를 가진 뒤부터는 2주에 한 번 정도는 아들과 딸이 어떻게 성장하고 있는지 기록을 남기고 있다.

2005년도에 개설하여 지금까지 잘 운영되고 있는 가족카페(인동회)는 매일 접속하여 글을 남기면서 가족 간에 많은 이야기를 주고받는다. 2009년도에는 처가 형제들의 가족카페(가정회)를 개설하여 사돈 및 동서 형님들과 이야기를 주고받고 있다.

아주 평범한 내 인생이지만, 대부분의 사람은 나와 비슷한 고민을 하고 있을 것이며, 나와 비슷한 인생길을 걷고 있을 것이다. 이 책이 그 사람들에게 조금이나마 보탬이 될 것으로 본다.

수많은 책들을 읽으면서 우리는 대부분 그 내용들이 옳다고 생각한다. 옳다고 생각하는 이면에 또한 핑계거리를 생각한다. 난 그럴 시간이 없고, 그럴 만한 처지가 아니야, 라고. 그렇다, 대부분의 책의 내용은 자신들의 관심 분야를 너무 강조하고 장점만을 이야기하다 보니 과하게 전달하는 경향이 있다. 그래서 읽는 이로 하여금 핑계거리를 만들게 한다.

나는 특정 분야를 이야기하기보다는, 다양한 분야와 생각들을 이야기하고 공유하면서 각자 삶의 균형 감각을 갖게 하고자 한다. 부, 나이, 경험 등에 무관하게 나름대로의 가치 기준을 형성하여 행복한 삶을 만들어 갈 수 있도록 도와주고 싶다.

내 나이 이제 마흔이다. 내 인생에서 40세가 되는 해는 그 의미가 크다. 중학교 시절에 선생님이 이렇게 말씀하셨다.

"너희들 나이가 40세가 되면 그땐 너희들 얼굴에 책임을 져야 한다. 40세 전까지는 부모로부터 물려받은 얼굴로 잘생겼다 못생겼다 평가를 받지만, 40세부터는 40년간 본인 스스로 만들어놓은 얼굴로 다시 평가된다."난 그 말씀을 듣고서 기분이 좋았다. 내가 40세가 되면 누구보다 잘생긴 얼굴을 스스로 만들 수 있겠구나 생각했다. 그 이후로 가끔 선생님의 말씀을 되새기며 그 말씀의 뜻을 좀 더 깊이 있게 이해할 수 있게 되었다. 40세 이상 나이 드신 분들을 보며 누가 잘생긴 것처럼 보이나 눈여겨봤다. 결국 그분들의 이목구비보다는 풍기는 이미지로 평가된다는 것을 깨달았다. 가만히 있어도 웃는 듯한 온화한 인상을 주는 분들에게는 다가가고 싶어지고 더 멋져 보였다. 젊었을 때 잘생겼을 것으로 보이지만 인생의 모든 고민은 다 안고 있는 듯한 모습을 보이는 분들은 무섭고 거부감을 느끼게 했다.

그렇다고 마흔이 넘은 분들이 이젠 내 모습이 다 정해졌구나 생각할 필요는 없다고 여긴다. 얘기의 본질은, 사람은 자신의 심리상태, 마음가짐이 얼굴로 나타나고, 그 인상이 다른 사람들의 눈에 보인다는 것이다. 더 나은 내 얼굴을 갖고자 한다면 자주 웃고 항상 아름다운 생각과 대화를 나누길 바란다.

가끔 어린 시절 시골에서 지내던 때를 떠올린다. 야산 푸른 초원에서 친구들과 야구를 하며 뛰놀던 기억, 학교 수업 후 집에 돌아와 마루에 누워 따사로운 햇살을 받으며 잠들던 기억, 가을이면 동생과 함께 부침개 준비하여 논으로 가서 논두렁에 앉아 새 쫓던 기억, 겨울이면 친구들과 비닐을 준비하여 눈이 쌓여 있는 동네 언덕에서 미끄럼 타던 기억. 너무 평화롭고 행복했던 시간이다.

목차

책을 펴내며

산다는 것은 행복이다. 살아 있다는 것은 너무나 행복한 일이다. 인터넷에는 가끔 유명 연예인이 우울증으로 자살했다는 기사가 올라온다. 많은 것을 얻으며 살아왔기 때문에 버려지는 것에 익숙하지 못해서 일어난 일은 아닌지, 참으로 안타깝다. 가진 게 없는 것이 오히려 행복할 수 있음을 느끼게 한다. 있고 없고를 떠나 현재 있는 그대로의 자신의 모습에 만족하는 사람이 진정으로 행복한 사람이다. 주변 환경에 의해 나의 행복 잣대가 만들어지기에 불행한 생활을 하게 된다. 이젠 스스로가 갖고 있는 환경에서 자신만의 행복 잣대를 형성하여 행복한 생활을 시작하라.

● 목적

삶의 목적은 무엇인가? 행복이다. 누구나 이루고자 하는 꿈이 있고, 바라는 목표가 있다. 그 꿈과 목표는 그것을 이루었을 때 행복할 것이라는 생각에서 시작됐을 것이다. 그 모든 것의 출발은 행복이다. 학창시절 1등 하려는 것도, 좋은 대학교와 좋은 직장에 취직하려는 것도, 돈을 많이 벌어 부자가 되려는 것도, 예쁜 마누라와 결혼하고 싶은 것도, 자녀를 갖는 것도 모두 지금보다 더 행복한 삶을 살고자 하는 마음에서다.

그러나 이 단순한 진리를 망각한 채 목표를 위해 달려가다 행복한 삶을 놓치는 경우가 있다. 한 사람의 인생이 행복하다는 것은 그 사람이 살아 있는 기간 중 행복한 시간이 그만큼 많다는 것이다. 당장 행복하지 않아도 열심히 노력하고, 이 순간의 즐거움을 자제하며, 뼈를 깎는 아픔을 참으며 무엇인가를 성취하려는 것은 그 이후의 행복함이 더 크고 더 길 수 있기 때문이다. 난 마라톤을 좋아한다. 42.195Km를 13번 도전하여 모두 완주했다. 그 과정은 힘들고 포기하고 싶은 순간도 많지만, 파이널(final) 지점을 통과한 뒤의 희열이란 어떠한 것과도 바꿀 수 없다. 그 결과 내 건강도 한 층 업그레이드 되었다. 운동을 더 자주 하고 싶은 이유이다. 난 술도 좋아한다. 술 마시면 기분도 좋고, 그 순간 너무 행복하다. 그 순간은 너무 좋지만, 그 자리가 끝나면 고통스럽고, 그 결과 내 건강은 나빠지고 기분도 다운된다. 요즘 술을 줄이려고 하는 이유가 그 결과물 이후가 마이너스이기 때문이다. 어떻게 하면 내 인생의 좀 더 많은 시간을 행복하게 지낼 수 있을까? 이것이 우리 인생의 키포인트(key point)라고 생각한다. 가족, 친구, 회사동료 누군가와 만나든, 집에서, 회사에서 어떠한 일을 하든, 항상 행복할 수 있다면 진정 행복한 사람일 것이다. 그 모든 순간이 좀 더 행복할 수 있도록 자기노력을 할 수 있어야 한다. 이 책이 그 모든 순간의 행복 안내자 역할을 할 수 있기를 기대한다.

◉ 삶 & 죽음

태어날 때는 순서대로 태어나지만, 죽는 것은 순서가 없다. 신해철이 부른 '우리 앞의 생이 끝나갈 때'란 노래의 한 구절을 난 가끔 흥얼거린다.
"세월이 흘러가고 우리 앞에 생이 끝나갈 때 누군가 그대에게 작은 목소리로 물어보면 대답할 수 있나 지나간 세월에 후회 없노라고."
우린 내일 죽을지 100년 뒤 죽을지 모른다. 내일 죽든 100년 뒤 죽든, 죽는 순간 누군가 내게 지나간 세월에 후회가 없는지 묻는다면, 후회 없다는 말을 할 수 있어야 한다.
과연 어떻게 살아야 후회 없다고 자신 있게 이야기할 수 있을까? 답을 찾는 방법 중 하나가 먼저 살아간 분들의 말씀에서 교훈을 얻는 것이다.

가장 많은 후회 중 하나가 주변 사람에 대한 것이다. 나를 가장 사랑해준 배우자를 마음 아프게 하거나 부모님께 불효한 것을 가장 후회하게 된다. 나와 함께하는 주변 모든 이와 원만한 관계를 유지해야만 하는 이유가 여기에 있다. 주변에 좋지 않은 관계를 절대 만들어서는 안 된다.

그리고 나 자신에 대한 것이다. 하고 싶은 것, 먹고 싶은 것을 못 했을 때도 후회한다. 여유가 되면 가끔은 스스로 하고 싶은 여행이나 취미생활, 또는 맛있는 것을 먹는 시간을 갖는 게 좋다. 돈을 모으는 것도 그러한 시간들을 갖고자 함이 아니던가. 수단과 목적을 잘 알고 있어야 한다. 돈을 모으는 것이 목적이 아니라, 더 좋은 내 생활, 행복한 내 생활을 위해 돈을 모으는 것이다. 또 극단적으로 돈이 전혀 없어도 행복할 수 있음을 알아야 한다. 나중에 돈 모으는 방법을 설명하겠지만, 개인적으로 많은 돈을 원하지 않는다. 약간은 부족한 듯 살아야 그 가치를 알고 소중하게 잘 쓸 수 있기 때문이다.

오늘은 어제 죽은 이가 그토록 살고 싶어 했던 내일이다. 단 하루도 소중하지 않은 날이 없다. 소중한 하루하루를 가치 있게 사용해야 한다. 내일 죽는다면 나는 오늘 무엇을 해야 할까? 하고 물으며 생활한다면, 후회할 일을 만들며 살지 않을 것이다. 모두가 죽기를 원하지 않지만, 모두가 죽는다는 사실을 무시하지 말라.

● 성공적인 삶

성공적인 삶을 살기 위해 어떻게 해야 하는가? 제일 중요한 요소는 자신의 가치관을 정립하는 일이다. 가장 가치 있게 생각하는 게 무엇인지를 정해야 한다. 예를 들어, 회사에서 중요한 일이 있어서 팀 모두가 야근 중이다. 하필 오늘 집에 제사가 있어 모든 가족이 모인다. 게다가 친구가 내일 군대에 간다며 친한 친구들 다 불러 한잔하며 나오라고 부른다. 이때 어떠한 선택을 할 것인가? 어떠한 선택을 할지는 본인이 소중하게 생각하는 가치관에 달려 있다.

회사에서 성공하는 게 더 중요하다면 회사에서 야근할 것이고, 가족 간의 화목을 더 소중하게 생각한다면 가족들 모임에 참석할 것이다. 또 친구간의 우애를 더 우선순위에 둔다면 친구들 모임자리로 향할 것이다. 이때 어떠한 선택이 옳다고는 누구도 말 못 한다. 그건 개인의 가치관이기 때문이다.

나는 이 상황이라면, 먼저 늦어질 가족과 친구에게 전화한 뒤, 저녁을 먹지 않고 회사 일을 최대한 빨리 마무리하고, 마무리 안 된 것은 죄송하다고 양해를 구하고 집으로 갈 것이다. 집에 가서 가족들에게 사정 이야기를 하고 진행을 빨리 서두른 뒤 친구들에게 향한다. 친구들과는 편안하게 늦은 시간까지 함께할 것이다.

하지만 가치관이 없다면 선택도 힘들고, 어떻게 행동할지 결론도 내리기 어려울 것이다. 결국 회사일도 제대로 못 하고, 가족과 친구들에게 질타만 받게 될 것이다. 뭐든 가치 기준이 세워져 있어야 주변에 대해 어떻게 행동할지 쉽게 판단이 될 것이다.

성공적인 삶을 위해서는 '너 자신을 알라.'

성공적인 삶의 가장 중요한 포인트는 자신이 어떠한 사람이고, 자신이 무엇을 할 수 있고 할 수 없는지, 자신이 어떠한 것을 잘하고 못 하는지, 자신의 가장 큰 장단점이 무엇이며, 가장 큰 능력이 어떠한 것인지를 알아야 한다. 나를 알고 자신의 장점을 성장시키며, 단점을 보완하며, 자신의 가치와 능력을 키우도록 자기계발에 힘써야 한다. 그리고 사람간의 관계가 얼마나 중요한지 깨닫고 상대방을 이해하며 상승하는 행동을 해야 한다. 미래의 나를 설계하며 현실의 나를 성장시키도록 노력해야 한다. 또 사회의 변화에 관심을 갖도록 해야 한다.

대학이든, 직장이든, 배우자든, 재테크든 준비된 자에게 기회가 온다. 사람에겐 3번의 기회가 온다는 말이 있다. 누구에게나 기회는 온다. 그 기회를 잡는 이는 성공하고, 그렇지 못한 이는 실패한다. 준비하고 있으면 그 기회가 기회임을 알고 잡는다. 하지만 준비되지 않은 이는 기회가 지나간 뒤에 그게 기회였음을 알게 되고, 그때 자신의 판단을 후회한다.

가치관은 생각의 중심이며, 모든 갈등의 순간 어떠한 결정을 하기 위한 판단 기준이다. 가치관은 남녀노소, 지위고하, 빈부 정도 등의 상황에 무관하게 가장 중요한 항목이다.

좋은 대학에 입학하는 것이 인생의 목표인 것처럼 학창시절을 보내다 보니 그보다 소중한 가치관 형성들이 잘 안 되고 있다. 이 책을 읽고서 가치관 형성과 행복한 생활을 하는 데 조금이나마 도움이 되길 바란다. 무엇이 소중한지 모르기에 너무나 황당한 사건들이 많이 발생한다. 열 살도 안 된 어린아이에 대한 성범죄, 부모 살해사건, 지하철에서 노인에게 막말 폭행, 동반자살 등 정상적인 교육 과정을 받은 사람이라면 도저히 할 수 없을 것 같은 사건들이 너무 자주 발생한다. 이 모든 문제의 중심엔 가치관 형성이 정상적으로 이뤄지지 않았다는 문제가 도사리고 있다. 행복한 나의 인생을 생각하고 상대방을 배려할 줄 아는 가치관만 잘 형성된다면, 세상은 살맛나는 곳이 될 것이다.

● 긍정

긍정이라는 단어, 제일 맘에 드는 단어이다. 긍정적으로 사물과 현상을 바라보면 기분도 좋아지고 주변이 더 밝아지는 느낌도 들게 된다. 스스로가 더 행복함을 갖게 된다.

칭찬은 고래도 춤추게 한다고 했다. 칭찬은 상대방의 긍정적인 부분을 보고 잘했다고 말해주는 것이다. 상대방은 칭찬해준 나에게 좋은 감정을 가질 것이다. 상사에게 아부하는 동료를 싫어한다? 그것은 좋지 않은 시각이다. 아부라는 말로 좋지 않게 표현한 것이다. 서로간의 장점을 말하며 원만한 관계를 형성해가는 것은 아부가 아니다. 누가 자신에게 불만을 말하는 직원을 좋아하겠는가.

부정적인 부분을 드러내며 비판의 목소리를 내는 게 무조건 나쁜 것은 아니다. 자극을 주어 노력하는 모습을 만들기 위해서는 비판의 목소리가 분명 필요하다. 하지만 이 비판도 긍정적인 요소를 보완하기 위한 부분으로 활용해야 한다. 이건 아주 좋아, 그런데 이게 약해서 좀 부족해 보이니 이런 걸 좀 더 보완해봐. 모든 중심은 긍정인 것이다.

우리의 뇌는 말에 의해 표현된 것과 실제 현실 속에 나타난 상황을 구분하지 못한다고 한다. 좋지 않은 말, 불평불만, 짜증내는 언어, 욕, 비방 등 부정적인 말을 자주 하게 되면, 그 소리는 귀를 통해 뇌로 전달된다. 뇌는 부정적인 말로 인해 '난 짜증나고 불만이 가득한 상황이구나.'라고 판단하며 온몸에 불쾌한 스트레스 호르몬을 뿌리게 된다. 부정적인 말을 반복하는 사람에게는 몸과 마음에 부정적인 스트레스가 쌓이고, 실제로 부정적인 일이 자주 발생한다.

반대로 긍정적인 좋은 말만을 계속해서 하게 되면, 실제로 주변에 기분 좋은 일이 많이 일어난다. 현실과 몸 컨디션을 잘 유지하도록 긍정적으로 말하는 훈련을 하라. 몸에 배어 있지 않아도 억지로라도 노력하라. 생활이 바뀐다.

그런 긍정적인 사람이 장수한다. 우리는 흔히 욕을 많이 듣는 사람이 오래 산다고 한다. 왜일까? 욕을 많이 듣는 사람은 대체로 자기희생을 하지 않는 사람이다. 온갖 고생은 옆에 있는 사람이 하고, 자신은 너무나 태연하게 살아가는 사람이다. 그렇게 욕을 들으며 사는 것은 일부러 고생하며 힘들게 살 필요가 없다고 생각하기 때문이다. 극히 긍정적인 형태 중 하나이다. 그렇게 생활하면 욕은 듣겠지만, 스트레스 받지 않고 장수하며 살게 될 것이다.

반대로, 옆에서 꾸짖고 욕하는 사람은 스트레스를 받고 온갖 일을 혼자 다하며 몸 상태를 나쁘게 만든다. 결국 욕하는 사람이 빨리 죽을 가능성이 커진다. 만약 상대방의 변화 가능성이 없다면 무시하고 지내라. 상대방을 바꾸려다 내가 먼저 무너진다. 그리고 결국 내가 해야 할 일이라면 인정하고 그 자체를 즐겨라. 불만을 표출하기보다는 좋은 점만 생각하며 지내는 게 자신의 건강한 생활을 위해 가장 좋다.

하지만 무엇이나 지나친 것은 좋지 않다. 지나치게 긍정적인 사람은 나태해지기 쉽다. 자신의 부족한 부분을 찾아 보완하려는 노력도 하지 않고 무조건 좋게만 생각하는 사람은 발전이 없다. 누군가의 잘못된 말과 행동을 지적하지 않으면 개선이 없다. 부정적인 접근이 아니라, 개선과 발전을 위한 비판이 필요한 것이다. 지나치게 긍정적인 사람은 우유부단한 사람으로 보인다. 이것도 좋고, 저것도 좋고 다 괜찮아. 이런들 어떠하고, 저런들 어떠하리. 이러한 접근은 옳지 않다. 긍정적 접근은 좋지만, 자신의 생각과 판단은 반드시 있어야 한다. 옳고 그른 것의 기준을 가지고 있어야 한다. 자신의 생각과 의지를 분명하게 말하고 상대방과 다수의 의견을 따르는 방식을 택하라.

또 지나치게 긍정적인 사람은 리스크 관리에 소홀해진다. 잘될 거라는 생각만하고 잘 안 될 거라는 생각을 하지 못하면 위험한 상황이 닥칠 수 있다. 긍정의 효과를 지키려면 리스크 관리도 잘해야 한다. 잘 안 되면 어떻게 할 것인지를 대비하도록 하라.

애들 키울 때도 똑같은 말이라도 표현할 때 조심해야 한다.

"너 입에 손 넣으면 안 돼." 이렇게 부정적으로 이야기하지 말고, "너 입에서 손 빼." 이렇게 긍정적으로, '어떻게 하라.'고 이야기하면 아이는 거부감을 덜 가질 것이다. "하지 마."라는 말보다 "이렇게 해."라고 말하는 게 좋다. 하지 말라고 할 때, 그럼 어떻게 하라는 것인지 이해는 못 한 채 당황하기만 할 수도 있다. '어떻게 하라.'고 말해야 아이들이 쉽게 이해하고 시키는 대로 행동할 수 있을 것이다.

긍정적인 사고를 가진 사람은 어떠한 상황에서도 이겨낼 수 있는 힘이 생긴다. 내게 닥친 어떠한 어려움 속에서도 살 길을 모색하는 이와 어려움이 닥치면 이젠 안 되겠다고 포기하는 이, 둘 중에 누가 살아남겠는가, 결과는 당연하다.

위기는 위험과 기회를 함께 가지고 있다. 위기의 순간에 더 나빠지는 사람이 있고, 위기의 순간에 기회를 찾아 성공하는 사람이 있다. 성공하려면 오히려 위기가 오기를 바라는 것도 좋을 수 있는 것이다. 위기를 위협으로 받아들이기보다, 어떠한 기회가 있을까 방법을 모색하여 더 좋은 상황을 만들어 놓는 것이다. 평상시와는 다른, 보다 적극적이고 창의적 생각을 하며, 위기 속에 어떠한 새로운 기회가 숨어 있는지 찾도록 하라.

◉ 범사에 감사하라.

교회 다니면서 가장 맘에 드는 단어가 "항상 기뻐하라, 범사에 감사하라." 이다. 난 왜 공부를 못 할까, 난 왜 운동을 못 할까, 난 왜 못 생겼을까, 이러한 불만은 지체 부자유자들에겐 복에 겨운 소리로 들린다. 건강한 육체를 가지고 있는데 못 할 게 뭐가 있느냐고 할 것이다.

그럼 지체 부자유자들은 불행한가? 아니다. 눈이 멀어도 손발이 있어 어디든 갈 수 있는 것에 감사할 수 있고, 손발이 없어도 눈과 귀가 있음에 감사할 수 있다. '내겐 소각기 팔다리까지 고단 게 디 없이, 그데, 닌 찐짜 불쌍한 사람이야.'라고 생각하는 사람이 있다면, 그러한 생각을 할 수 있는 머리가 있음에 감사할 수 있다.

모든 것이 감사하다면, 그 보다 행복한 게 뭐가 있겠는가. 충분히 행복하게 지낼 수 있는데, 많은 사람들이 자신이 불행하다고 느낀다. 나의 현 처지에 만족하지 못하기 때문에 불행한 것이다. 주변과 비교하여 상대적으로 내가 부족하다고 느끼기 때문에 불행하다. 내가 나 자신을 가장 불행하게 만들고 있다는 사실을 깨달아야 한다. 스스로 만족하지 못하기 때문에 불행한 것이다.

그렇다고 무조건 감사하라는 것은 아니다. 현실의 부족한 점, 나의 부족한 점이 무엇인지를 보고, 더 나은 나를 만들기 위해, 더욱 행복한 나를 만들기 위해 나는 어떻게 해야 할 것인가를 판단하는 능력이 필요하다. 현실도 좋지만 더욱 행복한 내가 되기 위해 내가 해야 할 일이라면, 그 일도 행복한 마음으로 해야 하는 것이다. 미래의 나의 꿈을 실현하기 위해 공부해야 한다면, 공부할 수 있는 현재에 감사해야 한다. 공부하고 싶어도 못 하며 지내는 사람도 많다. 그럼 공부 못 하는 이는 무조건 불행한가? 그것도 아니다. 본인의 상황에서 본인이 해야 할 일이 무엇인지 찾고, 그 상황에 만족하며 할 수 있는 일에 즐겁게 노력하면 행복한 사람이 되는 것이다.

행복과 불행은 칼로 무 자르듯 나눌 수 없다. 주어진 상황 속에서 꿈을 꾸고, 꿈을 이루기 위한 현실에 만족하며 즐거운 마음으로 노력한다면, 그 사람은 진정 행복한 사람이다.

감사하는 마음으로 생활하는 사람에게는 감사할 일이 더 많이 발생하고, 감사하는 마음으로 생활하는 사람은 모든 것이 감사하기에 행복한 인생을 살 수 있을 뿐 아니라, 주변 사람까지 행복하게 해주는 마술 같은 힘이 발생하게 된다. 감사하면 모든 것이 아름다워지고, 모두가 가슴 따뜻한 포근함을 느끼게 되고, 웃음이 끊이지 않으며 삶 자체가 큰 행운이 된다. 감사하면 이 세상이 천국이 된다.

또한 항상 기뻐하라. 기쁨에 넘치는 생활을 하도록 하라. 웃는 얼굴에 침 뱉지 못하듯, 웃는 얼굴을 보면 기분이 좋아진다. 기분이 좋은데 어찌 상대방의 마음에 상처 주는 얘기를 할 수 있겠는가. 기쁨 가득한 사람과 함께하면 더불어 행복해진다. 내가 기쁘면 상대방도 기쁘고 우리 모든 사람들이 기뻐하며 지낼 수 있다. 웃으면 복이 온다. 자주 웃고 지내면 자연스럽게 부자가 될 수 있다. 짜증내며 불만 속에 살아가는 사람은 항상 가난하다. 불평불만이 많은 사람의 주변에는 사람들이 별로 없다. 함께하면 자신도 짜증나기 때문에 옆에 있기 싫어하게 된다. 능력 있는 좋은 사람들과 함께 할 기회를 갖지 못하기 때문에 그에게는 좋은 일도, 행운도 줄어든다. 부자가 될 기회를 갖기 어렵다. 웃으며 기쁨이 넘쳐나는 사람의 주변에는 의인도 부자도 능력 있는 사람도 많다. 결국 더불어 부자가 된다. 항상 웃으며 복이 넘쳐나는 부자로 생활하라.

● 역지사지

난 '역지사지(易地思之)'라는 사자성어를 가장 좋아하며, 일상생활에서 가장 많이 고려하는 방식이다. 사람들 간의 관계에서 모든 생각과 고민의 중앙에 역지사지가 필요하다. 내가 어떠한 말을 할 때 상대방이 어떻게 느낄까를 잠깐이라도 생각하면 말이 아주 부드러워진다. 그렇다고 말을 항상 부드럽게 하는 것도 아니다. 상대방에 따라서는 오히려 강하게 말하는 게 더 나을 때도 있다. 상대방의 성향에 따라 부드러울 때 잘 이해해주는 사람이 있고, 내가 확신이 있다면 오히려 강하게 밀어붙일 때 잘 따라주는 사람이 있다. 똑같은 말을 하더라도 상대방에 따라 달라진다는 것이다.

역지사지의 방식은 단순히 대화할 때만 필요한 게 아니다. 일처리 할 때도 유용하다.

창업하는 데 인테리어를 준비한다고 하자. 단순히 멋있게 하면 될까? 아니다. 먼저 인테리어에 평가를 줄 고객이 누구인지를 생각하고, 고객의 입장에서 어떠한 모습이면 좋아할 것인지 입장 바꿔서 바라봐야 한다. 상사가 특정 행사에서 사용할 글을 작성한다고 하자. 좋은 글만 나열하면 될까? 아니다. 내가 상사가 된 것처럼 생각해야 한다. 상사가 된 듯, 상사의 입장에서 어떠한 이야기를 하는 것이 적절할까 입장을 바꾸어 생각해보고 글을 작성해야 한다.

협상할 때도 역지사지가 절대 필요하다. 상대방의 상황을 잘 파악해야 나의 요구사항을 최대한 주장할 수 있다. 필요한 요구사항을 모두 말한다고 많이 반영되는 게 아니다. 상대방이 이해하고, 수긍할 수 있어야 한다.

첫째 아들이 유치원을 옮겨야 할 일이 있었다. 옮겨가야 하는 유치원에서 일주일 뒤부터 개강하자고 말했다. 하지만 맞벌이인 나로서는 일주일을 쉬는 건 불편하니 일주일 먼저 시작하자고 했다. 그러자 일주일 수강료를 받겠다는 것이다. 당시 학원들의 상황은 여유 있지 않았다. 서로 더 많은 아이들을 확보하고자 경쟁도 많았고, 우리 아이 다니는 유치원도 재정적 어려움으로 문을 닫게 되는 상황이었다. 그 사실을 알고 여러 군데 유치원에서 서로 아이들을 데려가려 하였다.

그래서 원장에게 말했다. 8명 중 두 명은 빠지고 6명이 함께 가기로 결정을 했는데, 일주일을 쉬게 되면 다른 유치원에도 가보게 될 것이고 마음이 변할 수 있다. 교육은 많이 가르치지 않아도 되니 애들을 맡아주고, 대신 등록은 3일 내로 하는 것으로 하겠다고 요청한 것이다. 그러자 잠시 고민하더니 바로 수긍해주었다. 게다가 동일한 교육과정을 1주일 빠르게 진행하며 통원버스도 바로 운행해주겠다고 약속했다. 처음에는 수익을 남기는 생각만 했겠지만, 다른 데 옮길 수 있다는 말에 소탐대실의 손실을 발생시킬 수 있다는 우려를 한 것이다. 먼저 상대방의 상황을 알고, 상대방이 작은 것을 취하려다 더 큰 손실을 얻게 될 수 있음을 언급해주면 아주 효과적으로 설득할 수 있다.

주변의 직장인들은 자영업자를 부러워한다. 본인들도 창업해야겠다고 자주 말하곤 한다. 출퇴근이 자유롭고, 노력한 만큼 수익을 얻을 수 있고, 상사 눈치 보지 않아도 되고, 하고 싶은 대로 모든 것을 할 수 있는 자유가 있다고 생각한다. 반대로 자영업자는 직장인들을 부러워한다. 매월 고정된 월급을 받을 수 있으니 안정되어 있고, 매출 올리려고 고객들에게 아쉬운 소리 많이 안 해도 되고, 동료들과 회식도 자주 하고, 내가 모든 일에 책임지지 않아도 되니 부담도 덜하고 얼마나 좋은가 하고 생각한다. 바꿔서 바라보면, 자영업자든 직장인이든 서로 부러워한다. 중요한 것은 누가 더 자신의 입장을 긍정적으로 바라보며 현재 자신의 모습에 만족하며 열심히 생활하고 있는가 하는 것이다. 난 직장인인데, 같이 입사한 100명 중 30% 이상이 입사한 지 3년 이내에 퇴사했다. 그 중 대부분은 그만둔 것을 많이 후회하고 있다. 본인이 다녔던 회사가 그렇게 좋은 회사였다는 것을 퇴사 후에 알았다는 것이다. 후회해도 이미 늦었다.

◉ 카르페 디엠(carpe diem)

학창시절 감명 깊게 본 영화 중 하나가 '죽은 시인의 사회'이다. 그 영화에서 카르페 디엠이라는 단어가 나온다. 그 영화를 본 후 카르페 디엠은 내 신조가 되었다.

그래, 현재 이 순간을 즐겁게 살자. 해야 할 일이 바로 이 순간 이 일이라면 그래, 즐겁게 하자. 피하지 못할 바에야 즐기자. 이러한 신념으로 현실을 바라보기로 결심하니, 차츰 내 자신의 부정적인 모습이 긍정적인 방향으로 변화되었다. 자기암시를 통해 사람은 변화한다는 것을 스스로 느끼게 했다.

우리는 미래를 알 수 없다. 하지만 나의 과거와 현재는 어떠한 방식으로든 미래에 영향을 끼친다. 이 순간이 아무리 힘들고 무의미해 보여도 미래를 위해 가치 있는 시간들이다. 이러한 사실을 깨달으면 현재의 생활에 용기와 자신감이 생겨나고 보다 열심히 살아가게 될 것이다. 지금 이 순간을 소중히 여기라.

● 일체유심조

사회생활을 시작하면서 나를 사로잡은 것은 일체유심조였다. 어느 순간 누군가 이 단어를 이야기하자 '아! 바로 이거구나.' 생각하고, 그 이후로 나의 신조로 정했고 지금까지 유지하고 있다. 세상 모든 일은 마음먹기에 달려 있다. 내가 느끼는 괴로움과 즐거움도, 내가 느끼는 행복감도, 나의 모든 희로애락이 나의 마음으로부터 흘러나오는구나. 주변 누구도 탓하지 말자. 어떠한 일이 잘못되어도 내가 잘하면 되는 것을, 좀 더 노력하면 되는 것을, 남을 탓할 이유가 전혀 없지 않은가란 생각을 하게 되었다. 모두 나로부터 나오고, 모두 내가 해내면 되는 게 아닐까 생각하게 됐다.

일체유심조(一切唯心造)
모든 것은 오로지 마음이 지어내는 것임을 뜻하는 불교용어. 一 : 한 일, 切 : 모두 체, 唯 : 오직 유, 心 : 마음 심, 造 : 지을 조.

◉ 눈높이를 낮춰 행복찾기

자신의 눈높이만 조정하면 모두가 좋아 보이고, 모두가 만족스럽고, 모두가 너무 감사하기만 할 것이다. 자신의 이상과 현실의 차이로 인해 우리는 현실에 대한 불만이 생긴다. 주변에 나보다 잘사는 사람들이 많으면 나의 현 상황에 대한 만족도는 떨어진다. 우리나라의 생활 수준은 북한과 비교가 안 될 정도로 높다. 그렇다면 행복지수는 어떨까?

"북한 행복지수는 세계 2위…, 한국은 152위, 1위는?"

2011년 5월 31일 『경향신문』 기사 제목이다.

부와 행복이 비례관계가 아니라는 말이다. 그렇다고 가난한 사람이 더 행복하다는 말도 아니다. 행복이라는 것이 부와 상관없다는 것만 인식해도 마음이 편해질 것이다. 너무 돈을 벌기 위해 발버둥치지 않아도 된다는 것이다. 재산 소유의 눈높이를 낮추면 된다. 먹고사는 데 큰 어려움 없고 약간의 여유만 가질 수 있어도 얼마든지 행복할 수 있다.

자녀의 성적이 2등이어도 불만을 갖는 부모가 있다. 1등을 해야 한다는 것이다. 자녀의 성적이 중간만 가도 만족하는 부모가 있다. 꼴찌여도 만족하는 부모가 있다. 더 안 떨어질 테니, 이제 조금씩 오르겠지, 공부는 못 해도 축구는 잘하잖아, 뭐든 잘하면 되지. 누가 더 행복할지는 여러분도 다 알 수 있을 것이다. 유한한 인생의 참다운 행복은 주어진 내 상황을 인정하고, 그곳에서 열심히 노력하고, 더 나은 나를 만들어가며, 그 과정을 즐길 줄 아는 것이다.

◉ 부자로 살자

나는 부자가 되는 게 내 인생의 목표다. 이건 위험하다. 부자가 되면 하고 싶은 여행도 얼마든지 할 수 있고, 사고 싶은 모든 것을 살 수 있고, 원하는 대로 뭐든지 할 수 있을 것으로 생각할지 모른다. 그렇다. 그러한 것을 할 수 있다. 하지만 매일 하고 싶은 것만 하면서 살면 행복할까? 전혀 그렇지 않다. 약간 부족한 듯 살면서 여유를 누릴 때 즐거운 법이다. 매일 배부르게 맛있는 것만 먹으면, 어느 순간 맛있던 것이 맛없게 느껴진다. 더 맛있는 게 없어서 불만이다. 매일 좋은 옷 입다 약간만 좋지 않은 옷을 입어도 불만이다. 좋은 집에 사는 거 같은데도 더 좋은 집에서 살고 싶고, 가사 도우미도 들어놓고 싶다며 불만이다.

나보다 부자는 만족할 것이라고 생각할지 모르지만, 그들도 항상 부족하게 생각한다. 돈에 전혀 구애받지 않는 것처럼 보이는 사람도 부족하다고 생각하며 더 큰 욕심을 갖는다. 부자로 사는 게 행복한 삶이 아니라, 약간 부족해도 현실에 만족하는 삶이 행복한 것이다.

大富(대부)는 由天(유천)하고
小富(소부)는 由勤(유근)이니라.
큰 부자는 하늘에서 내려주고, 작은 부자는 자기가 부지런함으로 이룬다.

『명심보감』〈省心篇〉

부지런함으로 작은 부자가 될 수 있다. 하지만 그보다 더 큰 부자는 마음속에 있다. 마음이 편하고 행복해야 진정한 부자가 되는 것이다. 모든 사람은 마음먹기에 따라 큰 부자가 될 수 있는 것이다.

그렇다고 작은 부자가 되지 말라는 말은 아니다. 조금만 더 자고, 조금만 더 졸고, 조금만 더 쉬려는 게으른 자는 절대 작은 부자도 될 수 없다. 게으른 자는 가난에 허덕이며 세상 사는 것을 아주 불행하게 여길 것이다. 게으른 자는 자신에게 문제가 있음을 알지 못한 채 주변 사람에게 불평을 늘어놓으며 신세타령 속에 살아갈 것이다. 부자가 되기 위해 노력하는 것은 반드시 필요하다. 그러한 노력이 있어야 현재 가진 것을 소중히 여기며, 조그마한 소비에도 즐거워할 수 있기 때문이다. 부자가 되기 위해 노력하는 과정에서 마음이 행복한 큰 부자가 될 수 있다.

열심히 일해서 조금씩 부를 축적해갈 때 진정한 즐거움이 생긴다. 부를 축적하는 것도 하나의 꿈이 될 수 있는 것이다. 부를 축적하기 위해 노력하라. 하지만 조급해하지 않는 게 좋다. 급하게 부를 쌓으려 노력해서 부자가 될 확률은 아주 미미하다. 가능성이 거의 없다. 오히려 불행한 결과를 낳을 확률이 훨씬 크다. 살면서 사기만 당하지 않아도 성공적으로 살았다고 한다. 지금보다 줄어드는 일만 발생하지 않아도 좋은 것이다. 욕심이 과하여 벼락부자가 된 사람들 대부분은 부자 되기 전보다 불행한 삶을 살게 된다. 관리도 제대로 못 하고 흥청망청 쓸 테니 당연한 결과다.

난 복권을 좋아하지 않는다. 재미삼아 몇 번 구매한 경우도 있지만, 복권을 통해 돈 버는 것을 싫어한다. 그럴 시간에 좀 더 건설적인 노력을 하는 게 좋다고 본다. 조금씩 나아지는 과정에서 사람은 계속해서 행복감을 느끼게 된다. 재산도 조금씩 축적하면서 행복하게 느끼는 것이지, 갑자기 벼락부자가 되면 잠시 행복하겠지만, 그 이후로 재산은 더이상 늘어나지 않을 것이고, 약간의 시간만 흐르면 재산이 줄어들어 계속 불행할 것이다. 욕심 부리지 말고 조금씩 모아가는 즐거움을 가지며 진정한 부자가 되도록 하라.

● 꿈꾸며 젊게 살자

사람은 꿈이 있어야 한다. 어린 시절 우리는 의사, 선생님, 경찰, 연예인 등 무엇인가 되겠다는 꿈을 갖는다. 어른이 되어도 더 나은 내가 되기 위해 꿈을 갖는다. 꿈이 있다는 것은 너무 좋은 일이다. 대통령이 어린이에게 "넌 나중에 뭐가 될 거야?" 묻자 어린 아이는 "대통령이요."라고 대답했다. 그런데 옆에 있는 분이 대통령에게 묻는다.

"대통령은 어린이가 그토록 바라는 대통령이 되셨고 꿈을 이루셨으니, 더이상 바랄 게 없으신가요?"

그러자 대통령은 이렇게 대답한다.

"난 이 아이처럼 꿈 많은 어린 시절로 돌아가고 싶소."

아이러니하게도 대통령보다 어린 아이가 더 부러운 존재인 것이다. 우리가 꿈을 향해 달려가지만, 꿈을 이루었다고 행복한 것이 아니라, 오히려 꿈을 위해 쫓아가고 있는 지금 이 순간이 더 행복한 순간이라는 것이다. 꿈을 이루고 내가 완벽한 존재가 되었다고 생각하는 순간, 그 이후 남는 것은 내리막길뿐이다. 꿈을 가졌다는 것이 꿈을 이뤘다는 것보다 좋은 것이다. 꿈을 향해 성장하고 발전해가는 것이 꿈을 이루고 쇠퇴해가는 것보다 즐거운 것이다. 비록 꿈을 이루었더라도 더 높은 꿈을 꾸며 노력해야 젊고 건강하며 행복한 자신을 만들어갈 수 있다.

꿈이 없으면 불행한 사람이다. 삶의 의미와 방향성을 갖지 못하고 방황하는 초라한 쓸모없는 인간이 된다. 또한 나의 꿈을 이루기 위해 내 주변에 있는 사람들의 소중함을 알지 못한다면, 그 사람 또한 꿈 없는 사람처럼 불행한 사람이 된다. 현재 이 순간 내 주변 사람들의 소중함을 외면한 채 '나만 잘되면 돼.' 하는 생각으로 성공을 이루어낸다면, 성공 이후엔 허무함만 남을 것이다. 마음 따뜻한 성공, 더불어 행복한 성공을 향해 달려가라. 성공해가는 과정에서 만나는 수많은 사람들이 나를 더욱 행복한 존재로 만들 것이다.

◉ 로드맵을 그리자

꿈이 있다면 꿈을 이루기 위한 로드맵을 그려야 한다. 삶의 진리들을 누가 조금이라도 빨리 깨닫느냐에 따라 그 사람의 인생은 달라진다. 고등학생 시절 둘째 형이 나에게 이렇게 말했다.

"네가 5년 뒤, 10년 뒤 어떠한 모습으로 변해 있고, 어떠한 일을 하고 있을지 상상하고, 그러한 네가 되기 위해 네가 무엇을 해야 할지 계획하라."

당시 이게 무슨 말인지 몰랐다. 1년 후의 내 모습도 그려지질 않고 당장해야 할 일도 감당하기 힘든데 5년 뒤라니. 도저히 상상이 가질 않았다. 그런데 군 생활을 마치고 제대한 뒤 그 말뜻이 느껴지기 시작했다. 복학후 학비를 벌기 위해 바로 막노동을 시작했고, 졸업 후 좋은 직장 취직을 위해 자격증 공부도 했으며, 나중에 차를 살 테니 운전면허증 공부도 했다. 시간이 부족하게 느껴졌다. 로드맵을 형성하자 해야 할 일이 명확해졌고, 매일 해야 할 일이 너무 많았다. 지금은 로드맵의 종착점을 죽는 순간으로 정하고, 그전에 할 일들을 정리하여 추진하고 있다.

개인적으로는 회사 생활 잘하고, 퇴직 후 부부가 함께할 전원주택도 알아보고 있다. 어린 자녀들에게는 좋은 대학 가도록 공부할 수 있는 환경을만들어주고, 본인들의 특기가 무엇인지 찾을 수 있도록 도와주려 하며, 좋은 배우자 만나는 데 도움이 될 수 있도록 부모로서 좋은 모습을 유지하려 하고 있다.

얼마나 더 멀리, 더 넓게 볼 수 있느냐 하는 것도 사람의 능력을 판단하는 중요한 요소이다. 멀리 보며, 다양하게 생각하며, 자신들의 로드맵을 만들어보기 바란다.

● 인생은 선택의 연속

인생은 끊임없는 선택의 연속이다. 태어나는 것만 선택을 못 하고, 그 이후로는 모두 내가 선택한 나의 인생길이다. 먹는 것을 부모님이 준비해주지만 내가 먹고 싶지 않으면 안 먹을 수 있다. 아무리 강요해도 안 먹을 수 있다. 하지만 나 스스로가 먹는 게 더 좋다고 생각하기에 먹게 된다. 환경적인 영향을 받지만, 최종 결정은 모두 내가 내린 것이다.

우린 하루를 살아도 계속해서 선택을 한다. 피곤한데 일어날까 말까? 밥맛이 없는데 먹을까 말까? 몸이 아픈데 학교 또는 회사 갈까 말까? 공부 잘 되지도 않는데 할까 말까? 선생님 말하는 거 들을까 말까? 친구가 귀찮게 하는데 한 대 때려줄까 말까? 아버지가 도서관 가라는데 갈까 말까? 친구가 술 마시자는데 마실까 말까? 집에 걸어갈까 버스 타고 갈까? 우리는 계속된 갈등과 선택을 하면서 살아가고 있다. 내가 가치관이 확실하면 쉽게 판단할 것이고, 가치관이 미 설정된 상태라면 많은 갈등을 할 것이다.

어떤 이는 대학을 들어가고 전공을 선택하게 된 것이 모두 부모님의 욕심이라고 말한다. 부모님의 욕심이 있을 수 있지만, 최종적인 선택은 본인이 한 것이다. 부모의 강요가 있었더라도 본인이 부모의 생각에 동조한 것이다. 부모의 선택이 싫어도, 자신의 설득력도 약하고 아직 성숙이 덜 되어 다른 대안을 찾지 못한 것이다. 결국 자신이 다른 방법을 못 찾고 선택한 것이다.

인생은 그 중요도는 다르지만 계속된 선택에 의해 형성된다. 그 선택은 모두 자신이 택한 것이다. 지난 과거의 모든 선택은 내가 한 것이고, 그 모든 선택은 그 당시에 가장 옳은 것이라 판단해서 일어난 일들이다. 다른 사람은 틀렸다고 보고, 내가 현 시점에서 봐도 틀렸더라도, 당시 기준에서는 그게 옳고 최선이라 판단한 것이다. 우린 과거를 후회할 필요가 전혀 없다. 향후에 다시 그러한 일이 발생하지 않도록 하면 된다.

나의 선택, 나의 인생길을 후회하지 않으려면 더 빨리 자신의 가치관을 세우고, 더 빨리 스스로의 위치와 능력과 상황판단 능력을 키워라. 다양한 책을 읽고, 상대방의 마음을 헤아리고, 발생 가능한 경우의 수를 고려하며, 왜 그렇게 되었고, 선택에 따라 어떠한 결과가 발생할지 빠른 분석력과 설득력과 추진력을 키워가라.

■ 세 번의 선택

살아가면서 대부분의 사람들이 하게 되는 중요한 선택이 세 번 있다. 전공, 직장, 배우자. 이 세 번의 선택을 통해 인생은 많은 변화를 맞게 된다.

고등학교 졸업하며 선택하는 대학교보다 전공이 중요하다. 전공을 어떠한 것으로 선택하느냐에 따라 평생 동안 그 전공과 관련된 일을 하며 살게 될 가능성이 크다. 나 또한 그때 선택한 전산을 지금까지 하고 있다. 큰 고민 없이 주변의 추천과 상황에 맞춰 선택하게 되었지만, 난 평생 그 일을 하고 있다. 컴퓨터도 게임도 좋아하지 않았지만, 전산을 전공하여 매일 JAVA, XML, JSP, Java Scripts, MSSQL, DB2, Informix 등을 이용한 프로그램을 개발하고 있다. 집에서나 근무 외 시간엔 컴퓨터 다루는 것을 좋아하지 않지만, 전산이 나의 직업이기에 즐겁게 받아들이며 재미있게 근무하고 있고, 나름대로 인정받으며 잘 지내고 있다. 지금 뒤돌아보면 얼마나 중요한 선택이었는지 다시금 되새겨진다.

직장의 선택 또한 당연히 중요하다. 직장을 자주 바꾸는 것은 능력이 좋아 스카우트되기도 하겠지만, 한편으로는 적응을 잘 못 해서이다. 가급적 바꾸지 않고 선택한 직장에서 뛰어난 능력을 발휘하는 게 더 중요할 것이다. 그만큼 처음 직장을 알아볼 때 신중하게 평생 근무할 곳으로 적합한지 고민해야 할 것이다.

마지막으로, 배우자의 선택이 얼마나 중요한지는 모두가 알 것이다. 요즘 이혼하는 커플들이 많은데, 이혼하면 본인 인생에 큰 오점을 남긴다. 어떠한 문제로 인해 이혼을 했든 그 문제가 발생한 것에 대한 책임을 피할 수는 없기 때문이다. 결혼을 통해 인생은 참으로 많이 변한다. 생활 패턴도 많이 바뀌고, 경제적인 부분도 많이 변화될 것이다.

전공, 직장, 배우자의 선택이 본인 생활의 변화뿐 아니라 그 선택을 통해 가치관까지 변화하는 것을 경험할 것이다. 이 선택을 통해 인생이 힘들어지기도 하고, 더욱 행복해지기도 한다. 이 선택에 있어 무엇이 맞고, 무엇이 틀린지에 대한 답은 전혀 없다. 이 선택은 맞고 틀리고의 문제가 아니다. 선택한 것을 본인이 어떻게 받아들이고 적응해 가느냐의 문제이다. 내가 어떠한 선택을 했든, 그 선택을 옳다고 인정하고 만족해하며 최대한 맞춰간다면, 성공적인 선택이 되는 것이다. 선택의 결과는 나 스스로가 만들어가는 것이다.

어떠한 선택을 했을 때 내가 더 행복하게 살 수 있을지에 대한 고민을 어린 시절부터 해왔다면 더 많은 준비가 되어 있을 것이며, 정확한 자기 기준에 의해 바람직한 선택을 하게 될 것이다. 그러므로 우리는 선택에 좀 더 신중해야 한다.

배우자 선택 이후에는, 나로 인한 선택보다는 자녀로 인한 선택이 더 변화가 크게 올 수 있다. 자녀가 어떠한 전공, 직장, 배우자를 선택하느냐에 따라 부모인 나에게도 영향을 끼친다. 부모로서 자녀가 바람직한 선택을 하도록 도와줄 필요가 있다. 하지만 도와주려는 입장이어야 하지, 강요하려 하면 안 된다. 자녀는 또 자기 나름대로의 삶을 살아갈 것이며, 그 삶을 부모가 자신의 뜻대로 강요하면 안 된다. 안내 역할만으로 충분하다. 그만큼 어려서부터 가치관이 자연스럽게 형성되도록 다양한 경험을 하게 해주면 된다.

● 행복한 나 만들기

나는 이 세상에 단 하나뿐인 소중한 존재다. 내가 행복하려면 어떻게 해야 할까? 가치관을 잘 형성하고, 생각과 마음을 넓히고, 배운 것을 하나씩 실천해가는 자세만 갖춘다면 행복한 자신을 만들 수 있다.

'아는 것이 힘'이라고들 말한다. 아는 것이 힘이 될 수 있는 기회는 주지만, 알고 있는 그 자체가 힘이 될 수는 없다. 진정한 힘이 되려면 실천해야 한다. '실천하는 것이 힘이다.' 실천하라. 실천하면 힘이 되고, 성공적인 행복한 인생을 살 수 있다. 실천할 수 있는 자기절제 능력 및 용기와 강인한 정신을 길러라. 실천 능력을 키우도록 자기 자신에게 끊임없이 말하면서 키우도록 하라.

내가 행복해야 옆에 있는 사람도 행복해지고, 옆에 있는 사람이 행복해야 내가 행복해진다. 행복의 에너지가 전파되어 많은 사람들이 행복해질 수 있다. 상대적인 박탈감으로 불행해하는 것도 가치관이 성숙되지 않아서 그런 것이다. 대한민국 모든 사람이 행복해질 수 있다. 사회적 동물인 사람은 충분히 더불어 모두가 행복해질 수 있다. 자신만을 생각하는 불필요한 욕심을 버리고, 내가 가진 것은 베풀고, 부족한 것은 서로 도와 채워가면 될 것이다.

한 평생 사랑하며 살기에도 짧은 시간이다. 누군가를 미워하고 시기하며 욕하거나, 누군가와 말다툼하며 싸우면서 살기에는 시간이 너무 아깝다. 지난 일들을 후회하며 인상 쓰고 짜증내며 살기에는 시간이 너무 아깝다. 즐거운 마음으로 행복하게 사랑만 하며 살기에도 짧은 인생이다.

Part 03   재산

내가 가진 재산이 뭐가 있는가 생각해보자. 재산이란 가치 있는 물건들을 말한다. 어떠한 것이 있을까?

먼저 수많은 것을 할 수 있도록 해주는 돈이 있다. 그리고 모든 사람에게 공평하게 주어진 시간이며, 내가 어려운 상황에 접했을 때 도움을 줄 수 있는 사람들이다. 돈, 시간, 사람 모두 소중한 재산이지만, 건강을 잃으면 모든 것을 잃은 것과 같다. 더 많은 재산을 얻으려고 건강을 해치는 사람이 있는데, 이것은 작은 것을 얻었으나 더 큰 것을 잃는 것과 같다. 건강할 때 건강을 챙기도록 명심해야 한다.

◉ 돈

돈은 아주 요긴한 물건이다. 잘 쓰면 우리에게 매우 큰 혜택과 행복을 안겨주고, 잘못 쓰면 오히려 독이 될 수도 있다. 주변에서 발생하는 모든 사건 사고를 보면 돈이 엮이지 않은 것이 없다. 부부싸움에서 가장 많은 것이 시댁에는 뭘 해주고 친정에는 안 해주고…, 하는 경우다. 돈 여유가 있으면 분명 양쪽에 모두 해줄 텐데, 한정된 돈으로 한 쪽에만 사용되어 불화가 발생한다. 남편이 애들에게 너무 많은 것을 시키고, 너무 많은 것을 사준다고 화낸다. 돈의 여유가 없어서 화를 내는 것이다. 직장에서 점심을 자주 안 산다고 구박한다. 마음이 없기보다는 돈이 없어서 그런 것이다. 돈 때문에 의기소침해지고, 돈 때문에 불평하고, 돈 때문에 싸우고, 돈 때문에 사기치고, 돈 때문에 살인한다. 모든 현상의 내면에는 돈이 엮여 있다.

자본주의 사회에서 사는 우리는 돈으로 인해 모든 일이 발생하는 것을 경험한다. 그래서 모든 사람들이 더 많은 돈을 벌려고 발버둥 친다. 하지만 돈을 벌려고 매달리면 오히려 돈은 모여지지 않는다. 예를 들어, 누군가와 거래를 할 때 돈만 바라보면 어떻게 될까? 내 이야기의 모든 관심이 돈을 벌려는 것에 집중되어 있다는 것을 상대방이 눈치 챈다면, 상대방은 내가 제시하는 모든 것에 대해 진실과 가치가 부족하다고 판단한다. 일단 의심이 시작되면 모든 이야기를 믿지 않으며 좋지 않은 상황이 형성된다. 이러한 분위기에서는 어떠한 거래도 이루어질 수 없다.

비록 돈을 벌기 위한 행위일지라도 삶은 돈보다 더 소중한 것들을 가지고 살아야 한다. 모두가 돈에 매달리고, 돈이면 모든 것이 가능한 것처럼 보이다 보니 우리에게 더 소중한 것을 놓칠 때가 있다. 우애, 우정, 효, 존경 등 사람의 감정, 행복한 삶, 소중한 생명 등을 놓치는 것이다. 이것을 돈과 바꾸는 엄청난 과오를 범하지 않기를 바란다. 돈은 사용하기 위해 버는 것이지, 버는 게 목적은 아니다. 돈을 버는 이유는 돈이 아니다. 무엇과도 바꿀 수 없는 소중한 나, 가족, 친구, 친척, 사회, 세상을 보호하고 지금보다 행복한 삶을 살기 위함이다. 돈 없이는 살아도 이 소중한 것들 없이는 살 수 없는 당연한 이치를 한순간도 잊지 않기 바란다.

행복한 생활을 위해 돈을 많이 모으는 것도 중요하다. 하지만 그보다 공평하고 효율적으로 잘 사용하는 게 더욱 중요하다. 작은 돈이라도 잘 사용하면 큰 돈 못지않은 효과가 있다. 누군가에게 선물을 줄 때 상품권 10만 원 어치를 준다고 하자. 이때 상품권보다 당사자에게 필요한 물건을 10만 원 이하의 금액에서 사줘라. 훨씬 만족스러워할 것이며, 그 선물을 이후에도 기억하며 고맙다고 할 것이다. 선물 속에는 가치 못지않은 정이라는 게 들어 있기 때문이다.

반대로 몇 명이 선물을 특정인에게 사주려고 할 때, 형식적으로 선물을 주기보다 모두 모아서 상패를 만들어줘 봐라. 상패 중앙에 금까지 포함해 놓으면 상대방은 무척 좋아할 것이다. 상패에 감동적인 글까지 넣으면, 더욱 기억에 남는 선물이 될 것이다. 상패이기에 집안에 오랫동안 보관까지 하게 될 테니 얼마나 좋겠는가.

같은 돈을 쓰더라도 효과적으로 사용해야 한다는 말이다. 난 결혼 이후 처가 쪽에 더 많이 해주려고 노력한다. 그럼 자연스럽게 아내가 시댁에 잘하려고 노력한다. 그 결과 양가 모두 우리의 마음 씀씀이에 만족스러워한다.

■ 재테크

그럼 돈을 어떻게 하면 잘 벌 수 있을까? 부자가 되기 위해선 준비가 되어 있어야 한다. 항상 부의 축적을 위해 관심을 갖고 스스로 어떻게 부자가 되어야겠다 하는, 자기중심을 형성하고 있어야 한다.

나는 1997년도의 IMF와 2008년도 금융위기 같은 시기가 다시 올 가능성이 클 것이라 생각하고 있다. 그 시기가 오면 주식 또는 부동산에 투자할 생각이다. 또한 그러한 세계적 위기 외에도 국내 이벤트에도 관심을 갖고 있다. 평창 동계올림픽 유치 준비 이후로 강원도 땅 값이 많이 올랐다. 어떠한 뉴스를 듣고서 어떤 이는 미래의 사회 변화를 예측하며 재테크를 하게 된다. 그럼, 그 외 향후 어떤 이벤트가 있을까? 개인적으로 남북통일을 생각하고 있다.

대한민국의 국가위신 및 경제수준이 북한과는 비교가 안 될 정도로 압도적으로 성장하는 향후 수십 년 뒤, 한편으로는 부자가 늘어난 이상으로 노숙자 등 빈곤층이 급증하면서 국내 상황이 어려운 국면으로 들어갈 수 있다. 국가적 위기 상황이라고 할 순간이 오면 통일이라는 카드를 꺼내들 것으로 보인다. 북한을 흡수하여 위기 타개 및 또 다른 시너지 효과를 찾을 것이다. 그러한 분위기가 조성되면서 비무장지대(DMZ) 가까이에 있는 땅값이 상승할 것으로 판단하고 있다.

잠깐, 북한이라는 집단을 생각해보자.

나는 개인적으로 어렸을 때 북한이 우리의 가장 위협적인 적이며 빨갱이라고 교육 받았다. 하지만 북한은 우리와 가장 가까운 한민족이다. 우리가 세계 거의 모든 나라와 무역을 하고 여행을 하며 교류를 하는데, 북한과는 하지 못한다는 게 아이러니하다. 우리와 피가 섞인 우리의 가장 가까운 민족인데 말이다. 언젠가는 자연스럽게 하나가 될 것이라 기대한다. 그렇게 되려면 우리는 더 강해져야 하고, 북한도 세대가 바뀌어 좀 더 개방되고 생각이 깨인 사람이 많아져야 할 것이다. 그들이 전쟁을 통해 우리를 이길 가능성은 제로라고 본다. 우리를 어느 정도 타격은 주겠지만, 세계 거의 모든 국가에서 우리를 지원 사격해줄 것이라고 본다. 전쟁으로 이긴다고 우리를 점령할 수 있을까? 이미 우리의 생각은 한참 성장하여 그들의 식민지가 될 가능성이 없다. 시대가 바뀌고 가치기준이 바뀌었다. 이젠 국가가 성장하고 국민이 잘사는 게 무엇인지 그 기준이 바뀌어 있다. 북한 내 권력을 가진 기득권 세력이 그 권력을 놓기 싫어하고, 북한 주민이 시대 변화를 느끼지 못하도록 외부와 단절시키며, 구시대적 교육으로 세뇌시켜 굶주리며 살게 하는 게 너무 안타깝다.

제자리로 돌아와서, 향후 이벤트라면 무엇이 있을까.

2012년도부터 초등학교 주 5일 수업을 전면 시행하는 것을 보면, 여행 관련 성장이 늘어날 것이며, 여행업과 펜션 업종이 성장할 것으로 본다. 무역 거래량은 꾸준히 늘어나지만 내부 소비가 활성화되지 않고 있기 때문에, 계속해서 국내 생산과 소비의 선순환이 일어나도록 정부에서 노력할 것이다. 노인 인구의 증가 및 새로운 바이러스의 발생으로 의료 업종도 성장할 것으로 보고 있다. 타 업종들은 시대의 흐름에 따라 생기고 사라지기를 반복하지만 의료 관련 산업은 꾸준히 성장할 수밖에 없을 것이다.

이러한 나의 생각이 틀릴 수 있다. 중요한 것은 부자가 되기 위해서는 자신 스스로 세계와 국내의 흐름을 바라보는 시각이 필요하다는 것이다.

그리고 주변에서 추천하는 것을 무조건 들어가진 말아라. 확실한 수익은 어디에도 없다. 확실하다면 본인들이 이용하지 왜 추천하겠는가. 재테크 관련해서는 확률만 있는 것이다. 확률이 높은 곳을 찾아서 투자해야 한다.

키 높이 조정을 인식하라.

강남 아파트는 계속 오르는데, 강북 아파트는 오르지 않았다. 강남 아파트가 어느 정도 고점에 머물자, 강북이 오르기 시작했다. 서울 아파트 가격이 어느 정도 고점에서 머물자, 지방 아파트 가격이 오르기 시작했다. 주식 시장에서 대기업을 중심으로 코스피 지수가 계속 오르는데, 중소기업을 중심으로 형성된 코스닥 지수는 오르지 않았다. 하지만 코스피 지수가 어느 정도 고점에 머물자, 코스닥 지수가 오르기 시작했다. 재테크를 모르는 상황에서 이것만 알아도 투자는 쉽다. 앞서가는 투자처를 몰라도, 뒤따르는 투자처만 알고 있으면 기다렸다 투자하면 되는 것이다.

또한 고수익이 보장된다는 투자처는 무조건 고위험이 따른다. 은행보다 고수익이 발생하는 곳은 은행보다 위험하고, 은행보다 좋지 않은 수익이 발생할 수 있음도 염두에 둬야 한다.

■ 저축

재테크의 시작은 저축이다. 저축을 통해 초기 투자 자금 1억 정도를 모으고, 다른 재테크를 본격적으로 시작하길 바란다. 저축할 때는 고금리, 비과세, 복리이자 상품을 찾아서 입금한다. 잠깐만 관심 가지면 인터넷으로 금방 어떠한 예금상품이 가장 이자수익을 많이 낼 수 있는지 나온다. 1천만 원을 2년간 정기예금 해놓을 때 1% 이자 차이면 수령 시 최소 20만 원 이상의 차이가 발생한다. 작은 돈이 아니다. 고금리 정책을 쓰는 저축은행도 괜찮다. 5천만 원까지는 예금자 보호가 되기 때문에 5천만 원 예금자 보호 이내의 저축을 하는 경우엔 저축은행도 적극 추천한다.

> 금리 지불방식
>
> 크게 단리와 복리의 두 가지 경우로 나뉜다. 단리는 최초 원금에 대한 일정 비율의 이자만을 지속적으로 제공하는 방식이고, 복리는 원금뿐 아니라 이미 붙은 이자에도 이자를 붙여주는 방식이다.

잠깐, 재테크 도서에서 복리의 위대함으로 72의 법칙을 자주 언급한다. 72를 복리 수익률로 나눈 값은 해당 원금이 두 배가 되는 기간이다. 즉 '72 / (복리 수익률) = 원금이 2배가 되는 데 걸리는 기간.' 예를 들어, 1천만 원을 7.2% 연복리 상품에 입금 시 10년 뒤 2천만 원이 된다. 안정된 수익을 보장하는 예금의 효과를 염두에 두고서, 다른 투자처를 고려해야 한다.

■ 부동산

그동안 부동산이 가장 큰 투자처였다. 지금 부자라고 하는 대부분의 사람은 부동산을 통해서 부자가 되었을 것이다. 개발 계획과 함께 땅 값이 갑자기 치솟고, 아파트 가격이 하루가 다르게 뛰어 올랐다. 향후에도 땅에는 투자 가치가 있지만, 아파트는 가능성이 희박하다고 본다.

난 월 소득 1천만 원 가량의 맞벌이 8년차이지만, 괜찮은 집을 구입할 수가 없다. 봉급생활자가 부모의 도움 없이 집을 장만하기란 거의 불가능한 상황이 되었다. 결국 공급된 아파트를 매입할 능력을 갖춘 사람이 거의 없으며, 수요와 공급의 원칙에 의해 아파트 가격은 자연스럽게 떨어질 수밖에 없다. 결국 대출을 통해서만 가능하고, 현재 집을 소유한 대부분의 사람이 대출이자로 허덕이고 있다. 요즘 '하우스 푸어(house poor : 집을 가진 빈곤층)'란 용어까지 유행한다. 선진국에서 발생된 아파트 버블이 집에 대한 소유욕이 남다른 우리나라에서는 발생하지 않을 것이라는 말은 건설업자와 집 가진 자들이 퍼뜨린 말처럼 보인다. 아파트 가격도 그들이 장난친 것으로 보인다. 집은 소유의 가치는 있지만 이제 더 이상 재테크의 대상은 아니라고 본다.

땅은 다르다. 계속해서 개발의 필요성이 있고 활용할 가치가 있기에 투자로서의 매력도 충분히 있다고 본다. 서울 근교, 계곡이 있는 곳, 사람이 늘어나는 곳, 개발이 시작되는 곳, 노후 전원주택으로도 사용할 수 있는 곳을 찾아 투자하면 괜찮을 것이다. 부동산은 개발 호재가 이야기되면 한 단계 상승, 개발이 시작되면서 또 한 단계 상승, 그리고 개발 완료 시 한 단계 상승하게 된다. 개발 완료 시에는 빠지는 게 좋다. 그 이후에는 하락 가능성이 크기 때문이다.

■ 주식
나도 관심 갖은 지 이제 5년 정도 지나서 잘은 모르지만, 아래의 설명만 참조해도 큰 손실 없이 즐겁게 투자할 수 있을 것이다.

· 주식을 하려면 스스로의 기준을 세워라.
목표 수익률 또는 수익금액은 얼마이며, 하락 시 어떻게 대처하겠다, 하는 것처럼, 기준이 있어야 분위기에 휩쓸려 결정 못 하는 실수를 범하지 않는다. 난 10% 수익만 발생해도 매도하고, 마이너스인 경우 플러스 될 때까지 계속 놔둔다. 결혼 이후 지금까지 평균 3천만 원 정도 투자했었고, 5년 동안 1천만 원 정도의 수익을 올리고 있다. 은행이자보다는 나은 수익을 올리고 있는 듯하여 만족하고 있다. 보유 종목이 10개 정도 되는데 평균 -20%의 손실이다. 하지만 다시 플러스로 돌아서려는 종목이 생긴다.

· 주식은 기업의 재무상황 등이 동일해도 오르락내리락 흐름을 탄다.
증권사들은 가장 큰 수익 중 하나인 주식 거래량을 올리기 위해 그래프 모양을 인위적으로 만들곤 한다. 그래서 기업의 가치 못지않게 상승 또는 하락의 방향성을 봐야 한다. 가장 좋은 것은 두 번이나 세 번 정도 동일 가격에서 바닥을 확인하고 상승하기 시작하는 종목들이다. 이러한 종목 중에 기관이나 외국인이 매수를 며칠간 한 것이라면 무조건 매수해라. 이러한 것은 20%~30% 정도 상승 후 하락할 것이다. 개인 투자자는 15% 정도의 수익만 남기고 빠지면 된다.

· **주식은 기관과 외국인이 주도한다.**

개인이 주도하는 종목을 거래하게 되면 많이 손실을 보곤 한다. 개인은 어디로 튈지 모르며 작전 세력이 있을 수 있기 때문이다. 가급적 개인들만 거래하는 종목은 관심 갖지 않는 것이 좋다. 기관과 외국인의 거래가 많은 종목에 관심을 갖도록 하고, 그들이 매수를 본격적으로 시작한 시점에 매수하게 되면 쉽게 수익을 남길 수 있을 것이다.

· **주식을 하려면 공부해라.**

주식 관련 책도 많이 보고, 주식 관련 TV도 많이 보면서 일정 패턴을 배운 뒤에 주식을 시작해도 늦지 않다. 주식에 빠지면 득보다 실이 많을 수 있으니, 여유 있게 배운다는 자세로, 다 잃어도 좋다는 자세로 임하라. 공부한 뒤 때를 기다리면 된다. 주식시장은 언젠가 다시 1,500 이하까지 내려갈 것이다. 그때 매수하면 된다. 준비해놓고 때를 기다려라. 고점대비 20% 이상 빠지면 그때부터 적극적인 관심을 갖도록 해라. 관심은 이때부터이고, 이때부터 관심 갖고 보다 보면 매수의 적절한 타이밍이 온다. 바닥을 확인하고 오르기 시작하면 조금씩 매수를 시작하라. 빠지는 것은 순식간이지만 오르는 것은 한참 걸린다. 다 빠진 뒤 상승 전환을 확인하고 매수에 들어가라.

· **주식은 무조건 여유 돈으로만 해라.**

모든 재테크에 답이 없듯, 주식에도 답이 없다. 획일한 수익을 낸다는 것은 모두 거짓말이다. 확실한 수익을 낸다면 빚을 내서라도 올인(all in) 할 것이다. 하지만 어떠한 전문가도 그렇게 못 한다. 확률 게임이기 때문이다. 그리고 확실해도 누군가의 장난으로 뒤통수를 맞을 수 있기 때문이다. 욕심 부리지 말고 여유 돈으로 조금씩 거래하고 배워가며 하라. 돈을 벌기보다 경제를 배운다는 자세로 주식을 하라.

· **주식은 속도다.**

조금이라도 빨리 정보를 입수하는 게 투자 요점(key) 중 하나다. 개인 투자자가 알게 되었다면, 결국 기관이나 기업 관계자는 모두 알고 있는 정보라는 사실을 잊지 말라. 그들은 매수 뒤 그 사실을 조금씩 흘리며 해당 종목을 사도록 유도하고, 일정 시점 빠지면서 소문은 더 알려질 것이다. 어떤 이는 증권사 추천이 시작되면 매도하라고 말하는 이도 있다. 이미 알 만한 투자자는 다 알게 된 시점이라는 것이다.

또한 공시를 통해 큰 호재가 오픈되면 매도를 시작하는 사람도 있다. 개인 투자자가 많이 당하는 게 이 부분이다. 사상 최대 수익을 올렸다, 정부가 지원한다, 등 큰 호재가 보이면 개인들은 강한 매수를 시작하는데, 결과는 좋지 않게 나오는 경우가 많다. 당하지 않도록 조심해야 한다.

· **주식은 미래다.**

가장 중요한 요소 중 하나가 기업의 성장 가능성이다. 당장의 수익보다 앞으로도 계속 수익을 낼 수 있는지가 중요하다. 지나간 정보는 무시하고, 향후의 방향성에 집중하라. 개인 투자자는 저평가되어 있는 가치 있는 기업에 넣어놓고 1년 이상 기다린다는 마음으로 접근하는 게 좋다.

· **주식은 차트(chart)보다는 기업이다.**

주식은 기업의 객관적 재무상황 등 가치와 투자자의 심리적인 부분에 영향 미치는 차트의 흐름에 의해 방향이 형성된다. 차트가 아무리 나쁘더라도 기업 상황이 좋으면 투자 가치가 있고, 차트가 아무리 좋아도 기업 상황이 좋지 않으면 투자 가치가 없다. 또한 방향성은 세계 경제 흐름 및 국내 상황에 따라 방향이 형성되므로 대내외적 상황에도 관심을 갖도록 해야 한다.

· 주식은 결국 제자리다.

일희일비는 금물이다. 어차피 주식은 오르락내리락 하는 것인데, 하루 올랐다고 좋아서 기분에 술 한 잔 사고, 내렸다고 침울해 하며 지내면 안 된다. 몇 개월 뒤에 수익률을 따져보면 올랐다고 좋아할 게 없을 것이다. 특히 직장인은 주식을 통해 얻는 수익도 얼마 안 되는데, 매일 너무 큰 관심 갖다가 직장 생활도 제대로 못 하고, 수익도 얼마 올리지 못하며, 오히려 생활에 마이너스 되는 경우가 많다. 여유 있게 접근하라.

· 주식은 분할 매수, 매도가 좋다.

매수 타임과 매도 타임을 잘 잡아야 한다. 매수할 만한 좋은 종목을 찾아 매수를 한다. 이때 이 기업에 얼마 정도 투자해야겠다고 결정되면, 그 목표 투자 금액의 30% 정도만 매수하고, 잘되어 오르면 수익을 실현하고, 예상과 달리 떨어지면 5% 정도 떨어진 뒤 추가 30% 매수하고, 더 떨어지면 그냥 놔둔다. 그리고 2바닥이나 3바닥을 확인하고 기관의 매수가 시작되는 게 보이면, 나머지 40%를 추가 매수하도록 한다. 매도할 때도 전액 매도보다는 3단계 정도 분할 매도하는 게 좋다. 이렇게 거래하면 큰 수익은 없더라도 일정 부분의 수익은 얻어낼 수 있을 것이다.

개인 투자자는 주식을 전문으로 하는 기관이나 외국인보다 투자하기가 훨씬 수월하다. 기관이나 외국인의 전략을 잘 보면 된다. 그들은 매수하기 시작하면 1개월 이상 매수하고, 매도하기 시작하면 1개월 이상 매도한다. 그 이후에 방향을 비꿔야 친고획적 자금을 운용할 수 있기 때문이다. 개인들은 그들 거래의 길목만 지켜볼 수 있으면 된다. 바닥에서 매수하고 머리에서 매도하려는 마음보다는, 무릎에서 매수하고 목에서 매도하려는 마음으로 접근하면 보다 쉽게 수익을 올리고 큰 손실을 피할 수 있을 것이다. 욕심이 화를 부를 수 있음에 주의해주기 바란다. 직장인이라면 절대 선물거래 등은 하지 않기 바란다.

■ 가계부

직장 생활을 시작하면서부터는 가계부 쓰는 것을 생활화하라. 가계부만 잘 써도 돈 번다. 수입이 늘어도 재산이 늘지 않는 사람들이 많다. 수입이 늘어난 만큼 더 지출하기 때문이다.

"어디에 쓰지도 않았는데 남은 건 없더라." 이건 거짓말이다. 어딘가에 써놓고 기억을 못 하는 것이다. 기록을 남겨야 한다. 그리고 지출이 적절한지 체크해야 한다.

돈을 버는 것 못지않게 쓰는 게 중요하다. 잘 쓰려면 진정 써야 할 곳에 지출하는 습관을 가져야 한다. 가진 재산의 수준을 넘어서 부담되는 지출을 최소화해야 한다. 옆의 사람이 외제차 가지고 있고, 내게도 사회적 지위가 있으니 그 정도는 사야 되지 않겠냐고 말하니까, 개인적으로 부담되지만 외제차를 산다? 이건 완전 바보 같은 짓이다. 남들과 비교하며 그 수준을 지키려고 노력하지 마라. 이러한 지출을 하면 절대 부자가 될 수 없다. 내 상황을 고려해서 지출을 하라. 옆의 외제차 가진 사람은 저축이 많아 예금이자만으로 차를 유지하고 있을 수도 있고, 부모가 잘살아서 사줬을 수도 있다. 나의 상황에 맞게 절제하고 필요한 지출만을 하도록 하라. 결국엔 먼 훗날 옆 사람보다 더 좋은 차를 가지게 될 수도 있고, 그들보다 나은 생활을 하게 될 수도 있다. 누군가와 비교되는 현재보다 미래에 비교될 나의 모습이 더욱 당당하게 되도록 준비하라.

바르게 쓰기 위해 지출을 제어하려면 가계부가 필수다. '짠순이'가 되기 위해 가계부를 쓰는 게 아니라, 효과적인 지출을 하기 위해 가계부를 쓰는 것이다. 결혼 초 2년가량 가계부를 썼다, 그리고 지금은 상세한 가계부를 쓰지 않고 저축/연금/보험/대출 항목별 연말 총액만 관리하며, 며칠에 한 번씩 큰 금액의 지출만 작성하고 있다. 매년 얼마의 돈이 유출되고 쌓이는지만 체크하고 있다. 이미 수입과 지출이 자리를 잡고 있기에 굳이 가계부를 자세하게 쓰지 않아도 잘 관리되고 있다. 가계부를 평생 써야 한다고 생각할 필요 없다. 우리 집의 수입과 지출이 자리 잡을 때까지 잠깐만 작성하면 된다. 그 이후엔 습관이 되어 자연스럽게 수입과 지출이 이뤄지고, 돈은 자연스럽게 쌓이게 될 것이다.

혹 매년 말 관리하다가 이상 징후가 발견되면 그때 다시 몇 개월만 작성하면 또 제자리를 잡게 될 것이다. 뭐든 필요에 의해 효율적으로 적절하게 운영하고 그 효과가 달성되도록 노력하면 되는 것이다. 작성하는 주체는 결혼 뒤 남녀 둘 중 좀 더 꼼꼼한 사람이 하면 된다.

■ 카드로 지출을 줄여라

카드 사용만 잘해도 월 10만 원 이상의 절약 효과가 발생한다. 학원비 결제 시 10% 할인해주는 카드가 있는데, 한도가 있어 카드 5개로 10만 원에서 30만 원씩 결제한다. 80만 원 결제하는 데 7만 원이 할인된다. 또한 병원/약국 10% 할인, 마트 이용 시 7% 할인, 주유 7% 할인, 점심식사 5% 할인, 인터넷쇼핑 5% 할인, 지하철/KTX/버스/미용실/화장품 이용 시 할인 등 분야별 할인 카드를 이용하면 매월 최소 10만 원 이상 할인된다.

잠깐 관심 갖고 카드 발급받고 3개월 정도만 습관을 형성하면, 그 다음부터는 별로 신경 쓰지 않아도 자연스럽게 실천된다. 1년이면 150만 원 이상이 절약되는 큰 효과를 볼 수 있을 것이다.

■ 효과적인 대출을 하라

대출은 무조건 최소화해야 한다.

가장 안 좋은 대출은 소비용 대출이다. 카드 지출 후 결제금액이 부족하여 대출하거나 차량 구매할 금액이 부족하여 대출하는 것은 아주 안 좋은 대출이다. 이러한 대출이 필요한 경우 소비를 줄여야 한다.

대출 중에 유용한 대출이라면, 대출을 통해 이자 이상의 수익이 발생하는 경우이다. 아파트 구매를 위해 대출을 하고, 대출 금액에 대한 상환 이자와 투입된 자산에 대한 예금 금리를 합한 금액 이상의 자산 가치 상승효과가 있는 경우이다. 대출이 쌓이기 시작하면 재산을 모은다는 것은 거의 불가능해진다. 대출에 허덕이며 쓰러지지 않으려면, 금융권을 통한 불필요한 대출을 하지 말라. 꼭 필요하면 가급적 가족을 통해 대여하도록 하라.

◉ 시간

내게 주어진 시간이 오늘뿐이고 내일 죽는다면, 재산이 다 필요 없을 것이다. 또한 내게 긴 시간이 주어진다면, 나는 그 시간을 잘 활용하여 많은 재산을 쌓을 수 있을 것이다.

시간이라고 하는 것은 모든 사람에게 공평하게 주어진 재산이다. 이 공평하게 주어진 재산을 누가 더 효율적으로 사용하느냐에 따라 부가 형성된다. 부동산이나 주식을 하는 것을 좋지 않은 시선으로 바라보지 않는 게 좋다. 그들 대부분은 남들 쉬는 주말이나 야간에 놀지 않고, 재테크에 관심 갖고 열심히 발로 뛰며 노력한 덕분으로 부를 형성한다. 재테크에 관심 있다면 부동산이나 주식하는 사람들을 많이 만나도록 하라. 그들을 통해 많은 정보를 얻도록 하라. 재산도 열심히 뛰는 자에게 모이게 된다. 적절한 시기가 중요하다.

언제 아파트를 사고 언제 주식을 사느냐에 따라 수익을 얻을 수도 있고, 엄청난 피해를 당할 수도 있다. 결혼에 성공하는 것도 상대방이 결혼에 관심 가질 때 노력해야 성공한다. 관심 없을 때는 아무리 노력해도 힘들다. 타이밍이다. 재테크도 거래 시기를 잘 잡으면 대박을 터뜨리겠지만, 시기를 잘못 잡으면 쪽박을 찰 수도 있다. 상승 시기에는 어떠한 데 투자해도 대부분 상승하고, 하락 시기엔 어떠한 데 투자해도 대부분 하락한다. 전문가는 좋지 않은 시기에 투자해도 수익을 얻겠지만, 비전문가인 우리

들로서는 시기가 더 중요한 요소이다. 구체적인 깊은 정보보다 객관적인 방향성만으로 시기를 잡을 수 있다.

적절한 시기를 놓쳤다고 낙담할 필요는 없다. 사람에게 기회가 3번 온다고 말하듯, 기회는 반복해서 온다. 기회를 기다렸다 투자하라. 기회를 쫓아가지 말고 여유 있게 기다리면 언젠가는 올 것이다.

시간이 부족해서 못 한다는 말을 자주 듣게 된다. 시간이 부족하기보다는 의지력과 시간 관리를 못 해서일 것이다. 하루를 되짚어보면 무의미하게 아무 하는 일 없이 보내는 시간이 많을 것이다. 가령 집과 회사가 멀어 출퇴근을 위해 하루 2시간 이상 걸린다고 하자. 출퇴근 시 자가용을 운행한다면 2시간이 완전 무의미해질 것이다. 하지만 그 시간 지하철을 이용하며 책을 본다면 2시간이 유익한 시간으로 바뀐다. 꼭 자가용을 운행해야 한다면, 영어회화 등 공부를 하는 것이다.

본인들의 아침/저녁/주말 시간들을 자세히 들여다보라. 무의미하게 보내는 시간들이 많을 것이다. 그 시간을 잘 활용하는 사람은 사회에서 인정받거나 부를 많이 쌓고 있는 사람임에 틀림없을 것이다. 시간을 죽이는 일이 없도록 하라. 건강을 위해 운동을 하거나 관심 분야의 책을 읽는다면 재산은 더 쌓여갈 것이다.

나이를 먹을수록 시간이 빨리 지나간다. 자동차 속도에 비유하면 10대는 10Km 속도, 20대는 20Km 속도, 30대는 30Km 속도…, 60대는 60Km 속도가 된다고 한다. 소중한 시간이 너무 빨리 지나가기 전에 잘 관리해야 한다. 젊어서의 시간이 나이 들어서의 시간보다 훨씬 소중함을 알고 더욱 잘 관리해야 한다. 같은 시간을 운동해도 젊어서 운동한 것은 나이 들어 운동한 것보다 수십 배 더 효과적이다. 공부도 나이 들어 하는 것보다 젊어서 공부하는 것이 평생의 부를 쌓고 여유 있게 생활하는 데 비교 안 될 정도로 효과적일 것이다. 시기가 조금 늦었다 생각되더라도, 운동이든 공부든 하는 게 좋은 건 당연하다. 그보다 더 좋은 것은, 조금이라도 더 빨리 시작하는 것이다. 무엇이든 빨리 시작해야 더 앞서간다. 누군가보다 앞서고자 한다면 빨리 시작하라. 최대한 빨리 시작하라. 어떻게 할지 고민하지 말고 일단 시작하라.

◉ 사람

어떤 이는 이렇게 말한다. "사람이 재산이다." 맞다. 주변에 사람이 많은 이는 부자라 할 수 있다. 자신이 가진 재산은 부족하더라도, 부자인 사람 못지않은 생활을 할 수 있기 때문이다.

사고를 당하거나 사기를 당한 순간, 더 큰 피해를 막거나 피해가 전혀 발생하지 않도록 그쪽 분야의 아는 사람을 통해 슬기롭게 위기를 극복할 수 있을 것이다. 어린 자식이 갑자기 아플 때 아는 의사에게 전화하여 응급대처를 어떻게 할지 알아보고, 가장 최적의 조치 방법을 알아내어 행동할 수 있다. 여행갈 형편은 되지 않아도 부유한 친구가 여행갈 동행자가 필요하다며 자기 부담 전혀 없이 함께 여행 가자고 청할 수도 있다. 직장을 잃어 실업자가 되었을 때, 중소기업 사장으로 있는 잘 아는 친구가 스카우트 제의를 해올 수도 있다.

직장 및 생활의 변화가 필요한 시기에는 항상 사람이 연관된다. 아는 사람을 통하면 일처리를 아주 쉽게 할 수 있을 것이고, 아는 이가 없으면 쉽지 않은 일이 아주 많을 것이다. 나는 고등학교 동창 초대 회장직을 역임해서인지 아는 친구가 많다. 특히 고등학교 친구는 다양한 분야에서 일하고 있기에 더 좋은 효과를 보기도 한다. 친구들 덕분에 자동차 구입이나 해외여행, 부동산 거래 등 다양한 일처리에 너무나 큰 힘이 되고 있다. 사람을 소중히 여기고 많은 사람과 좋은 관계를 맺을 수 있도록 계속해서 개인적인 노력을 하는 게 좋다.

● 건강

건강을 잃으면 모든 것을 잃는 것과 같다. 고무공과 유리공이 있다고 할 때, 재산은 고무공에 해당하나, 건강은 유리공에 해당한다. 재산은 고무공처럼 땅에 떨어져도 다시 튀어 올라올 수 있지만, 건강은 한번 땅에 떨어지면 완전히 깨져 다시는 회복이 불가능하다.

건강을 잃으면 내가 얻고자 매달리며 추구한 모든 것들이 무의미해진다. 아파서 병원에 누워 있으면, 재산을 늘리기보다 줄이는 결과를 낳으며, 주변에 피해를 주는 마이너스 인생이 되어버리는 것이다. 재산이라는 것도 건강해야 그 가치가 있는 것이며, 내가 가진 모든 능력들도 건강해야 그 효과가 커진다. 건강해야 재테크를 위해 여기 저기 돌아다니기도 하고, 부지런히 다방면에 관심 갖고 활동할 수 있으며, 많은 사람들을 만날 의욕이 생긴다. 건강할 때 건강관리는 쉬우나, 건강을 잃은 뒤 다시 건강해지기는 쉽지 않다. 나이 먹고 몸이 약해지기 전에 건강에 관심 갖기 바란다. 아무리 강조해도 지나치지 않은 건강 유지를 위해 운동도 하고 먹는 것도 관리하며 밝고 활기찬 생활을 하기 바란다.

■ 운동

행복과 성공을 얻는데 가장 필요한 것 중 하나가 바로 규칙적인 운동이다. 운동은 어떠한 병도 치료 가능한 만병통치약이라 할 수 있다.

20대 이전에 운동하면 평생 살아가는 데 도움 줄 건강한 몸을 만들 수 있다. 30대에 운동하면 더욱 건강한 몸을 만들 수 있다. 40대에 운동하면 현재 몸 상태를 유지하는 데 도움을 준다. 50대 이후에 운동하면 별 도움이 안 된다. 같은 시간을 운동해도 그 효과에는 차이가 크다. 앞으로의 내 생활을 보자면 지금 이 순간이 운동 시작하기에 가장 젊은 시기다. 지금부터 시작하라.

운동을 하고 건강한 신체를 갖게 되면 자신감도 커지고, 리더십도 길러지고, 대인관계도 좋아지며, 생활하는 데 많은 도움이 된다. 건강한 체력이 건강한 정신을 깃들게 한다. 건강해야 밝은 생각을 더 많이 하게 되고, 건강해야 더욱 긍정적인 사람이 된다. 업무와 관련해서 창의성도 커지며, 업무 성과도 증진될 것이다. 지금 건강하다면 그 건강을 유지하도록, 지금 허약하다면 더 건강해질 수 있도록 운동을 하라. 운동 중에는 수영, 조깅, 등산이 가장 좋은 운동으로 추천하고 싶다. 운동을 통해 더욱 아름다운 자신을 만들고 더욱 높게 평가받는 자신을 만들라.

운동 전에는 항상 준비운동을 하고, 운동 이후에는 항상 마무리 스트레칭을 해주기 바란다. 수영할 때도 몸이 물에 조금씩 적응하도록 발부터 담가 가기 바란다. 이는 본 운동 못지않게 중요한 부분이며, 본 운동의 효과를 높여주는 것이다.

운동을 생활화하라.

평상시 활동하는 중에도 운동을 할 수 있다. 따로 시간을 할애하여 하기보다 틈을 이용해서 운동을 생활화하기를 추천한다. 난 회사 출퇴근 시 자가용이나 대중교통을 이용하지 않고 걸어 다닌다. 걸어서 30분 거리인데, 하루 1시간은 운동을 하고 있는 것이다. 주말에 집에서 일할 때도 운동한다는 생각으로 즐겁게 청소한다. 가까운 마트에 갈 때도 차를 이용하기보다 걸어 다닌다. 차를 이용하나 걸어가나 시간 차이도 크지 않다. 걸어 다니므로 운동 되고, 기름 값도 아끼는 일석이조의 효과가 발생한다.

■ 마라톤

1999년도에 처음으로 마라톤을 시작했다. 당시 조선일보 춘천마라톤대회에 10Km를 45분에 완주했다. 회사 직원들과 함께 출전했었는데 아주 기분이 좋았다. 완주 후 느낌은 최고였다. 2000년도에 5Km 2번, 10Km 2번, 하프 1번 참가하여 모두 완주했다. 2001년도에도 비슷하게 출전하고,

2002년도에 '제 4회 문화일보 통일마라톤' 풀코스에 도전하여 처음으로 42.195Km를 3시간 51분에 완주했다. 기분이 이보다 더 좋을 수가 없었다.

풀코스의 경우 17Km 정도에서 힘들고, 30Km 정도에서 더 힘들어지고, 37Km쯤에서 최고의 고통이 온다. 그 이후엔 얼마 남지 않아 오히려 완주할 수 있겠구나 하는 기분에 즐겁게 뛰게 된다. 고통이 주기적으로 온다. 골인 지점이 가까워질수록 고통 주기는 짧아진다. 고통이 커질수록 그 고통을 이겨내기 위한 엔도르핀(도파민 호르몬)을 몸 스스로 분비하여 완주가 가능하게 된다. 이게 마라토너들이 말하는 런하이(Run-High) 느낌이다. 누구나가 신체적인 고통을 느끼지만, 정신력이 강한 사람은 이러한 호르몬을 스스로 만들어내며 이겨내는 것이다. 우리의 몸은 너무나 신비롭기에 어떠한 극한 상황에서도 이겨낼 수 있다.

완주할 때의 즐거움과 한층 나아지는 기분에 지금도 매년 1~2번 정도 완주하고 있으며, 올해도 3월에 '서울국제마라톤대회' 풀코스를 거뜬히 완주했다. 몸이 원하는 대로 해주는 게 건강에 가장 좋다.

쉬고 싶은 때 쉬어주고, 졸릴 때 잠을 자는 게 몸 상태를 생각하면 가장 좋다. 몸이 원하는 대로 해줘야 신체에 이상이 생기지 않으며 가장 좋은 컨디션을 유지할 수 있다. 그렇다고 몸이 원하는 대로만 해주면 나태해지고 비만해진다. 건강을 위해 가끔은 힘든 것을 참아내며 이겨낼 필요도 있다. 가끔 힘든 것을 이겨내야 몸이 더 강해지고 건강해진다.

마라톤이라는 운동을 사람들은 겁낸다. 고등학교 체력장 시험 때 800m 달리는데도 죽을 것 같았는데, 어떻게 5Km, 10Km를 달리느냐고 발뺌한다. 800m를 달리는 것이나 42.195Km 풀코스를 달리는 것이나 힘든 건 큰 차이가 없다. 페이스 유지를 잘하면 오히려 42.195Km를 편하게 달리기도 한다. 마라톤이 얼마나 쉬운 운동인지는 대회에 참가해보면 느낀다. 5Km는 걸어서도 완주할 수 있다.

아들이 3살 때는 아내와 유모차에 아기를 태우고 5Km 대회에 참가했다. 아들이 5살 때는 중간에 업어주면서 5Km를 완주했다. 풀코스의 경우도 처음부터 끝까지 같은 속도로 뛸 때 가장 좋은 페이스 유지라 할 수 있다. 마라톤을 인생에 비유하는 이유 중 하나가 이것일 것이다. 죽는 순간까지 나의 생활을 비슷한 수준으로 유지해주는 게 필요하다. 행복지수를 비슷한 수준으로 유지하려면 조금씩은 좋아지는 모습을 만들어가야 할 것이다.

5Km도 욕심이 들어가면 정말 힘들다. 2002년도 '제2회 전국금융노동자 가족 거북이 마라톤대회' 때는 5Km를 17분에 완주하며 1등을 했다. 1등이면 20만 원 상품권을 받기에 도전해봐야겠다고 욕심냈더니, 완주 후 너무 힘들었다. 풀코스 완주하는 것보다 더 힘들게 느낄 정도였다.

· **마라톤은 건강에 좋지 않다?**

전혀 그렇지 않다. 좋지 않다고 생각하는 사람들은 마라톤이 몸에 무리가 가기 때문이라고 말할 것이다. 어떠한 운동이든 몸에 무리가 갈 정도로 심하게 하면 안 좋은 것이다. 마라톤이 다른 것보다 무리가 갈 가능성이 큰 것은 사실이지만, 적절히 조정하면 된다. 내 몸에 맞게 적절한 페이스를 유지하면서 뛰면 이보다 좋은 운동이 없다.

회사 내 마라톤동아리 회장을 하셨던 분이 해준 이야기가 있다. 아는 분이 말기 암에 걸려 어떠한 치료도 할 수 없는 포기 상태였는데, 마라톤을 시작하여 암을 이겨냈다는 것이다. 그 사실을 알게 된 뒤부터 본인도 마라톤 마니아가 되었다고 한다. 몸의 상처를 정신력으로 이겼다고 할 수 있다. 내 몸의 상태는 나의 심리상태에 의해 달리 작동한다. 마라톤을 통해 내 몸의 상태를 바꿔놓은 것이다. 마라톤을 통해 몸에 생긴 좋지 않은 것을 떼어버린 것이다.

마라톤을 하고자 한다면, 연습을 주기적으로 많이 해주라. 실제 연습이 건강에 많은 도움이 된다. 연습을 못 하더라도 최소한 2주 전에 30Km 이상 또는 3시간 이상 뛰어라. 1주 전에 30Km 이상 뛰면 대회에 영향을 끼치므로 삼가고, 1주 전부터는 하프 이하만 뛰는 게 좋다. 이때부터는 술은 마시지 않는 게 좋다. 그리고 3일 전부터는 10Km 이하만 뛰고, 전날엔 안 뛰는 것이 좋을 수 있다.

전날 산을 30분에서 1시간가량 천천히 걸었더니 대회당일 뛰는데 몸이 훨씬 가볍게 느껴져서 좋았다. 대회 출발 전날 빨리 잠을 잠으로써 피곤함을 최소화시킨다. 출발 2~3시간 전에 아침식사를 하라. 아침식사는 찰밥이 최고다. 찰밥을 먹으면 오랫동안 허기가 생기지 않고 완주하는 동안 든든함을 느낀다. 식사 후 바로 변을 보고 집을 나서는 게 좋다. 대회 장소에서는 볼일 보기가 불편하다.

출발 전에 잠깐 뛰어보기도 하고, 스트레칭을 충분히 해준다. 출발 후 들뜬 마음에 오버페이스 하지 않도록 유의한다. 뛸 때는 팔을 가볍게 앞뒤로 움직이고, 발을 높이 들지 않고 평행 이동을 하도록 한다. 이때 발은 십일(11) 자로 움직이는 게 좋다. 팔과 발의 움직임을 통한 체력 소모를 최소화하기 위함이다. 곡선 주로에서는 직선이 되도록 회전함으로써 거리를 줄여주는 효과를 보는 것도 좋다. 편안한 완주를 위해 힘을 아꼈다가 35Km 이후에 기록에 도전하는 패턴을 사용해야 즐거운 완주를 할 수 있다. 초반에 오버페이스 했다가 고생했다는 분들이 아주 많다.

중간에 물은 갈증을 없애는 정도만 마시고 초코파이나 바나나도 약간만 먹어야 뛰는 데 부담이 없다. 음식을 많이 먹어 힘들었다는 분들도 자주 접한다. 완주 후 반드시 스트레칭을 하라. 완주 후에는 거뜬해 보여도, 다음날 온몸이 쑤시고 걷기가 힘들 것이다. 스트레칭을 잘해주면 다음날 훨씬 편안할 것이다. 집에서 마사지를 해주는 것도 아주 좋다. 완주 후엔 간이 많이 피곤한 상태이고 크기도 많이 작아져 있을 것이다. 이때 술을 마시면 쉽게 취한다. 평소 자신의 주량보다 적게 마셔야 한다. 다음날부터 은근히 더 피곤해진다. 완주 후유증이므로 가급적 쉴 수 있으면 쉬어주라.

· **나에게 맞는 운동이 좋다.**

몸 상태는 사람마다 다 다르다. 사람에 따라 적합한 운동이 있다. 자신에게 가장 적합한 운동을 찾는 게 좋다. 운동하기 편하면서 효과를 얻을수 있는 운동이 가장 좋다. 마라톤이 좋은 이유는 집을 나서면서부터 운동을 시작하고, 뛰고 싶은 만큼만 뛰고 오면 된다. 내 몸 상태에 맞게 적당히 운동하고 오면 되는 것이다. 컨디션이 안 좋으면 걸어도 된다. 경치좋은 데를 한 바퀴 돌고 오면 기분이 너무 상쾌하다. 운동을 위해 차를타고 가서 복장 갖춰 입고 준비하는 데까지 걸리는 시간이 너무 아깝다고 생각한다. 운동 중에도 접근성이 좋은 운동이 더 효과적인 운동이라고 본다.

뛰면서 무슨 생각하세요? 이렇게 묻는 사람이 많다. 가끔은 페이스가 같은 분과 세상 사는 이야기를 하며 뛸 때도 있지만, 대체로 혼자 뛴다. 그럴 때면 지난 과거 나의 생활을 돌아보기도 하고, 앞으로 할 일을 설계하기도 한다. 아들과 딸 하나씩 있는데, 그 이름도 마라톤하면서 지었다. 아들 지성(志成)은 남자로 태어났으니 뭔가 품은 뜻을 이루는 훌륭한 사람이 되라는 의미에서 지었고, 딸 수민(守玟)은 여자로 태어났으니 옥과 같은 밝고 아름다운 뜻을 품고 예쁘게 살라는 의미에서 지었다. 혼자 하는운동의 장점이 몸싸움도 없고 스트레스도 없으며, 나만의 생각을 정리할기회를 만들기에 정서적으로도 아주 좋다. 내가 테니스, 배드민턴 등 다른 운동이 아닌 마라톤을 시작한 것은 내 인생에 가장 잘한 일들 중 하나라생각된다.

■ **등산**

마라톤 못지않게 좋은 운동이 등산이다. 집에서 도보로 5분 거리에 높지않은 산이 있어 매주 주말에 정상까지 올라갔다 오기를 10년 이상 했다. 현재 건강한 체력을 만든 계기가 되었다. 산 중턱과 정상에는 윗몸일으키기, 턱걸이, 평행봉, 역기 등을 할 수 있는 운동 시설도 갖추어져 있어 운동하기에 아주 좋은 환경이었다.

20대 초에 지리산을 혼자 하루 만에 종주하기도 했다. 새벽 기차를 타고 구례 역에 내려 첫 차로 성삼재에 오른 뒤 노고단-연하천-세석-장터목-천왕봉 정상을 정복한 뒤 바로 중산리로 하산했다. 당일 산에서 산행한 거리가 40Km가 넘었다. 중산리 계단을 내려올 때는 발이 떨리고 내딛기가 힘들어 고통스럽기도 했다. 하지만 하루 만에 지리산을 종주한다는 뿌듯함에 즐거운 마음으로 내려올 수 있었다.

지리산은 어머니와 같은 산이고, 설악산은 아버지와 같은 산이라고 비유하는데, 지리산을 종주하고 오면 마음이 아주 편안하게 느껴진다. 지리산은 노고단에서부터 천왕봉까지 고저의 변화가 많지 않아서 등산하기에 아주 편하다. 또한 세석을 지나 촛대봉에 올라앉았을 때의 느낌은 무엇과도 바꿀 수 없는 최고다. 구름 위에 앉아 있는 느낌이다. 아래로 구름이 흘러가고 구름 사이로 산봉우리들이 보이는데, 신선이 따로 없는 느낌이다. 산 중에 악(岳)자가 들어가는 산들이 바위가 많고 힘들다고 한다. 가령 설악산, 월악산, 치악산, 관악산 등과 같은 산들은 등산하기에 쉽지 않은 산들이다. 또한 산은 해가 넘어가면 바로 어두워지며 평지보다 빨리 어두워지므로 조심해야 한다. 일출 못지않게 일몰도 장관을 이루므로 일몰 구경하는 것도 추천하고 싶다. 개인적으로 겨울산은 춥고 바람이 매서워 싫어하는데, 설경 속에서 보는 눈꽃은 너무 아름답다.

등산이 좋은 것은 무엇보다 운동하는 동안 맑은 공기를 마실 수 있기 때문이고, 몸 건체를 옮기는 운동이고, 정상에 올랐을 때의 성취감과 희트이는 듯한 기분 때문이다.

■ 웨이트 트레이닝

기구를 이용한 운동도 주기적으로 해주는 게 좋다. 근력운동은 남자 몸매 관리에도 좋지만, 근육이 많아야 다른 기타 운동에 도움이 되기 때문에 좋다. 마라톤의 경우에도 근력운동을 해줘야 마지막 부분에 힘이 남아 있어 완주하는 데 많은 도움이 된다.

회사 체력 단련부 총무를 하면서 몇몇 강사를 통해 배워본 결과 운동기구 이용에도 일정 룰(rule)이 있다. 근력운동을 가끔 한다면 손목, 어깨, 허리, 허벅지, 종아리 모든 운동을 해주는 게 좋고, 자주 운동을 하게 되면 매일 부위별로 운동을 해주는 게 좋다. 근육이 피로한 경우에는 쉬어주기 위함이다.

다양한 운동기구를 이용할 때, 기구별로 운동되는 신체 부위가 있다. 근육을 반복해서 움직일 때 운동되는 부위만 움직이고 다른 신체는 고정시키는 게 효과적이다. 턱걸이의 경우 허리반동을 이용하지 않고 팔 근육으로만 운동해야 턱걸이의 효과가 있는 것이다. 역기 등은 한 번의 시도에 7회 정도 반복하여 들어 올릴 수 있는 무게가 적당하며, 중간에 1분씩 쉬면서 3번 더 시도하는 게 적당하다. 총 20회에서 30회 정도 들어 올리는 게 좋다.

몸매관리를 위해 운동하는 경우 30분 이상 해줘야 지방이 타 들어가면서 원하는 효과를 볼 수 있다. 운동을 시작하면 몸에 있는 탄수화물이 처음에 사용되며, 그 다음 단백질, 그리고 지방이 사용된다. 30분 이내로 운동하면 탄수화물만 소모되며, 진정 없애고 싶은 지방은 몸에 그대로 남아 있게 된다. 결국 운동 이후 식사 한 번 하면 원래의 몸 상태로 돌아오게 되므로 운동 효과가 없어진다.

운동을 무리해서 하면 안 되지만, 가끔은 2시간가량 강하게 해줄 필요가 있다. 신체 사이클이 일정 수준에 도달해 있으면 한 단계 업그레이드할 수 있는 계기를 만들어야 더 좋은 결과를 낳는다. 이러한 업그레이드를 위해 강한 충격(impact)을 주며 운동하여 신체를 강화해준다.

술 마신 뒤의 운동은 좋을까?

좋다, 또는 좋지 않다, 의견들이 많이 갈린다. 술 마신 뒤 운동하면 알코올이 빠지면서 술 후유증이 없어져 상쾌해지는 효과가 있다. 그런 반면, 간이 피로한 상태에서 운동을 하기 때문에 간 기능이 저하되는 부작용도 있다. 자신의 몸 상태에 따라 스스로 판단해서 운동을 하면 된다.

■ 식이요법

운동이 건강관리에 아주 좋은 요소이기는 하지만 운동을 전혀 하지 않아도 식이요법만으로도 건강한 몸을 만들 수 있다. 운동을 통해 노폐물을 없애고 과다한 부분들을 제거함으로 건강해지지만, 식이요법을 잘하면 충분히 그 이상의 몸 상태도 만들 수 있다. 잠깐! 지금까지 글을 읽어오며 지루하게 느껴졌다면 읽는 방식을 잠깐 수정할 필요가 있다. 글의 중심은 자신의 생활 속에 접하는 것들, 향후 접하게 될 것들, 옆에 누군가가 접하는 것에 대한 각자의 기준을 설정하고 가치관을 형성하여 건강하고 행복한 생활을 만드는 방향성을 갖자는 것이다. 글을 읽으며 자신의 생각과 생활에 작은 변화를 만들어주길 바란다.

· 음식의 종류

제일 중요한 것은 어떠한 것을 먹느냐이다. 몸에 적합한 음식을 많이 먹는 게 당연 제일 좋다. 야채나 생선 등이 좋고, 기름기가나 튀기거나 가공시킨 음식은 좋지 않다. 고기는 오리가 가장 좋고, 그 다음 닭, 돼지고기, 소고기 순이다. 오리는 찾아서 먹고, 닭은 그냥 먹고, 돼지고기는 사주면 먹고, 소고기는 사줘도 먹지 말라고 할 정도이다. 고기의 기름이 얼마나 몸과 맞는가에 의해 나온 말이다. 체질에 따라 육류 중에도 본인과 더 맞는 음식이 있을 것이다. 그러한 음식을 더 먹어주면 된다.

몸에 맞지 않는 음식도 소량 섭취하는 것이 더 좋을 수 있다. 커피나 술은 일반적으로 좋지 않다고 하지만 적정량 먹게 되면 더 좋은 효과가 발생한다. 마라톤 출발 전에 커피를 한 잔 마시면 지구력이 강해져서 완주하는 데 많은 도움이 된다. 커피는 장운동을 촉진시켜 변비 및 다이어트에도 효과가 있다. 술 또한 혈액순환을 왕성하게 하여 몸을 따뜻하게 해주고 식욕을 증진시키며 스트레스 해소도 해준다.

우리가 먹는 모든 음식이 좋은 점과 좋지 않은 점을 모두 가지고 있을 것이다. 좀 더 좋은 음식이 있고 좀 더 나쁜 음식이 있다는 것이다. 우리는 좀 더 좋은 음식을 즐겨 먹어야 좀 더 건강한 생활을 할 수 있을 것이다. 좋지 않다는 것은 그 음식에 좋지 않은 첨가물이 들어갔을 가능성이 많으며, 업체들이 이윤을 남기고 소비자의 입맛을 돋우기 위해 건강 생각하지 않고 가공시키기 때문에 줄이는 게 좋다는 것이다. 가급적 가공시키지 않은 있는 그대로의 음식을 주로 먹는 게 좋다. 더 좋은 것은 직접 재배하는 것이 좋을 것이다. 여름엔 청경채, 겨자 등의 씨앗을 구해서 집에서 키워 애들에게 새싹 비빔밥을 자주 해준다. 애들도 아주 맛있게 잘 먹는다. 또한 좋고 나쁜 것도 체질에 따라 다르므로 본인의 체질이 어떠한지 검사하여, 어떤 음식이 내게 맞는지 알고 먹기 바란다. 외식을 삼가고 집에서 직접 해먹어야 한다. 밖에서 먹는 음식은 맛있기는 하지만 수익을 남기기 위해 많은 조미료와 저가의 좋지 않은 재료를 사용하므로 최대한 외식을 삼가라.

· **음식의 섭취 시기**

어떠한 음식을 먹느냐도 중요하지만 똑같은 음식을 언제 먹느냐에 따라 그 효과는 완전 달라진다. 사과의 경우를 예로 들면, 아침에 먹는 사과는 금쪽같고, 저녁에 먹는 사과는 독이라고 한다. 아침에 먹으면 신진대사를 원활하게 하여 오후까지 활발한 활동을 도와주지만, 저녁엔 사과산이 위의 산도를 높여 장에 부담을 준다는 것이다. 비타민도 공복에 먹으면 바로 배출되기 쉬우므로 식후에 바로 먹는 게 좋다. 좋다고 많이 먹어도 별

필요가 없으며, 일정량 이상은 배출되어 버린다.

배고플 때 빈속에 먹는 음식이 몸 흡수가 더 잘될 것이다. 그러므로 빈속에 먹을 때는 가급적 몸에 좋은 것을 먹고, 배가 어느 정도 부르면 먹고 싶은 기름진 음식이나 과자, 아이스크림 등을 먹는 게 좋다. 배부를 때 먹으면 많이 먹지 않을 수 있으니 좋기도 하다. 자기 전에 먹는 건 가장 안 좋다. 잠을 통해 편하게 쉬어야 하는데, 음식을 먹으면 세포들이 쉬지 못하므로 아침에 일어나도 피곤하다. 배가 더부룩하여 하루 식사 중 가장 효과적인 아침 식사를 제대로 못 하므로 여러 모로 안 좋다.

· 물

우리 몸의 70% 이상은 물로 되어 있다. 그러므로 물은 많이 먹을수록 좋다. 하지만 무조건 많이 먹는다고 좋은 건 아니다. 식후에 물을 많이 먹으면 소화흡수를 제대로 하지 못하고 배출될 수 있다. '음식 따로 물 따로'를 실천하는 사람이 있던데, 일정 부분은 맞을 것이다. 물은 가급적 식사 전후 1시간 이전, 이후가 좋을 듯싶다. '음식 따로 물 따로'를 실천하셨던 분이 이 규칙을 지나치게 실천하다 물을 적게 먹어 담석증에 걸려 고생하는 것을 봤다. 지나친 것은 안 하니만 못하다는 것을 느낀 사례였다. 뭐든 적당히 해야 한다. 물도 많이 먹는 게 좋지만, 시기를 고려하여 먹는 게 좋다. 아침에 일어나서 바로 물 한 잔 천천히 미지근하게 먹는 건 위를 깨끗하게 해주는 효과도 있으며 아주 좋다. 저녁에 자려는데 뭔가 먹고 싶을 때는, 다른 음식은 먹지 말고 물을 먹도록 하라. 물로 부족하면 우유를 가볍게 한 잔 하는 게 좋다.

· 음식의 섭취량

적당량 이상은 몸에 좋지 않은 영향을 끼치므로 과식은 금물이다. 과한 것은 무조건 안 좋다. 아무리 좋은 것도 지나치면 안 된다. '비타민 장기간 복용하면 조기사망 위험 높다'라는 기사도 있었다.

비타민 및 영양 보충제를 적당량 먹으면 건강에 도움이 되겠지만, 과하게 섭취하면 건강이 더 나빠질 수 있음을 명심해야 한다. 약도 물론 과하게 복용하면 독이 된다. 약이 특정 질병에 효과를 나타내기는 하지만 다른 부분엔 좋지 않은 영향을 끼치므로, 장기간 약을 복용하는 경우 다른 데는 이상이 없는지 체크해야 한다. 아는 분이 오랫동안 약을 먹다가 발 관절에 이상이 생기는 것을 봤다. 발에 이상이 생겨 확인했더니 10년 이상 먹었던 약이 원인이었다는 것이다. 기존 치료방식을 바꿔 결국 호전되었다. 하지만 몸에 좋지 않은 것도 양만 잘 조절한다면 오히려 효과를 보기도 한다. 몸에 독이 되는 음식을 약으로 사용하기도 한다. 어떠한 것을 먹든 몸에 적합한 양을 잘 알고 먹어야 한다.

· 규칙적인 식사

같은 양을 먹어도 규칙적으로 먹느냐에 따라 몸 상태는 달라진다. 우리 몸은 적응을 잘한다. 규칙적으로 식사를 하게 되면 안정된 영양분 섭취와 소화 진행이 잘되지만, 불규칙적으로 식사를 하면 몸은 언제 다시 식사를 하게 될지 모르므로 섭취된 음식을 쌓아놓게 된다. 비만의 원인 중 하나가 불규칙적인 식사, 그리고 한 번 먹을 때 폭식하는 경우다.

배꼽시계라고 말하는 것도 규칙적인 식사를 하는 사람은 몸이 적응되어 있어 식사 시간이 되면 자연스럽게 속이 다 비워져 배고픔을 느끼게 된다. 불규칙적인 식습관을 갖고 있다면 배꼽시계도 작동이 잘 안 될 것이다. 직장인들은 바쁘다는 이유로 아침을 먹을 때도 있고 안 먹을 때도 있는데, 아주 안 좋은 습관이다. 그럴 바에는 아예 안 먹는 게 나을 것이다.

규칙적으로 식사를 해야 몸의 컨디션도 일정하게 유지된다. 건강관리에 꼭 필요한 사항이므로 반드시 지키도록 노력해야 할 것이다.

나름대로의 식사 주기를 체크하여 규칙적으로 식사하도록 하라. 건강을 위해서는 식사시간, 취침시간을 잘 지키는 것이 좋다. 매일 아침 6시에 기상을 했다면, 알람이 울리지 않아도 6시에 정확히 잠이 깨이는 경우를 자주 경험할 것이다. 몸이 적응이 되어 있어 자연스럽게 행동되는 것이므로 건강에는 가장 좋은 모습이다.

■ 땀

땀을 많이 흘려라. 일주일에 한 번 이상은 반드시 땀을 흘려주는 게 좋다. 땀은 몸 안의 좋지 않은 노폐물을 없애주는 아주 좋은 방법이다. 한증막과 같은 더운 곳에서 흘러내리는 땀이 아니라, 운동을 통한 땀이라야 한다. 땀을 흘려주는 운동이야말로 어떠한 보약보다도 좋은 약이다. 힘이 부족하여 약의 힘을 이용하는 사람이 있는데, 이는 아주 바보 같은 짓이다. 순간적인 힘이야 되겠지만, 약효가 떨어지면 끝이다. 하지만 젊었을 때 운동을 통해 만들어진 체력은 평생을 간다. 그 힘은 평생 동안 유효하게 발휘된다.

땀을 많이 흘리면 피부도 좋아질 것이다. 노폐물로 인해 거칠어진 피부가 노폐물이 없어지니 당연 좋아질 수밖에 없다. 운동을 통해 건강해지고, 몸매 좋아지고, 피부 매끈해지니 개인 경쟁력도 높아질 것이다. 개인의 경쟁력은 똑똑한 머리, 넓은 마음, 건강한 몸 3박자가 비슷한 비율로 맞아야 한다. 이 세 가지 모두 아주 소중한 가치 있는 것들이니, 어느 것 하나 소홀하게 다루지 않도록 명심하라.

■ 스트레스

우리 몸에 병이 생기는 모든 근원은 마음으로부터 나오는 스트레스 때문이다. 스트레스가 쌓이면 몸속의 기가 약해진다. 기력이 없어지고 기진맥진해지면 면역력이 약해지면서 자연스럽게 몸의 약한 부분에서 이상이 생긴다. 하기 싫은 공부나 일을 해야 하는 스트레스, 사람과의 관계 속에서 생기는 스트레스, 본인의 이상과 현실의 차이로 인한 스트레스 등, 우린 많은 스트레스를 끊임없이 받는다.

사람들이 받는 스트레스의 양은 비슷하지만 그것을 풀어가는 방식은 모두 다르다. 스트레스를 그대로 몸에 지니는 사람이 있는가 하면, 스트레스를 스트레스가 아닌 즐거움으로 승화시키는 사람이 있다. 하기 싫은 공부나 일이 아니고, 나의 더 나은 미래를 위한 투자의 시간이다. 상대방이 나에게 스트레스를 주는 게 아니고, 상대방을 이해하는 폭이 작아서 생긴 트러블이다. 내가 좀 더 이해해주자. 나의 이상은 언젠가는 이루어질 것이다. 한 발씩 천천히 전진하자.

현 상황을 어떻게 받아들이느냐에 따라 스트레스 정도는 달라진다. 쌓이는 스트레스를 주변 환경과 사람으로 돌리지 말라. 모든 스트레스는 본인 스스로 쌓은 것이다. 스스로를 좀 더 여유 있고 편안하게 만들어라. 몸은 바빠도 마음만은 여유 있게 가지라는 이유가 여기에 있다. 몸은 움직이지 않고, 뭔가 하지는 않으면서, 인상 쓰고 짜증내며 마음만 바쁜 사람이 있다. 불필요한 스트레스를 쌓고 있는 것이다. 사람들은 걱정이 너무나 많다. 너무 무의미한 걱정을 많이 한다. 그게 모두 스트레스다.

스스로 불필요한 스트레스를 쌓지 않길 바라며, 그래도 스트레스가 남았다 생각되면 운동으로 풀어라. 그리고 마음을 편안하게 가라앉히고 눈을 감고 명상에 잠겨보라. 확실하게 없어질 것이다.

■ 감기

사람에게 가장 많이 발생하는 질병 중 하나가 감기다. 감기 예방을 위해
서는 우선 잘 씻어야 한다. 모든 건강관리의 첫째가 세균이 침투하지 않
도록 청결을 유지하는 것이다. 그 중에서 손을 자주 씻어야 한다. 사람의
손은 온갖 물건을 만지므로 가장 많은 병균을 지니게 된다. 집과 회사를
오가면서 만지는 모든 물건을 연상해보라. 문, 신발, 가방, 엘리베이터, 차,
사람, 컴퓨터 등 잠깐만 움직여도 손으로 모두 만지게 된다. 틈나는 대로
손을 씻어야 한다.

몸 컨디션 유지를 잘해야 한다. 과일이나 비타민제를 꾸준히 먹으면 감기 예방에 도움이 된다. 몸이 약해지면 약간의 변화에도 적응하지 못하고 감기에 걸린다. 여행 등으로 지쳐 있는 경우는 무리하지 말고 쉬는 게 좋다. 건강한 몸을 유지하면 감기에 걸리지 않을 것이다. 컨디션 유지를 위해 평상시에 잠을 푹 자는 것도 좋다.

감기에 걸리는 가장 큰 이유는 갑작스런 기후 변화이다. 집안 따뜻한 곳에 있다가 갑자기 현관문을 열고 밖으로 나가면 순간적으로 차가운 기운을 견디지 못하고 감기에 걸릴 수 있다. 차가운 밖의 공기에 적응한 뒤에는 얼마든지 뛰어 놀아도 되지만, 갑자기 나가는 순간은 주의하도록 하라.

감기에 걸리기 전에도 물은 자주 마시는 게 좋다. 감기에 걸린 후에는 평상시 보다 더 많이 마셔줘야 한다. 물을 통해 몸 안에 생긴 열을 밖으로 발산해주므로 물이 싫을 정도로 계속 마셔주는 게 좋다. 그리고 애들의 경우 감기에 한 번 걸리면 보통 일주일은 지나야 완쾌되므로, 그 정도 걸릴 것으로 예상하고 마음을 편하게 갖는 게 좋다.

감기 등에 걸리지 않고 건강한 생활을 유지하려면 무엇보다 몸의 컨디션 유지를 잘해야 하며, 꾸준한 운동 등을 통해 면역력을 키워줘야 한다. 애들이 아플 때 적시에 약을 먹이는 것도 필요하지만 무엇보다 면역력을 키워 아프지 않고 성장하도록 해줘야 한다.

· **면역력 강화 방법**
-적당한 운동을 꾸준히 해주고, 무리한 운동 및 과로를 피한다.
-섬유질, 비타민이 풍부한 채소, 과일을 고루 섭취하는 등 규칙적인 식사를 한다.
-흡연, 음주를 최소화한다.
-충분한 수면 등으로 몸이 피곤하지 않도록 한다.
-불필요한 고민 및 걱정으로 스트레스 받지 말고 마음의 여유를 갖도록 한다.

-여행, 취미생활 및 많은 사람들과의 만남 등을 통해 즐거운 시간을 갖는다. 면역력이 약해지면 우리 몸속에 암세포를 이겨내지 못하고, 암세포가 성장하여 암으로 악화되어 치명적인 결과를 맞이하게 된다. 과로, 비만, 스트레스, 음주, 흡연을 멀리하고 충분한 수면, 운동, 비타민 섭취를 하라.

· 애들 감기 걸렸을 때 응급조치 방법

37.5도 넘어가면 해열제로 치료. 해열제 먹인 후 계속 온도 체크하여 몇 시간 단위로 먹여야 할지 알고 있어야 한다. 보통 4시간 단위로 먹어야 한다. 38.5도 넘어가면 옷을 모두 벗기고 수건으로 닦는다. 수건으로 닦는 이유는 몸의 열을 물과 함께 공기 중으로 날리기 위함이다. 그러므로 수건은 약간 물기가 있어 몸을 닦았을 때 몸에 물기가 생겨야 한다. 39도를 넘어가면 무조건 병원으로 가라. 40도를 넘기면 절대 안 된다. 머리에 이상이 생길 수도 있다.

애가 둘 이상일 때 한 애가 감기 걸리면 다른 애들도 대부분 감기에 걸린다. 만약 걸리지 않도록 막고 싶다면, 힘들겠지만 둘이 따로 지내도록 해줘야 한다. 수건도 따로 사용하도록 해야 한다. 감기 안 걸린 애도 물을 많이 마시게 하고, 비타민을 먹이는 등 관리를 함께 해야 한다. 불편하게 생활하는 것보다 그냥 자연스럽게 생활하고 감기 전염되면 치료되도록 관리해주는 게 나을 수도 있다.

비만, 당뇨, 어드름 을 새로 들이 관징편디는 어떻게 하는 게 좋은지 알아보자.

■ 비만

비만과 관련된 많은 정보를 접해보면 알겠지만, 그 원인과 치료 방법은 간단하다. 섭취한 음식량과 배출한 에너지 양의 상관관계에 따른다. 에너지 소비보다 먹는 양이 많으면 살이 찐다. 식사량이 줄어도 운동량이 더 줄어, 에너지 소비가 줄면 살이 찌는 것이다.

또한 체질의 영향도 있다. 어떤 사람은 에너지 소비가 잘되는 체질이라 살이 잘 찌지 않는다. 그것은 유전적인 부분이다. 체질개선도 노력하면 가능하지만 쉽지 않다. 여기서는 좀 더 효율적인 방향으로 접근하겠다.

· 살 빼고 싶은가?

그럼 살이 잘 안 찌면서 몸에는 좋은 음식을 많이 섭취하고, 에너지 소비를 효과적으로 할 수 있는 방법을 찾으라. 에너지 소비로는 앞에서 언급했듯 운동이 최고다. 효과적인 자신만의 운동을 하라. 음식은 좋은 것을 즐겨먹고, 좋지 않은 것은 맛으로 가끔 식후 먹어라.

1) 몸에 안 좋은 음식

-피자 등 인스턴트 음식

-육류, 자장면, 튀김 등 기름진 음식

-햄 등 가공식품

-탄산음료, 과자류

-술은 칼로리가 높으므로 섭취를 줄여라.

2) 몸에 좋은 음식

-물은 가급적 많이 마신다. 미지근한 물이 좋다.

 물은 혈액순환도 돕고, 변비도 없애주어 아주 좋다.

-다양한 차를 마시는 것도 다이어트에 도움이 된다.

-살 빠지는 과일(혈당지수, 칼로리가 낮고 섬유질 풍부한 과일) : 자몽, 푸른 사과, 키위

-비타민, 무기질, 섬유질이 많이 들어 있는 채소, 과일 및 해조류(다시마, 김)를 충분히 먹는다.

-나물을 많이 먹는다(취, 머위, 쑥, 냉이, 아욱, 버섯, 미나리, 도라지, 비름, 원추리, 고춧잎, 가지, 갓, 부추, 시래기, 파래, 우뭇가사리 등).
-일상의 식사에서 부족하기 쉬운 칼슘과 비타민 B1이 많이 들어 있는 우유나 유제품을 되도록이면 매일 먹는다.
-콩, 두부 등의 식물성 단백질을 충분히 섭취한다.
-저지방, 저칼로리, 고단백 식품을 선택하면 좋다.

3) 생활규칙
-취침 3시간 전에는 절대 아무것도 섭취하지 않는다.
-공복 시, 식전 30분에 물을 충분히 마신다.
-식사는 꼭꼭 씹어서 천천히 먹는다.
-치아 관리를 잘하라.
-뭔가 먹고 싶을 때 양치질을 하는 것도 도움이 된다.
-뭔가 먹고 싶을 땐 산책하러 나가거나 운동을 하라.
-고기를 먹을 때는 기름을 떼어내고, 닭은 껍질을 벗겨내고 먹도록 하라.
-TV를 볼 때 군것질을 하지 말라.
-화가 나거나 스트레스가 쌓일 때 먹는 것으로 풀려고 하지 말라.
-설탕, 기름, 특히 칼로리가 높은 조미료인 버터나 마가린, 마요네즈, 케첩 등은 최대한 적게 사용하라.
-커피나 홍차 대신 녹차, 둥글레차, 인삼차, 두충차, 감잎차, 솔잎차 등을 마시되 실냉이나 꿀을 타서 빼고 마시는 게 좋다.
-쿠키, 케이크, 파이, 탄산음료, 사탕, 설탕 입힌 과자 등은 피하라.
-간식을 먹고 싶으면 신맛이 많이 나는 사과(단맛이 많은 사과는 피할 것), 토마토, 호두, 잣, 은행 등이 좋다.
-탄산음료 대신 물, 차를 마신다.
-백미보다는 현미를, 쌀밥보다는 잡곡밥을 많이 먹는다.
-흰빵보다는 통밀빵이나 잡곡류가 들어간 빵을 먹는다.

-빵보다는 밥을 먹는다.

-튀김, 볶음보다는 굽거나 찌는 요리법을 택하도록 한다.

먹지 않고 살을 빼는 것은 건강이 나빠지므로 좋지 않은 방법이다. 먹는 양을 조금씩 줄여가는 방법으로 살을 빼도록 하라. 너무 느긋하게, 여유 있게 지내는 것도 비만의 적이다. 항상 바쁘게 생활하고, TV를 보기보다 여행 등을 즐기도록 하라. 활동적인 생활을 하게 되면 살은 빠진다.

■ 탈모

동생이 한의사이고 내 머리카락이 많이 빠져 모발의 성분, 모발의 손상 원인, 탈모의 원인, 탈모의 증상을 알아봤다. 이 내용만 어느 정도 알면 어떻게 탈모를 관리해야 하는지 알 수 있을 것이다.

1) 모발의 성장주기

모발 성장주기는 여성의 경우 4~6년, 남성은 2~5년이며, 한 달에 1~1.5cm 정도 자란다. 보통 머리카락 숫자는 10~12만 개 정도이고, 하루 평균 50~100가닥 정도 빠진다.

2) 모발의 성분

주요 성분은 케라틴(Keratin)이라는 단백질이다. 그 외에도 멜라닌, 지질, 수분, 미량원소로 구성되어 있다. 성분을 잘 알고 그 해당 성분의 영양공급이 잘되도록 하면 머리가 잘 자랄 것이다.

3) 모발의 타입

지성 : 머리 감고 3~4시간 지나면 기름이 끼고 냄새가 난다. 피부에 여드름이 많이 난 경험이 있거나 원래의 피부 타입이 지성이라면 머리카락도 지성 타입에 속한다. 머리 감기는 하루에 1~2회 머리를 감아도 무방하다.

건성 : 이틀 정도 머리를 감지 않아도 기름이 잘 끼지 않으며 머리를 감은 후 상태가 유지된다. 바람이 불 때 따가움을 느끼거나 두피가 당기는 것을 느낄 정도로 예민하다면 확실한 건성이다. 머리감기는 일주일에 3~4회 정도가 적당하다.

복합성 : 두피는 지성이고 모발은 건성인 경우다. 복합성 타입은 두피 마사지를 자주 해서 두피의 혈액 순환을 돕는 것이 좋다.

4) 모발의 손상 원인
환경에 의한 손상 : 자연환경에 의한 요인은 강한 자외선, 건조한 날씨, 강한 바람과 먼지에 의한 것이 있다.

생리적 요인에 의한 손상 : 인체 호르몬의 불균형, 과도한 스트레스, 영양의 불균형, 다이어트나 편식 등의 영향이 있다.

열에 의한 손상 : 드라이어, 전기 세팅 기 등에 의한 손상이 있다.

화학적 시술에 의한 손상 : 파마, 염색, 탈색에 의한 손상이 있다.

5) 탈모의 원인
스트레스 : 탈모의 주요 원인 중의 하나다.

영양결핍 : 영양상태가 부족하면 모발에 충분한 양분을 제공하지 못하여 탈모가 된다.

술과 담배 : 혈관을 수축시키고 모발에 지속적인 빈혈 상태를 제공하여 탈모가 된다.

유전 : 유전은 남자에게 강하며, 부모 중 한 쪽만 탈모된 경우라도 남성은 탈모 확률이 높다. 유전적인 요인은 가능성이므로, 관리만 잘하면 충분히 예방 가능하다.

혈액순환 장애 : 모자나 두피 압박에 의해 두피의 혈액순환이 나빠지고 공기순환이 되지 않아서 생긴다.

비듬 : 비듬이 피지와 혼합되어 지루가 되어 모공을 막으면 모근에 영양 공급이 어려워져 모근이 위축된다. 대머리가 진행되는 사람은 비듬이 많이 생기며, 하루만 머리를 감지 않아도 머리가 끈적거린다.

6) 탈모의 증상

비듬 : 비듬에는 마른 비듬과 진 비듬이 있는데, 진 비듬은 가려움이 심한 편이다. 각종 오염물질의 흡착이 용이하여 두피에 염증을 일으켜 지루성 피부염을 유발시킬 수 있다.

이상 탈모현상 : 머리카락이 정상적으로 하루 50~70개 정도 빠지는데, 탈모가 시작되면 100개 이상 빠진다. 계속적으로 새로운 머리카락이 생성되지만, 제 수명을 다하지 못하게 되는 것이다. 또한 머릿결이 가늘고 부드러워진다. 탈모는 머리카락이 빠지는 것뿐만 아니라 점차 가늘어져 솜털 형태로 되는 현상으로 말해지기도 한다. 그 외, 머리 기름기가 많아지고, 머릿결에 탄력이 없어지고, 머릿결이 잘 끊어지면 탈모를 의심해봐야 한다.

7) 탈모의 관리

모발손상 최소화 : 스프레이, 젤, 무스 등은 모발에 손상을 주는 화학성분이 있으므로 두피에 닿지 않도록 모발 끝에만 사용하고, 너무 자주 사용하지 않도록 한다. 여름철 강한 자외선, 바닷물의 염분 또는 바닷바람도 모발에 좋지 않다.

머리 감기 : 모발의 더러움이 심해지면 모공이 막혀 비듬이 생기고 탈모의 원인이 되며 모발이 윤기를 잃게 된다. 모발과 접촉되는 부분의 피부가 자극을 받아 트러블이 생기기 쉬우므로 모발의 청결이 탈모 예방에 가장 기본이다.

식이 요법 : 모든 치료의 기본이며 가장 중요한 요소이다. 모발에 영양공급을 잘해주면 탈모와는 멀어진다. 단백질과 미네랄 섭취가 중요하며, 탈모예방 최고의 식품은 검은콩이다. 비타민 A가 부족하면 피부가 건조해지므로 건성 두피나 비듬이 많은 사람은 비타민 A가 많은 소의 간, 장어, 당근 등 녹황색 채소를 많이 먹는 것이 좋다.

모발성장에 좋은 음식 : 검은콩, 검은깨, 호두, 잣, 땅콩, 두부, 계란, 우유, 멸치, 찹쌀, 녹차, 물, 해산물(미역, 다시마, 김, 파래, 조개류, 새우류), 과일/야채류(사과, 포도, 복숭아, 배, 밤, 오렌지, 호두, 토마토, 옥수수, 시금치, 쑥갓), 버섯, 미나리, 참깨, 피, 미늘, 생강, 구기자, 꿀 등. 산수유는 간과 신장을 보호하며, 탈모예방에 좋고, 정력과 피로회복에 좋다. 또한 방광의 조절 능력을 향상시켜 어린 아이의 야뇨증에도 도움이 된다고 한다.

모발성장에 좋지 않은 음식 : 커피, 소주, 담배, 탄산음료(콜라 등), 가공식품(라면, 빵, 햄버거, 피자, 돈까스 등), 단 음식(설탕, 케이크, 생과자, 아이스크림), 기름진 음식, 인스턴트 식품, 달고, 시고, 쓰고, 짜고 자극이 강한 음식은 두피의 혈행을 막아 탈모의 원인이 되므로 절대 금물이다.

주변의 몇몇 사람은 검은콩을 매일 아침 공복에 먹음으로써 머리가 검어지고 모발이 많아졌다는 이야기를 듣기도 했다.

금연, 금주 : 니코틴이 폐의 기능을 저하시키고 혈액순환의 장애를 가져온다.

두피 마사지 : 두피의 경혈을 자극하여 모발에 직접 영양을 주거나, 두피에 혈액순환을 촉진시켜 주기 위하여 두피 마사지를 주기적으로 실시한다. 마사지는 보통 손가락 지문이나 브러시를 이용한다.

탈모 방지를 위해 하루 습관을 만들어보자.

아침에 기상 후 공복에 미지근한 물을 천천히 씹는 느낌으로 마신다. 그리고 검은콩을 적당량 먹는다. 머리손질은 가급적 스프레이, 젤 등을 바르지 않고 머리를 빗는다. 아침식사는 몸에 좋지 않은 음식은 가급적 멀리하고, 탈모에 좋은 음식을 주로하며 다양하게 골고루 먹는다. 아침식사 후 사과 등 과일을 먹는다. 하루생활은 자주 웃으며 즐겁게 하고, 여유 생기는 대로 운동을 하며, 컴퓨터와 TV는 멀리하자. 간식으로 담배, 커피를 마시지 말고 녹차 등을 즐긴다.

귀가 후 운동을 하면 좋으며, 배고픈 경우 물, 주스로 허기를 달랜다. 하루 동안 쌓인 먼지를 없애도록 머리를 감는다. 탈모를 예방할 수 있는 전용 샴푸를 사용하면 좋다. 취침 전 족욕과 두피 마사지를 하면 더욱 효과적이다. 밤 10시에서부터 새벽 2시까지는 모발과 몸이 성장하는 시간이므로 가급적 잠을 자는 게 좋다. 습관이 만들어지면 모든 해야 할 일들이 힘들게 느껴지지 않는다. 습관을 잘 만들면 인생이 바뀐다.

■ **여드름**

고등학교 때부터 여드름이 많이 생겨서 치료에 관심이 많았다.

여드름의 원인과 치료

1) 가장 중요한 게 식습관이다.

좋지 않은 음식 : 돼지고기, 닭고기 등 육류의 기름, 라면, 햄버거 등 인스턴트 식품, 과자 등 가공 식품, 튀김류, 아이스크림, 초콜릿, 술, 담배 등이 좋지 않다.

여드름은 몸속에 열이 많아서 생기므로, 술은 특히 멀리해야 한다.

여드름에 좋은 음식 : 비타민, 녹차, 밥, 떡, 생선류, 채소류, 콩류 등. 그리고 물과 과일을 많이 먹는 게 좋다. 천연 그대로의 가공되지 않은 음식들 위주로 먹는 게 좋다.

2) 과식과 변비

무엇이든 과한 것은 절대 좋지 않다. 과하게 섭취된 것이 밖으로 나가지 못하고 여드름이라는 형태로 표출된다. 변을 잘 보는 것도 좋다. 변비가 있으면 없애도록 노력해야 한다.

3) 운동

조깅, 마라톤, 사이클, 줄넘기 등 땀을 많이 흘릴 수 있는 운동이 좋다. 운동만 열심히 해도 어느 정도 효과를 볼 것이다.

4) 피부

피부와 접촉이는 모든 물건에 유의하다. 옷, 화장품, 비누, 손 등 피부와 접촉하는 모든 것들이 청결해야 하며, 피부에 자극적이지 않은 것을 사용해야 한다. 가급적 내 피부에 적합한 제품을 사용하라.

비만, 탈모, 여드름 모두 원인과 치료 방법에서 큰 차이가 없는 것을 느꼈을 것이다. 다른 질병도 치료 방법에 큰 차이가 없으니, 앞에서 이야기된 사항들을 참조하여 건강한 생활을 누리기 바란다.

◉ 여유 있는 삶 만들기

각박하고 힘든 현실 속에서 스트레스 받으며 살고 있는 이유가 무엇인가? 힘든 시간에 대한 보상으로 여행도 즐기고, 하고 싶은 취미 생활도 하고, 여유 있는 편안한 시간을 갖기 위함이다.

우리가 바라는 목표 중 하나가 여유 있는 삶이다. 재산을 쌓기 위해 열심히 노력하고 공부하며, 소중한 시간들을 헛되이 보내지 않도록 시간 관리를 잘하며, 많은 사람들과 원만한 관계를 유지하는 모든 이유는 여유 있는 행복한 인생을 누리기 위함이다. 인생의 목표를 그리고 실현 방법을 찾고, 현실에 충실하되, 궁극적으로 바라는 물적, 심적 가치를 항상 되새겨볼 수 있는 약간의 여유를 주기적으로 가져보기 바란다.

Part 04 관계중심

우리의 인생은 태어나면서부터 죽는 순간까지 많은 사람과의 관계의 연속이다. 수많은 사람들과 형성된 관계는 모두 내가 만들어 놓은 것이다. 이때 가장 중요한 것은 어떠한 상황에서 서로 간에 행해지는 첫 행동이다. 관계가 조금씩 변해가고 서로 간의 기대수준도 조금씩 변해가겠지만, 변화는 쉽지가 않다. 보다 중요한 것은 첫 관계를 어떻게 만들어 가느냐이다.

예를 들어, 애가 태어나서 처음 마트에 갔다고 하자. 애는 마트에서 모든 게 신기하여 만져보고 가지고 싶어 한다. 이때 부모는 그 애가 하는 모든 것들이 예쁘기에 하고자 하는 대로 만지도록 해주고, 원하는 게 있으면 사준다. 그 이후 마트에 가면 그 애는 어떻게 행동할까? 당연히 전과 같이 모든 물건들을 만지고 사고자 한다. 하지만 부모는 이제 그게 부담으로 오기에 만류한다. 안 된다고 말한다. 곧바로 애는 떼를 쓴다. 당연히 사줄 것이라 생각하기에 사주지 않는 것을 이해할 수가 없다. 안 사주니 당연히 울고 통제가 안 된다. 당연하다. 애는 마트에선 부모가 모든 것을 사줄 수 있다고 믿고 있기에 그럴 수 없다고 설득하는 데 어려움이 클 것이다. 하지만 만약 처음 마트에 갔을 때 만지는 것을 절제시키고 원하는 물건을 안 사줬다면, 다음에 마트에 가도 그러면 안 되는 것으로 선입관이 생겼기에 사달라고 고집하지 않을 것이다. 오히려 하나 사주면 아주 기뻐할 것이다.

서로 간의 입장을 처음 형성할 때는 계속 내가 그렇게 해줄 수 있는지 고민하고 대응해주는 게 좋다. 직장에서도 마찬가지다.

후배와 식사 후 내가 몇 번 계산을 하게 되면, 일반적으로 그 이후에도 내가 계산하는 게 당연한 것처럼 생각한다. 상대방에게 내가 능력이 되고 할 만하니까 하겠지, 하는 인식을 준 것이다. 사회생활을 많이 했다면 고 마음을 알겠지만, 사회생활을 이제 시작하는 초년생이라면 이해를 못 할 것이다. 나 스스로가 관계형성을 잘해줘야 한다. 그리고 그 마음을 대화를 통해 알려줄 필요가 있다.

친구들과의 관계들도 친구에 따라 다 다를 것이다. 그것도 나 스스로가 일정 부분은 만들어놓은 결과이다. 상대방에 따라 내가 행동한 부분도 있겠지만, 관계라는 것은 두 사람 간에 주고받은 것이기 때문에, 그 관계 형성의 결과는 많은 부분 나 스스로에게 책임이 있다.

우리가 살아가면서 해야 할 일들 중 가장 쉬운 일은 나 혼자 하면 해결되는 일들이다. 누군가와 함께해야 하고 상대방의 도움이 있어야 해결이 가능한 일들을 처리하려면 많은 스트레스가 쌓인다. 내가 하는 일은 스스로 알아서 하면 되지만, 상대방이 하지 않는 일을 하게 하려고 전화하고, 밥 사주고, 온갖 달콤한 말로 유인한다. 그래도 전혀 하지 않는 경우가 많이 있다. 당장이라도 할 것처럼 말한 뒤에도 행동에 옮기지 않는 경우가 많다. 내가 아무리 어떻게 해보려 온갖 방법을 동원해도 상대방이 코웃음 치면 끝이다. 도저히 일을 해결할 수가 없는 것이다.

어떠한 관계이든 상대방을 변화시키는 3가지가 있다.

하나는 충격이다. 어린 자녀의 경우 회초리로 피날 정도로 때리면 충격을 받는다. 그리고 바뀐다. 육체적, 정신적 충격은 사람을 변화시키다.

둘째는 절박함이다. 상대방이 절박한 심정을 갖도록 하면 바뀐다. 하지 않으면 안 되는 절박함을 심어줘야 한다. 절박함은 정신력을 강화시키고 어떤 힘든 것도 해내는 강인함을 갖도록 해준다.

마지막으로 마음이다. 진심을 갖고 상대방을 변화시킨다. 서로간의 의견 충돌이 생겼을 때 화를 내기보다 상대방을 인정해준다. 상대방이 큰 실수를 저질러 긴장하고 있을 때, 잠시 침묵하며 긴장 상태를 가중시켜 스스로 잘못을 충분히 느끼도록 한 뒤, 화를 내기보다 괜찮다고 다독거려준다. 이러한 행동은 상대방으로 하여금 나에 대해 강한 긍정적 마음을 갖게 한다.

이러한 방법들을 적절히 사용해서 상대방을 나의 지원 세력으로 만들어 놓으면 혼자 일처리 하는 것보다 훨씬 쉽게 할 수 있는 상황이 만들어질 것이다.

가족이나 친척도 상대방에 따라 형성된 관계 정도가 모두 다르다. 나와 관계하는 모든 이와의 관계를 원만하게 유지할 수 있도록 나 자신이 성숙되어 있어야 한다.

관계 형성을 잘 하려면 나의 희생이 더 커야 한다. 내가 좀 더 고생하고, 내가 좀 더 희생해야 그 관계는 보다 더 향상된다. 서로 간에 고마운 생각을 가질 수 있어야 좋은 관계가 유지되며, 상대방이 손해 본다는 느낌을 가지면 그 관계는 이어지기 어렵다. 내가 조금은 더 손해 보겠다는 생각으로 관계를 유지하는 게 좋다.

또한 관계는 서로 간에 부담이 없어야 한다. 한 쪽에 부담이 있는 관계는 길게 이어지기 어렵다. 무조건 베푸는 게 좋은 게 아니라, 상대방에 따라 적절한 수준에서 절제된 베풂이 더 효과적일 수 있다.

가족, 친척, 친구, 직장 그룹 내 사람들에게 형평성을 유지해야 한다. 그룹 내 누군가에겐 잘해주고 누군가에겐 잘못 해주는데, 그 사실을 서로 간에 알게 되면 모두와의 관계가 좋지 않게 될 수 있다. 형평성을 잘 유지해야 나에 대한 인식이 동일하고, 나 또한 행동하기가 편할 것이다.

서로 간의 상승 관계가 될 수 있다는 믿음이 생겨야 한다. 경제적인 면, 정서적인 면, 또는 다양한 면에서 상승 관세를 고려해야 한다. 부모 자식 간에는 부모에게 경제적 면에서는 마이너스일 수 있지만, 정서적으로 행복감을 더 많이 가질 수 있기에 그 의미가 큰 것이다. 친구 간에는 정서적 편안함뿐 아니라 경제적 도움도 줄 수 있는 관계가 좋다. 회식 자리가 있을 때 식당을 운영하는 친구를 자주 찾아가고, 친구는 저렴하게 좋은 식사를 제공해주면 서로 간에 좋지 않겠는가. 그러한 관계는 더욱 끈끈해진다.

직접적으로 대면하는 관계가 아니어도 좋은 관계를 형성하라. 직장 내 같은 부서이지만 팀이 달라 대화한 적이 별로 없는 상사가 중요 부서에 근무하게 된 후 나를 능력 있는 사람으로 평가하여 승진시키거나 본부 부서로 불러들이는 경우도 많다. 고등학교나 대학 생활 때 한 번도 말해본 적 없는 친구지만 사회생활을 하며 좋은 인연으로 만날 수 있다.

사회에서는 모르는 사람과의 인연도 중요하다. 내가 우연히 마주친 누군가가 나를 좋은 직장으로 스카우트하는 등 나의 인생에 크나큰 은인이 될 수 있다. 어느 대기업 임원이 매일 아침 같은 시간에 항상 마라톤을 하는 모습을 보고, 아주 성실하며 건강한 청년이라 여겨져 스카우트했다는 이야기도 있다. 지하철이나 거리에서 만나는 사람과의 관계도 무시해서는 안 된다. 전혀 모르는 그와의 관계가 이슈가 되어 인터넷에 올라갈 수도 있다.

좋은 관계유지 못지않게 관계를 뒤바꾸려는 노력을 해야 한다. 모든 사람은 모든 관계에서 상대방을 이기고자 하는 마음이 있다. 자식 입장에서는 부모마저도 그동안의 일방적 지시를 따르는 관계에서 반대의 상황을 만들려고 한다. 반대로 보면, 부모인 나를 자식이 이기려고 할 때가 올 것이라는 것이다. 그러한 때가 올 것이라는 것을 인지하고 있으면, 어떻게 그 상황을 슬기롭게 대처할지 그 방법도 스스로 알 것이라고 생각된다.

관계를 뒤바꾸려는 노력은 좋지 않은 모습이다. 그 노력을 한다는 것은 두 사람 간에 좀 더 신뢰가 쌓이지 않아서일 것이다. 신뢰할 수 있는 원만한 관계를 꾸준히 유지하도록, 상대방의 마음을 억누르는 일방적인 관계를 갖기보다 상호 존중하는 기반 속에서 관계를 형성하도록 해야 할 것이다. 상대방이 그전의 관계를 바꾸려 접근하면, 일단 자신의 잘못을 인정하고 좀 더 깊이 있는 대화를 통해 서로를 이해하는 시간을 갖는 게 좋을 것이다.

당당함과 겸손함을 모두 갖추어라. 누구에게나 당당하게 자기주장을 할 수 있어야 한다. 누구에게나 겸손하게 예의를 갖추어야 한다. 둘 다 갖추지 않으면 나 자신이 무시당할 수도 있고, 건방지다며 좋지 않은 평가를 당할 수도 있다. 사장에게마저 당당하게 나의 생각을 말할 수 있어야 나 자신의 존재 가치가 커진다. 자식에게마저 겸손하게 많은 이야기를 들어 주는 관계를 유지해야 오래 좋은 관계가 지속된다. 당당하게 이야기할 수 있어야 같이하는 분위기가 화기애애해지며, 겸손해야 그러한 행동이 더욱 멋지게 보인다. 항상 당당하면서 겸손하라.

자신의 위치 판단이 우선

서로간의 관계에서 내가 어떠한 위치인지를 알아야 한다. 위치를 파악하고 위치에 맞는 행동을 해야 한다. 본분을 망각하고 말하거나 행동하게 되면 자기 분수도 모르면서 설친다는 비판을 받게 된다. 내가 관계의 중심이며 리더의 위치라면 대화의 결정이나 방향성을 내가 정하도록 노력해야 한다. 내가 관계의 보조 역할 위치라면, 대화를 많이 듣고 분위기를 잘 파악한 뒤에 개인적인 의견을 적절하게 이야기할 수 있어야 한다. 어떠한 위치에 있든 문제의 중심에 서서 할 수 있는 역할을 최대한 하려는 노력을 해줘야 한다. 그래야 스스로의 역량도 향상되고 관계 형성에도 좋은 영향을 끼친다.

■ 자기중심

우린 자기중심적 생각을 사수 하게 된다. 상대방도 나와 같은 생각을 하고 있을 것이라 생각한다. 내가 술을 좋아하고 사람 만나는 것을 좋아하듯이. 상대방도 내가 술 마시자고 하면 좋아할 것이라 생각한다. 내가 술 잘 마시게 된 게 태어나면서부터 그런 게 아니고 노력하면서 되었듯, 상대방도 노력하면 술 잘 마시게 될 거라며 계속 권한다. 하지만 상대방도 노력했으나 체질적으로 술 마시는 게 맞지 않아 잘 안 되고, 그 후유증으로 많은 고생을 할 수도 있음을 알아야 한다.

내가 돈을 가장 소중히 여기듯 모든 사람이 돈을 가장 소중하게 생각할 것이라 생각한다. 하지만 어떤 이는 돈이라는 물질적인 것보다 사람의 생각과 마음을 더 중요하게 생각하고, 돈을 모으는 것보다 자신의 이상을 실현하고 소외된 사람들에게 봉사하는 게 가장 소중한 일이라 생각하며 살아가는 이도 많이 있다. 내가 당신을 사랑하듯, 당신도 날 사랑하겠지. 내가 당신과 함께 있는 게 좋듯, 당신도 나와 함께 있는 게 좋겠지. 이러한 자기중심적 사고는 상대방에게 스트레스를 주는 등 많은 부작용을 만든다.

상대방이 나와 다름을 인정하라. 서로간의 가치 기준도 차이가 있음을 인정하라. 내가 옳다고 생각하는 것을 상대방은 틀리다고 생각할 수 있음을 인정하라. 내 생각을 상대방에게 강요하는 것은 잘못된 행동이다. 내 가치 기준으로 상대방을 평가해서는 안 된다. 우리는 각자의 생활환경에 따라 너무나 큰 차이를 지니게 된다. 형제인 경우는 생활환경이 똑같아 보이지만, 형제도 첫째냐 막내냐에 따라 다르며, 어떠한 책을 많이 읽었느냐에 따라 다르며, 어느 학교, 어떤 교육, 무슨 경험을 했느냐에 따라 다르며, 각자의 친구관계, 학교생활 등에 따라 계속 달라진다. 형제간에도 많은 차이가 있는데, 다른 사람과는 그 이상의, 상상 이상의 차이가 있다. 그들의 가치 기준을 인정하고 존중하라. 각자의 상황에 따라 소중한 가치 기준이 다르고 사는 이유가 다르다.

모든 관계는 적당하게 형성할 필요가 있다. 9번 잘해주다 1번 잘못하면, 그 1번 잘못한 것으로 잘한 9번 마저 잘못한 것이 되어버린다. 잘못한 1번을 보면서 9번도 다 형식적인 것이었구나 생각한다. 9번 잘못해주다 1번 잘해주면 그 9번 마저 잘했던 것으로 해석한다. 1번 잘해주려고 그동안 그랬었구나 하고 합리화시켜 버리기 때문이다. 마냥 잘해주려고 내 능력 이상의 노력을 기울이는 것이 좋지 않을 수 있음을 말한다. 모든 관계는 계속해서 더 좋은 상황으로 이어지길 바라므로, 관계 형성을 길게, 먼 미래를 고려하며 진행할 필요가 있다. 초기에 너무 잘해주기보다는 꾸준히 잘해줄 수 있는 관계가 좋다. 상대방에게 지금보다는 더 잘해줄 수 있는 자기 노력이 계속 요구된다. 내가 사랑하는 많은 사람들을 그렇게 해주려면 마음뿐 아니라 돈과 건강도 필요하다. 그래서 꾸준한 자기관리도 필요한 것이다.

■ 가족

나의 가장 소중한 마음의 안식처이다. 세상 어떠한 것과도 바꿀 수 없는 존재들이다. 내가 공부를 하고, 돈을 벌고, 현실을 살아가는 이유 중 하나가 가족의 행복을 바라는 마음이다. 내가 모든 것을 잃고 쓰러져 일어나지 못하고 있을 때도 나의 손을 잡아줄 존재가 가족이다.

친구나 사회에서 만난 사람들은 내가 무능한 사람이 되면 외면할 수 있지만, 가족은 그러한 힘든 상황에서 더욱 나를 따뜻하게 대해줄 존재이다. 가족의 소중함을 한 순간도 잊어서는 안 된다. 내가 누군가를 위해 죽는다면, 그것은 가족이지 않겠는가. 나 자신보다 더 소중할 수 있는 존재라는 것이다. 나보다 더 나를 사랑해주는 존재들이기 때문이다.

나의 가장 큰 아군이 가족이다. 나의 가장 큰 시원 세력이 가족이다. 그러한 가족과 멀어지면 그보다 슬픈 일은 없다. 나의 절반의 힘을 빼고 세상과 경쟁하는 것과 같은 모습이 되어버린다. 자신이 좀 더 희생하며 가족 간의 좋은 관계를 계속 유지하라. 지금은 알지 못하는 큰 행복을 얻게 될 것이다.

우리 가족은 8남매이다. 우리는 아버지의 진정한 사랑을 거의 받지 못하고 자랐다. 현재 지내시는 집도 형제들이 돈을 모아 장만한 것이며, 아버지가 가진 돈은 거의 없는 상태이다. 그러면 자식들이 탈선할 가능성은 크다. 그렇다고 반드시 탈선하는 건 아니다. 큰형과 막내는 한의업종에 종사 중이고, 나를 비롯해 작은형과 셋째 형은 공기업에, 넷째 형은 중소기업에 근무 중이다. 6형제 모두 괜찮은 직장에 다니고 있고, 결혼하여 6형제 모두 자녀를 둘씩 낳아 건강히 잘 키우고 있다. 큰누나와 작은누나도 결혼하여 주말이면 매형들과 손잡고 교회 다니고, 우연하게도 두 분 모두 금은방 자영업을 운영하고 있으며 행복하게 잘 지내고 있다.

우리는 아버지의 모습 뒤에 어머니의 희생이 있어서, 어머니를 중심으로 어떻게 상황을 이겨낼 것인가 자주 고민했다. 형 세 명은 대학을 포기하고 철도고등학교 등 취직을 빨리하는 쪽으로 진로를 잡았고, 동생들은 대학을 잘 졸업하여 각자의 진로를 잘 선택했다. 막내 동생이 서울대 약대와 경원대 한의예과에 합격했을 때는 형제 모두가 모여 어떠한 선택이 옳은지 같이 고민하기도 했다.

자식의 입장에서 형제는 많을수록 좋다. 8남매 중 7번째로 지내다 보니, 어떠한 고민도 가족들이 다 해결해주고, 집안에 큰 일이 생겨도 모두 하나가 되어 함께하니 해결하지 못할 일이 전혀 없었다. 학창시절에도 친구보다 형과 누나를 더 찾았고, 형과 놀이하는 게 훨씬 더 재미있었다.

지금도 가족 모임은 어떠한 모임보다 잘 이어지고 있다. 매년 명절 2번, 제사 3번은 8남매가 전원 모인다. 헤어지는 게 아쉬워 공원에서 피자, 치킨, 중국음식을 시켜먹으며 못다 한 이야기를 나누곤 한다. 중간에 모임 없이 2개월만 지나도 만나고 싶어 번개로 공원에서 모여 공놀이도 하곤 한다. 조카들만 15명인데, 모이면 조카들이 더 즐거워한다. 번개는 아주 자주 있다. 형님들이 생일 때 부르기도 하고, 한의원 옆에 식당에서 자주 모이고, 고민되는 게 있으면 집을 찾아가기도 한다. 우리는 캠핑이라도 가면 기본적으로 4가족 정도가 야외에 모여 저녁을 함께 먹곤 한다.

■ 가족 세미나

2007년 2월 3일에는 가족 세미나를 가졌다. 큰누님부터 조카들까지 30명 가까운 가족이 토요일 오후 회사 연수원에 모였다. 그때 전후로 가족이 연수원에 모여 세미나를 가진 기록이 없다. 연수원에서도 깜짝 놀랐다. 이렇게 많은 가족이 모여 세미나를 한다는 것에 믿기지가 않았던 것이다.

1차, 가족별로 앞으로 나가 자유 발표를 했다. 아빠와 엄마는 가족들 상황, 우리 가족이 좀 더 자주 모이기 위한 방안들을 이야기했다. 자녀들은 미래 자신의 꿈을 이야기했다. 그때 이야기한 목회자의 꿈을 이루기 위해 신학대학에 입학하여 열심히 꿈을 실현해가는 조카도 있다.

2차, 가족별 대표자 발표를 했다. 가족 카페인 인동회의 활성화 방안을 이야기하고, 현재 자신의 가장 큰 고민거리를 이야기하고, 아버지의 행복을 찾아드리기 위한 방법을 이야기하고, 형은 동생을, 동생은 형을 칭찬하고 감사해하는 마음을 이야기하고, 가족이 더 화목하게 지낼 방안들을 이야기했다.

3차, 주제별 심층회의를 했다.

카페 활성화, 인동회 모임 리더 선출, 인동회비 운영방안, 아버지 봉양방안, 한의원 홍보방안 등을 논의했다.

너무나 좋은 시간이었다. 가족끼리 세미나를 하며 의미 있는 시간을 가졌기에 좋았다. 가족 간에 대화가 많다는 것은 너무나 바람직한 모습이다. 자주 대화를 갖도록 하라. 우리는 조만간 다시 세미나를 또 가질 계획이다.

■ 인동회

어머니가 인동 장씨(仁同張氏)다. 그래서 우리 가족 모임 이름을 인동회로 정했다. 2005년에 카페를 개설하여 지금까지 잘 운영하고 있다.

카페메뉴 : 알려드립니다, 육아정보, 아이들 학습정보, 상도동 소식, 향기나무 한의원, 달콤 쌉싸름한 사는 이야기, 재테크 정보, 좋은 글 예쁜 그

림, 상큼발랄 음악방, 쉬어가요(유머방), 추억 만들기 등으로 구성되어 있다. 각 가정의 여행 등 사는 이야기를 올리고, 자녀들 키우는 것과 관련된 정보들을 올리고, 고향 다녀온 이야기, 휴가 다녀온 이야기도 올리고, 애들 자라는 사진도 올리고, 자녀 관련 고민도 올리고, 각자 읽은 책을 요약해서 올리기도 하고, 좋은 글, 음악도 올리며 생일 등의 축하할 일 있으면 축하 글도 올린다. 상도동 소식은 아버지가 상도동에 계시기 때문에 상도동 방문 후기 등을 올리는 공간이다. 아버지가 잘 지내시는지, 가족들 이벤트는 없는지 궁금하여 거의 매일 방문하고 있다. 카페라는 좋은 공간이 있어 많은 가족들을 자주 만나는 느낌이 들어 포근하다. 인동회비를 모아 조카들 대학 입학 시 장학금도 지급하고 있으며, 집들이 때는 이사비를 지원해준다.

■ 부모

부모라는 존재는 누구와도 비교할 수 없다. 절대 지존이다. 나 자신이 가장 존경해야 할 대상은 부모님이며, 그 다음 세종대왕, 케네디, 반기문 등을 이야기 하곤 한다. 부모님 외의 다른 사람은 그 사람이 특별하기에 일반적인 사람이 존경하는 대상이다. 하지만 내 부모님은 나에게 너무나 큰 사랑을 주셨고, 현재의 내가 있도록 해주셨기에 그 분을 존경할 수밖에 없는 것이다.

부모는 단지 자식이 잘 자라기만을 바란다. 누군가에게 자랑할 수 있는 존재로 자랄 수 있기를 바란다. 세상에 빛과 소금 같은 없어서는 안 될 존재로 커주길 바란다. 그게 전부다. 경제적 도움을 바랄 것이라 생각하는가? 아니다. 잘 자라서 부모에게 손 벌리지 않고 자립할 수만 있다면 감사하게 생각한다. 부모는 내게 그저 주기만 할 뿐, 내게서 받아가는 것은 아무것도 없다.

결혼 후 용돈 안 준다고 서운해 하는 부모 없다. 단지 여유 있을 때 식사라도 함께할 수 있다면 그것만으로 행복하게 생각한다.

평생을 그렇게 자식 행복을 위해 사시는 부모님께 불효하지 말라. 잘 자라다가 사춘기가 되면 부모에게 반항한다. 새로운 것들을 배우고 습득하여 이젠 더 많은 것을 알게 되어 배우지 못한 부모를 무시한다. 가볍게 만나서 농담 주고받으며 편안함을 주는 친구가 부모보다 더 소중한 존재라며 부모와 함께 있기를 싫어한다. 나에게 뭐 해준 게 있느냐며 부모의 가슴에 못을 박는다. 나중에 후회할 일들이다.

모든 부모의 마음은 같다. 단지 형편의 차이로 물질적으로 잘해주지 못하는 것을 항상 아쉬워할 뿐이다. 그러한 마음도 몰라주고 해준 게 뭐 있냐며 말하면 부모는 너무 큰 상처를 입는다. 그리고 본인도 그렇게 했던 과거를 회상하며 후회할 날이 올 것이다.

평생 후회할 일을 하지 말라. 사람이 살면서 가장 큰 후회는 부모에게 행한 불효다. 부모가 언제까지 살아계실 것으로 생각하는가? 살아계실 때 좋은 관계를 가지라. 살아계실 때 그분의 소중함을 느끼고, 그분의 마음을 헤아리고, 그분의 생각에 훌륭한 자식으로 성장하도록 하라. 몸이 크고, 생각이 컸다고, 부모의 부족한 부분을 상대로 경쟁하며 이기려 하지말라. 말로써 이기려 하지 말라. 부모는 마음으로 말한다. 그저 단순한 말장난으로, 좀 다른 생각을 할 수 있는 것으로 자신의 생각을 합리화하여 부모와 경쟁하지 말라.

내게 조그마한 도움 준 사람은 무척이나 고마워하고, 내게 선물 한 번 준 친구에게는 그 이상의 선물을 주려고 노력하고, 나늘 만나주는 이성 친구에게는 즐거움을 주고자 노력하면서, 그 이상의 먹을 것과, 입을 것과, 쉴 수 있는 집과, 공부할 수 있는 환경을 안겨준 부모에게는 그게 당연한 것으로 여기며, 아니 그 이상을 해주지 못한 것에 불만을 가지며 부모를 대하는 건 완전히 미성숙한 사람이다. 현재의 내가 어떻게 해서 있는데, 현재 내가 지금 이 순간 무엇인가를 할 수 있는 게 누구의 도움인데 그러는가. 부모는 산소와 같은 존재다. 산소가 없으면 죽듯이, 부모가 없으면 살기 힘들 것이다. 누구보다 소중하고 귀하신 분들을 맘 아프게 하는 어리석은 짓은 절대 하지 않기를 바란다. 본인이 부모가 되면 내가 당연한 것으로 여겼던, 부모가 내게 해준 일들이 얼마나 힘든 일인지 알게 될 것이다.

■ 아버지

가족의 중심은 가장이신 아버지다. 중심을 존경하라. 내가 어렸을 때부터 아버지는 술을 많이 드시고 강한 아버지의 모습을 보이시는 분이었다. 어린 시절 세상에서 가장 싫어했던 분이다. 하지만 지금은 아버지라는 존재 자체만으로 존경한다. 아버지는 10대 때 학교에서 공부도 제일 잘하고 시험 후 채점까지 하며 선생님 역할도 하실 정도였다. 20대에는 한문책도 쓰고 고시도 준비하셨다. 30대에는 사업하며 직원을 100명 이상 거느리며 성공적인 삶을 사셨다.

하지만 어머니의 병 치료를 위해 모든 재산을 쓰고 사업도 실패하면서 힘든 상황을 이겨내지 못해 불쌍한 인생으로 바뀌셨다. 그래도 76세가 된 지금까지도 병원에 가신 적이 거의 없이 건강하게 잘 지내고 계시는 것에 너무 감사한다. 아버지가 계시기에 8남매가 자주 모일 수 있다. 그래서 더욱 고마우신 분이다. 지금은 형제들이 격일로 한 번씩 찾아가 뵙고, 주말에는 가족별로 찾아가 뵈며 좋은 시간을 함께하고 있다.

모든 관계가 유기적으로 잘 형성되면 좋겠지만 그렇지 않은 관계가 있더라도, 큰 틀에서 서로 간에 관계를 잘 유지하면 방향성을 잃지 않고 잘 지낼 수 있다. 비록 아버지와의 관계가 원만치는 않았지만, 다른 형제나 어머니와의 관계가 그 이상으로 더욱 강화되어, 결과적으로 형제들도 잘살고 좋은 모습으로 가족이 끈끈한 정을 나누고 있다.

좋은 환경과 좋은 사람들 속에서 생활해야만 올바른 사람이 만들어지는 것은 아니다. 좋지 않은 환경과 온갖 악조건에서 생활하더라도, 옳지 않은 것을 깨달으며 더 강한 마인드를 형성하여 누구 못지않은 바른 사람으로 성장할 수 있다. 좋지 않은 환경에서 올바른 길로 가기 위해서는 그 사람의 주변에 반드시 존경할 만한 바른 인도자가 한 명은 있어야 한다. 온갖 시련 속에서 의지할 만한 마음의 안식처가 한 명은 있어야 한다. 그러면 환경이 좋지 않아도 바른 사람으로 성장할 수 있다.

어린 시절 가난하여 학비도 내지 못할 상황이었고, 형과 누나는 일찍이 돈벌이를 위해 사회에 나가고, 아버지는 하는 일 없이 술만 드시고 의미 없는 날들을 보내는 상황이었지만, 어머니가 계셨다.

■ 어머니

아무 조건 없는 사랑을 주시는 가장 위대한 분이다. 세상엔 어머니가 있어 아름다울 수 있다. 어머니가 세상을 빨리 떠난 사람들은 가끔 어머니를 생각하며 감정에 북받쳐 눈물을 흘리곤 한다. 나 또한 지금도 엄마라는 단어를 연상하면 눈물이 나오려 한다.

엄마는 내가 군 제대하는 1995년도에 돌아가셨다. 15년 이상 흘렀지만 아직도 가끔은 꿈속에서 만난다. 꿈속에서 엄마를 만나고 깨어나면 기분이 너무 좋다. 마음이 편해짐을 느낀다.

부모가 되기 전에는 부모의 말에 무조건 복종하라. 부모가 된 뒤에 부모를 평가하라. 내가 세상을 다 안다고 생각해도, 그 사람의 위치가 되기 전에 그 사람을 함부로 평가하지 말라.

우리 가족 8남매가 모두 잘 성장하게 된 것은 어머니의 희생이 있어서다. 어머니의 뼈를 깎는 고통이 있었기에 자식들이 잘 성장한 것이다. 모든 어머니는 자기 배앓이를 통해 낳은 자식을 자신보다 사랑할 것이다. 불가피하게 좋지 않은 행동을 하는 어머니도 있지만, 그의 상황에선 그게 최선이라고 생각해서일 것이다. 어머니의 판단이 틀려 보여도, 서로가 이야기를 나눈 뒤에도 어머니가 내게 원하는 것이라면 무조건 따르라. 어머니는 자식을 위해 수십 번을 참고, 스스로 수십 번을 되새긴 후 자식에게 이야기하신다. 나이가 들수록 고민이 많아지는 것을 모두가 느낄 것이다. 자식보다 헤아리기 힘든 고민 속에서 말해주시는 어머니의 한 마디 한 마디를 새겨듣는 훈련을 하도록 하라.

아래는 가족 카페에 2007년 1월 11일 게시했던 '어머니'란 제목의 글 중 일부다.

부지런하신 어머니.
체력이 되셔서 부지런하시기보다 힘드실 텐데도 자식 먹여 살리고자 그러셨을 것입니다. 아파 누우신 적 한 번 없으신 어머니. 아파 누우면 가족이 무너지니, 아파도 참으며 생활하지 않으셨을까 생각됩니다. 자신의 힘든 현실을 거부하여 주어진 상황을 벗어나지 않으시며, 남편의 갖은 핍박을 감수하신 어머니. 자신을 위해서 자신의 더 나은 생활과 본인의 삶을 위해서 살기보다 자식과 남편을 위해서 자신의 삶을 희생하신 그 크신 생각이 있으셨기에 가능했으리라 생각됩니다.
어머니의 삶은 저의 중심이었고, 기준이었고, 법이었습니다. 지금까지도 어머니의 몸소 행하신 가르침대로 살아가려고 노력합니다. 옆으로 벗어나지 않고 바른 길로만 가려고 합니다.
어머니의 높으신 성품과 자기희생이 있었기에 오늘의 우리가 있고, 내일의 우리가 있을 수 있을 것입니다. 글로써는 도저히 그 크신 어머니를 다 묘사할 수 없을 것 같습니다.
힘든 인생길을 살아오셨지만 즐거이 받아들이시고, 여행이나 좋은 옷 제대로 사 입지 않으셨지만 행복한 모습을 보여주셨던 어머니. 어머니는 가시고 안 계시지만, 그 분의 뜻을 가슴에 새기고, 형제자매 모든 가족이 우애하며 서로 함께 행복하게 사는 게 그분에 대한 조그마한 보답이 되지 않을까 싶습니다.

■ 배우자

부모가 우리에게 정신적 기준을 주셨다면, 결혼 이후 부모의 역할을 넘겨받은 게 배우자이다. 내가 부모님을 존경한 만큼은 안 되겠지만, 그와 같은 존재가 자신의 배우자임을 명심하라. 아버지를 존경하듯 남편을 존경하고, 어머니를 사랑했듯 부인을 사랑스럽게 대하라. 난 결혼하면서 서로 간에 존댓말을 쓰자고 했고, 지금도 서로 간에 존댓말을 사용한다. 존댓말을 사용하면 친근감이 덜하겠지만, 친근감보다 존경심을 갖는 관계를 유지하고 싶어서였다.

부모의 존재가 되었으면 내가 존경했던 부모와 같은 존재가 되고, 서로를 그렇게 존중해줘야 한다. 상대방에게 가장 안 좋은 것은 자존심에 상처 주는 발언이다. 어떠한 상황에서도 상대방의 약점을 자극하거나 상대방을 비하하는 말을 하지 않도록 하라.

인생의 영원한 동반자

부모에서 독립하여 배우자와의 생활이 시작되면 내 인생에서 가장 소중한 존재는 배우자로 바뀌어야 한다. 부모에 대한 존경심과 효는 이어져야겠지만, 더 소중한 존재로서 배우자를 인정해야 한다.

결혼 이후 죽는 순간까지 가장 긴 시간을 함께 보낼 대상이 배우자이다. 배우자와 함께 있을 때 행복해야 가장 긴 시간이 행복해질 수 있고, 내 인생의 행복한 시간이 더 길어진다. 내가 가장 행복하게 해줘야 할 대상이 배우자임을 명심하라. 내가 행복해야 하듯, 내가 선택한 나의 배우자도 행복해야 한다. 배우자가 행복할 때 내가 행복하고, 내가 행복할 때 배우자도 진정한 행복을 느낀다. 이젠 반쪽을 만나 하나가 된 것이다.

이젠 효를 해도 배우자와 함께하고, 기쁨과 슬픔이 있더라도 배우자와 함께하며 나의 반쪽이 되었음을 깨달아야 한다. 부모도 배우자와 그렇게 생활하길 바랄 것이고, 그것을 인정하고 살아야 부모에게 더 큰 효도를 할 수 있는 것이다. 행복한 결혼생활을 하고 있으면 부모는 그것만으로도 너무 행복해 하실 것이다. 물론 자식으로서의 도리를 양가 모든 부모님께 해드려야 한다. 내 부모 못지않게 배우자의 부모를 공경하고 모셔야 한다. 내가 배우자 부모님께 잘하면, 배우자 또한 나의 부모님께 잘하게 되어 있다. 서로간의 상승효과이다. 상승효과라고 여건도 안 되면서 마냥 해드릴 수는 없는 것이고, 부부간에 상호 대화와 이해가 선행되어야 할 것이다.

배우자에게 잘해주면 배우자 또한 나에게 잘해주게 되어 있다. 서로가 좋아하는 사람이고 사랑하기에 그 고마움을 표현 안 하더라도 그 사실을 알고 있다는 건 확실하다.

배우자와 의견충돌이 발생했을 때는 상대방 가족을 통해 문제를 해결하라. 부부간에는 동일한 관계이므로 위아래가 전혀 없다. 하지만 배우자 가족들은 위계질서가 있기에 충분히 나의 말을 듣고 설득해주려고 노력할 것이다. 배우자도 본인 가족들이 말하는 것은 좀 더 긍정적으로 들어줄 것이다. 그것이 의견 충돌 시 가장 쉽게 문제 해결하는 방법이다. 그렇기에 그전부터 사돈댁과 원만한 관계를 유지하는 게 여러 모로 좋다.

두 사람 간에는 가치관도 다르고 살아온 환경이 다르기에 모든 게 맞지 않을 것이다. 조금씩 양보하며 살아야 한다. 계속해서 맞춰가며 서로의 적절한 선을 찾아가야 한다. 모든 인간관계가 그 선을 찾아야 하고, 만나는 선을 찾지 못하면 안 보면 되지만, 평생을 살아야 할 배우자와는 그렇게 할 수 없다. 그렇기에 많은 대화를 통해 계속해서 대화와 타협을 해가야 한다. 아마 자녀들 출가시킬 때까지 그 의견충돌은 지속될 것이다. 30년가량 달리 살았기에 그 비슷한 기간이 흘러야 비슷해지지 않을까 싶다.

얼굴까지 닮아가는 부부

먹는 것도 같고, 웃고 슬퍼하는 것도 같으니, 늙은 뒤 부부의 모습은 비슷해지지 않나 싶다. 배우자가 더욱 아름다운 모습을 유지하길 바란다면 많이 웃을 수 있도록 도우라. 그럼 본인의 얼굴도 아름다워질 것이다.

관계가 그렇다. 만남을 통해 더욱 아름다워지는 관계가 있고, 짜증나고 인상 구겨지는 관계가 있다. 상대방을 탓할 게 아니다. 본인 스스로도 그 상황을 만들어 놓은 것이다.

서로의 믿음을 깨지 말라. 헤어지는 부부가 많이 있다. 그 이유의 대부분은 서로의 믿음이 깨지고, 서로의 자존심에 상처를 주며 존경심이 깨지기 때문이다. 상대방의 어떠한 행동도 믿어줘라. 외도 등 믿지 못할 행동으로 헤어지게 되는 것도 상대방에게 믿음을 주지 않고 사랑을 주지 않아서일 것이다. 결국 내가 그러한 상황이 일어나도록 분위기를 만든 것이다. 내가 가장 사랑하고 믿어주는데, 자신보다도 더 자신을 사랑해주는데, 상대방에게 상처 줄 일을 하는 사람은 없다. 무조건 믿어라. 무조건 존경하라. 헤어지면 더 큰 불행이 온다. 재혼해서 더 큰 행복 찾기 힘들다. 가족이 깨지고 친척 관계도 깨지고, 나의 많은 생활에 금이 간다. 헤어짐의 절반엔 무조건 나의 책임이 들어가 있기 때문이다. 자신을 정당화시키지 말고, 서로 간에 좋은 관계를 형성하기 위해 노력하라.

■ 자녀

자녀가 성공하고 행복하게 성장하길 바라지만, 그 못지않게 자녀와의 관계도 중요하다. 자녀가 사춘기가 되어도 나를 친구처럼 편하게 대하며 많은 대화를 나누려 한다면, 그보다 잘 키운 것은 없을 것이다. 자녀가 결혼한 이후에도 나를 자주 찾아오며 나와 이야기하고 싶어 하면, 그보다 잘 키운 것은 없을 것이다.

어떻게 하면 그렇게 키울 수 있을까? 자녀의 이야기를 많이 들어줘야 한다. 아들이 6살 때 등산을 갔다 왔는데, 아들이 그날 저녁 내게 말했다. "오늘 너무 행복했다, 아버지와 많은 이야기를 하게 되어 너무 행복했다." 그 말을 듣고 깜짝 놀랐다. 아들이 많이 컸구나, 그리고 아들이 나에게 많은 이야기를 하고 싶었구나. 별 중요한 이야기도 아니지만 아버지와 이야기를 나눈 것에 너무 마음 편안함을 느낀 듯했다.

누구나 나의 이야기를 잘 들어주는 사람을 찾는다. 어린이든 어른이든 나와 말이 통하고 나를 이해하고 나의 고민을 풀어줄 사람이라면 매일 만나고 싶을 것이다. 자녀도 마찬가지다. 어려서부터 꾸준히 많은 이야기를 들어주고 입장을 이해해주며 지내면 된다. 누군가와 대화중에 자녀가 어떠한 질문을 하면 상대방에게 양해를 구하고 자녀에게 대답해주라. 사소해 보여도 자녀에게는 중요한 질문일 것이다. 양쪽 관계 모두를 원만하게 유지하는 기술이다.

부모님들의 가장 큰 단점 중 하나가 자식들이 성장했음에도 아직 어린애 취급하고 모든 것을 관리하고 명령하고 지시하려 한다는 것이다. 자식도 한 인격체이고 하나의 관계 대상이다. 자녀의 생각을 충분히 존중하고 인정해줘야 한다. 틀렸다고 더 이상 이야기하지 말라고 하면 안 된다. 이해할 수 있을 때까지 이야기해야 한다. 내가 부족하면 더 공부해서 설득력 있는 자료를 준비해야 한다. 자녀와의 원만한 관계를 위해 자녀의 세계를 공부하고 세대차를 없애려 노력하라.

■ 형제

형제간에 우애 있게 지내라. 부모님께 효도하는 것 이상으로 우애 있는 관계가 중요하다. 형만 한 아우는 없다. 형을 존중하라. 동생의 걱정을 들어주며 동생의 인생 선배의 역할을 잘하라.

형제는 내가 어디서 무엇을 하든 나의 가장 큰 아군 중 하나다. 부모와는 모든 이야기를 공유하기엔 뭔가 불편하다. 삶을 살아온 시대적 차이가 있어 동시대의 고민에는 약간의 차이가 있다. 부모 세대는 먹고 사는 게 가장 큰 숙제였다. 먹을 게 부족했으니 그보다 중요한 게 없었다. 자녀 세대는 먹는 데 관심이 없다. 오히려 덜 먹으며 몸매 관리에 신경 쓴다. 부모 세대가 돈을 벌고 모으는 데 집중했다면, 자녀 세대는 버는 데보다 쓰는 데 집중한다. 어떻게 하면 더 잘 쓸지 사용처를 고민한다. 옷을 살까, 액세서리 살까, 차를 살까, 여행 갈까 등, 부모 세대가 사치라 생각했던 게 자연스러운 것으로 바뀌었다. 그래서 부모와 이야기하다 보면 세대차이 난다고 말하곤 한다. 요즘 부모는 자식이 하나 또는 둘이다 보니, 자녀와의 이해의 폭을 넓히려 노력하여 많이 가까워지기는 했다. 하지만 형제만큼 더 많이 공유하고 공감하기엔 거리가 있다.

어느 정도 성장한 뒤 형제와 교류가 줄어들어 후회하는 사람들을 많이 본다.

부모 재산으로 다투거나, 형수의 이기주의적 행동으로 못 만나거나 하는 등, 서로간의 만남이 사라지면서 한쪽이 허전해 하는 사람이 많다. 형제간 우애가 사라지면 모든 형제가 후회할 일이다. 대부분 형제간 문제보다 다른 원인으로 그렇게 되었다고 하지만 형제간, 우애의 끈끈함이 약하기 때문이다. 삶을 더욱 행복하고 풍요롭게 만들고자 한다면 형제간의 만남을 늘리고, 더욱 우애를 강하게 만들라. 그러한 상황이 형성되면 자녀들끼리의 교류도 늘며 집안이 화목해질 것이다. 집안이 화목해지면 구성원 모두의 생활도 활기 차지며 긍정의 효과를 맛보게 될 것이다.

아기들은 너무 빨리 성장하므로 잠깐 입히려 많은 새 옷을 입히기가 아까운데, 아기들이 비슷하게 성장하다 보니 조카들 옷을 대부분 언어 입힌다. 더 좋은 많은 옷을 입힐 수 있다. 유모차나 애들 책도 그렇게 돌려서 사용한다. 시골에서 고추장 등 음식이 올라오면 서로 간에 나눠먹고, 매실을 담그면 명절 때 만나서 나눠준다. 내가 남는 건 형제들에게 주고, 내가 부족한 것은 얻기도 하고, 서로간의 정보 등은 공유하며 모든 형제가 상승의 효과를 얻는 것이다.

◉ 친척

친척간의 관계도 의미 있는 부분이다. 친척 어르신들에게는 자손들의 방문이 삶의 낙이기도 하다.

매년 여름에 우리는 사촌간의 모임을 갖는다. 어머니 형제는 9남매이다. 한 분만 해외에 계시고 모두 국내에서 가정을 꾸려 살고 계신다. 9남매 분들 이하 자손들이 100명이 넘는다. 지금도 계속 결혼하고 자녀를 얻고 있으니, 조만간 몇 백 명까지 늘지 않을까 싶다. 모임을 하겠다고 공지되면 50명에서 100명 사이의 친척이 모인다. 그렇게 모이면 이모, 이모부, 삼촌, 외숙모는 매번 잔치 분위기라며 너무 흐뭇해하신다. 가평 시골에서 모이면 계곡에서 물고기도 잡는다. 밤엔 캠프파이어로 감자도 구워먹고, 원을 만들어 춤도 추고, 둘러앉아 가족끼리 이야기도 하며 함께하는 즐거움을 만끽한다. 다음날엔 조카들 체육행사를 갖기도 한다.

답답한 도시에서 벗어나 친척들의 따뜻함 속에 자연과 함께하는 이러한 시간은 무엇과도 바꿀 수 없이 소중하다. 이러한 소중한 것을 지키기 위해 평상시에 어른들도 자주 찾아뵙고 감사의 인사를 올림이 타당하다. 이러한 분위기를 유지하면 내가 할아버지가 되어도 외롭지 않을 것이다. 지금보다 더욱 많아진 자손들 속에서 함박웃음을 짓게 될 것이다. 삶을 혼자 만들어가려하기보다, 주변에 있는 많은 사람들과 공유하며 나누며 도와가며 살아가면, 큰 좌절 없이 평생을 잘살 수 있을 것이다.

● 직장

내가 직장생활을 오랫동안 하고 인사부에서 7년차 근무하다 보니 다양한 사람을 많이 보게 된다. 인사부에서는 사람 이야기를 아주 많이 하게 된다. 하지만 처음에는 사람들 이야기하는 게 좋지 않다고 생각한 내 가치관과 차이가 있어 적응을 잘 못 했다. 당사자가 없을 때 그 사람에 대해 말하면 오해가 만들어지기도 하고, 사람에 대한 평가가 사실과 왜곡될 수 있다고 생각했기 때문이다. 하지만 그 선입관이 위치에 따라 변했다. 조직 내에서 누군가 해야 할 일이고, 그 판단을 좀 더 잘하면 되지 않겠느냐는 생각을 하게 되었다.

직장 내에서는 개인의 능력 못지않게 타 직원과의 관계가 중요하다. 한 가지 명심할 것은 직장 내에서 절대 적을 만들지 말라. 직장 내에서 나를 따르는 열 명보다 나를 적대시하는 한 명의 파급 효과가 훨씬 크다. 직장에서 한 사람을 살리기는 쉽지 않지만, 한 사람을 죽이기는 쉽다. 나를 적대시하는 한 사람이 자신의 인적 네트워크를 이용하면 나는 조직 내에서 설 자리가 없어질 것이다. 직장 내의 모든 사람과 원만한 관계를 가질 수 있도록 노력해야 한다. 만약 의견충돌이 생기거나 상대방을 서운하게 한 경우가 발생하면 관계를 부드럽게 바꾸도록 이메일 등을 이용하기 바란다. 오히려 더 좋은 관계로 바뀔 수 있을 것이다.

■ 상사

상사는 나보다 경험이 많은 사람이다. 현 부서 업무에 대해서 상사보다 경험이 더 많더라도 겸손해야 한다. 상사는 그 경력이 말하듯 다방면에 경험이 더 쌓여 있다. 업무 추진을 위해서는 단편적인 지식만으로는 한계점이 있다. 상사는 결재 라인에 계신 분들의 이해도를 높이기 위한 서류 작성 방법을 알고 있으며, 조직 운영의 방향성을 알며, 단어 하나를 사용하더라도 그 의미 전달을 잘할 수 있는 것이 있다. 상사의 노하우를 평가절하하지 말라.

그렇다고 무조건 상사가 시키는 것만 하면 안 된다. 자기 생각을 확실하게 표현하고, 상사의 말을 존중하면 된다. 상사에게 이기려는 자세는 절대 위험하다. 상사가 언제까지 함께 근무하겠는가 하는 생각으로 무시하면 안 된다. 그 상사의 인맥을 통해 내가 위험해질 수 있다. 상사의 동기(같은 해 입사직원)나 학연을 통해 내가 매장당할 수 있다. 상사는 직장 내에서 가장 존중하고 잘 보여야 할 대상이다. 내 부하가 나에게 잘해주면 싫겠는가? 업무능력 못지않게 중요한 게 인간관계라는 것을 안다면 좋은 관계 유지를 위해 노력할 필요가 있다.

한 부서의 부서장은 외로운 자리라고 한다. 자기와 함께할 동료가 없기 때문이다. 모두 부하직원이고, 부하직원이 어려워할까봐 말 나누는 게 불편하기 때문이다. 자기중심적으로 상사를 일방적으로 평가하지 않기 바란다. 본인이 상사가 되었을 때 후회할 일을 하지 않는 게 좋다.

■ 동기

동기는 가장 편한 직장 직원이면서 동시에 경쟁자이다. 모든 동기가 함께 승진하고 함께 잘될 수는 없다. 결국 순위가 매겨질 수밖에 없는 관계이다. 그렇다고 경쟁만 생각하면 안 된다. 누구보다 직장 내에서 고민을 공유할 수 있는 직원이다. 스트레스가 많이 쌓이면 직장에서 오래 지낼 수 없다. 그 스트레스를 풀 수 있는 동기와의 원만한 관계가 절대 필요하다. 경쟁자이지만 함께 밀고 당기면 같이 갈 수도 있다. 똑같이는 안 되겠지만 더불어 잘될 수도 있다.

회사에서 동기들을 하나로 평가하기도 한다. 이들 동기는 능력들이 좋아, 이들 동기는 서로 뭉치지도 않고 미흡한 사람이 많아. 이런 식의 동기 평가가 형성되면 동기 전체에 영향을 미친다. 결국 동기들이 함께 열심히 노력하면 개인에게도 좋은 영향을 끼친다는 것이다. 동기간에 적절한 긴장 관계를 유지하는 것은 좋지만 절대 경쟁관계를 형성하지는 말라. 함께 더불어 노력하는 모습을 갖추는 것이 보다 좋은 결과를 가져올 것이다.

■ 부하

부하 직원에게는 능력 있는 선배로서의 모습을 보이고, 부하 직원의 능력을 키워주고 잘 이끌어주는 당당한 선배가 되도록 하라.

부서에 새로운 부하직원이 오면 첫 대면하는 자리에서 몇 가지 당부한다. 조직에서 30년 잘 지내고 싶으면, 우리 부서에서 3년 동안 잘 생활하라. 새로운 부서에서 3년 잘 지내고 싶으면, 앞으로 3개월 열심히 노력하라. 초기에 맡은 바 역할 충실히 하고 자신이 가진 역량을 최대한 발휘하면 부서에 빨리 적응할 것이다. 그 적응이 빠를수록 선배들이 본인의 능력을 인정해줄 것이다. 3개월 내에 자리 잡으면, 그 이후 3년을 편하게 지낼 수 있다.

같은 고생을 해도 초기에 하는 게 좋다는 것이다. 초반에 일 못 하는 직원으로 보였다가 마음을 가다듬고 노력하여 일 잘하는 직원으로 선배들 생각을 바꾸는 것은 초기에 노력하는 것보다 몇 배의 노력이 필요하다. 한 번 굳어진 선입관은 쉽게 바뀌지 않는다. 처음 관계를 잘 형성하라.

조직에서 승진하고 싶은가? 그럼 승진 위치에서 해야 할 일의 일부를 지금부터 수행하라. 팀원에서 팀장이 되고 싶으면 팀장의 역할을 일부 수행하라. 당신을 승진시켜도 충분히 팀장 역할을 할 수 있을 것 같다는 생각을 줘야 당신을 팀장 감이라 생각하며 승진시켜줄 것이다. 현재 자신의 위치에 맞는 역할 수행만으로는 부족하다. 더 나아가고 싶으면 나아간 위치에서의 역할도 충분히 수행할 수 있을 것이라는 능력까지 보여줘라.

선배로서 이러한 조언 정도는 해줄 수 있어야 선배를 존중할 것이다. 선배로서 후배의 장점을 키워주고 후배가 조직 내에서 성장하도록 노력하는 모습을 보여줘야 떠받들 것이다. 선배라면 자신의 능력을 발휘하는 것 못지않게 후배가 능력을 발휘하도록 이끌어주는 능력도 있어야 한다. 언젠가는 후배가 당신의 인사권을 가지고 있을 수도 있다. 좋은 관계를 가지고 있으면 손해 볼 게 없지만, 좋지 않은 관계였다면 그 피해는 상상 이상일 것이다.

후배를 칭찬할 때에도 상소에 따라 빛타나 만나. 아주 뛰어난 후배는 누구에게나 칭찬을 받는다. 이러한 후배는 공개석상에서 칭찬하기보다 남들 보지 않는 곳에서 따로 불러 칭찬하는 게 좋다. 비교적 능력이 덜 뛰어난 후배에게는 훨씬 더 많은 칭찬과 인정을 공개적으로 해주는 게 좋다. 이러한 칭찬 방식은 더 많은 후배를 훌륭한 직원으로 성장시키게 해주며 조직의 발전에 크게 이바지할 것이다.

◉ 친구

사람 관계가 대부분 그렇지만 특히 친구는 시간이 지날수록 필요한 존재이다. 어렸을 땐 어울리며 놀이를 함께하는 대상으로, 학창시절 공부하면서는 모르는 문제를 함께 풀어가는 대상으로, 사회생활하면서는 스트레스도 풀고 또 다른 생활 속의 어려움을 해결할 때 조언자의 대상으로, 늙어서는 또 다시 어울리며 함께 놀이하는 대상으로 중요한 존재이다. 다른 관계보다 친구는 시간이 지날수록 사귀기가 힘들다. 일반적으로 사귀기가 힘들어지지만 반드시 그러한 것은 아니다.

고등학교 친구의 경우, 학교 다닐 때 사귄 친구 못지않게 다른 많은 친구들을 사회생활하면서 만나고 있다. 내가 준비가 되어 있고 만나려는 의지만 생기면 언제든 사귐을 가질 수 있다. 오히려 고등학교 때 사교적인 친구들이 사회생활하면서 현실이 힘들어 모임에 나오지 못하는 경우도 많다. 학창시절엔 공부가 중요하므로 친구도 같이 공부하는 분위기가 만들어지는 친구들과 친하게 지내는 게 좋다. 자신의 현 상황을 잘 파악하고 위치에 충실한 친구들이 사회에서도 역할을 잘하고 계속된 만남을 지속하는 데도 불편하지 않다. 또 많은 친구를 만나는 것도 좋지만, 진정한 친구 몇명과 마음을 터놓고 이야기할 수 있는 관계를 갖는 게 좋다. 나이 먹은 뒤 내 옆에 친한 친구 셋 만 있어도 그 인생은 성공했다고 할 정도이다. 내 인생의 영원한 벗이 될 수 있는 친한 친구가 있다면 그만큼 그 인생은 외롭지 않을 것이다.

◉ 관계 변화

관계와 입장은 끊임없이 변한다. 내가 아들에서 아빠가 되고, 남편이 된다. 내가 신입직원에서 팀장이 되고, 부서장이 된다. 내가 교육을 받는 입장에서 교육하는 입장이 된다. 내가 소비자와 영업하는 입장에서 생산하고 기획하는 입장이 된다. 나의 위치에 따라 변화된 관계를 깨우치지 못하면 갈등과 혼돈이 생긴다.

변화에 적응하면, 변화된 상황에 맞는 적절한 행동을 취해야 한다. 부모가 되었으면 부모로서의 역할에 충실하며, 부모가 어떻게 자녀를 키워야 하는지 공부하고, 부모다운 사람이 되어야 한다. 부모가 되었는데도 자식의 입장에서 부모에게 의지해서는 안 된다. 이젠 자신이 부모에게 배운 것 이상으로 역할을 하고 변해야 한다. 이 변화는 성장을 뜻한다. 그렇다고 자식으로서의 역할은 끝났다는 말이 아니다. 역할이 추가된 것이다. 추가된 역할을 잘하려면 그 전의 역할에 대해서는 집중력이 떨어질 수밖에 없다. 당연하다. 하지만 그것을 깨닫지 못한 채 이전의 관계만 소중히 여기고 새로운 관계의 중요성을 인식 못 하는 경우가 많다. 아직 새로운 관계에 대한 준비가 부족한 것이다. 이 경우 관계가 정상화되려면 많은 고통의 과정이 필요할 수 있다.

친구관계도 그렇다. 친한 친구였는데, 사회에서는 상사와 부하로 만날 수 있고, 고용주와 피고용주의 입장으로 만날 수도 있다. 사회에서는 친구가 아닌 사회인으로서 서로를 대해야 한다. 친구라고 잘못을 덮고 잘 봐주다가 둘 다 잘못될 수 있다. 냉정한 사회의 일원으로서 본인의 역할에 충실해야 한다. 친구로서 도움을 주고자 한다면 사회생활을 어떻게 해야 잘하는지, 자기계발을 위해 어떠한 것을 해주는 게 좋은지 안내해주는 것만으로도 좋다. 그 이상 지나치게 감싸 안으면 모두에게 손해가 될 것이다.

사람의 관계는 수시로 변화되고 계속 바뀐다. 변화에 빨리 적응하고 합리적인 행동을 보이도록 하라. 사람이 수동적이고 받는 입장에서 바뀌어, 내가 결정하며 적극적인 역할을 해야 할 때 제 역할을 못 하면 나로 인해 많은 사람이 피해를 볼 수 있다. 미래의 내 모습을 상상하며 계속된 자신의 변화를 미리 준비하도록 하라.

◉ 관계 리더

모든 삶의 현장은 관계로 이루어져 있으며, 그 관계는 1대 1 관계로 끝나지 않고 관계의 집단을 형성한다. 각 사람과의 관계도 중요하지만, 집단과의 관계도 중요하다. 그리고 가능하다면 집단 내에서 반장이나 총무 또는 회장직을 맡아보도록 노력하는 게 좋다. 자연스럽게 리더십을 키우고 본인이 소속된 집단이 어떻게 운영되는지 좀 더 광범위한 입장에서 볼 수 있기 때문이다.

고등학교 동창회장

고등학교를 졸업한 지 15년 만에 몇몇 친구들끼리 마음이 맞아 전체 동창 모임을 갖게 되었다. 내가 모임을 갖자고 추진했었고, 사이트를 만들어 가입을 유도하고 많은 친구들이 모일 수 있도록 연락망을 구축한 뒤 모임을 개최했다. 친구들이 나를 동창회 초대회장으로 선출해줬고, 나는 동창회 슬로건과 3개의 운영방안을 제시했다.

첫째, 상승하는 동창회가 되자.

둘째, 모두가 동창회 회장이며 총무라는 마음가짐으로 모이자.

셋째, 새로운 친구들이 참석하고 싶은 모임이 되자.

회장직으로 있을 때 행한 일 중 가장 기억에 남는 일은 친구 부인이 혈액암에 걸렸는데, 피 값이 많이 들어간다는 말을 듣고 친구들에게 문자를 보내 헌혈증을 모은 일이다. 동창 중에는 학교 선생님도 있어서 생각보다 많은 헌혈증이 모아졌다. 그 친구는 헌혈증을 받아들고 동창들의 마음이 너무도 고마워서 아내와 부둥켜안고 울었다고 한다. 그 이후 상태가 계속 호전되었고 지금 많이 건강해졌다.

사회생활을 하다 보면 고등학교 때의 친구들이 다방면에서 일하고 있어서 서로 간에 많은 도움이 된다.

대학 동창 총무

대학 졸업과 동시에 만들어진 대학 동창 모임은 15년이 지난 지금까지 내가 동창 총무를 맡고 있다.

회사 동기 회장

50여 명의 동기 회장직을 4년 정도 맡았었다. 회장직으로 있을 때 입사 10주년이 되어 동기 가족을 포함한 100여 명의 10주년 해외여행을 성공적으로 마치기도 했다. 동기 중에는 가족 동반으로 하지 않고 동기애를 북돋을 수 있도록 동기들끼리만 가자며 큰소리로 주장하는 사람도 있었다. 하지만 설문을 통해 결정된 사항을 바꾸지 않았다. 목소리 큰 몇 사람의 주장도 의미 있지만, 자기주장을 하지 않는 다수의 의견이 더욱 소중하다고 생각했기 때문이다. 물론 여행 다녀온 동기와 가족 모두가 매우 흡족해 했었다.

회사 동아리 총무

사내 동아리인 체력 단련부와 마라톤 부 총무 직을 각 3년 이상 수행했다. 직원들 모임을 관할한다는 게 부담이 되었지만, 이러한 기회로 더 많은 직원 분들을 만날 수 있어서 의미가 있었다. 동아리 총무 직을 맡고 있다고 하여 많은 시간이 필요한 것은 아니다. 모임일자 및 장소를 정한 뒤 공지하면 된다. 몇 가지 사안만 정해서 공지하면 다 모인다.

회사 동문 총무

회사 내의 대학교 동문 모임 총무 직을 3년간 수행했었다. 2년 전부터는 새롭게 만남이 형성된 고등학교 동문회의 총무 직을 수행하고 있다. 회사 동문 선배들과의 만남을 통해 회사에서 어떻게 생활해야 하는지 교훈을 듣는다. 서로 간에 어떤 사람인지 알리는 기회가 되기도 한다.

가족 모임 총무

친가 쪽 인동회 총무 직을 맡고 있고, 처가 쪽 장정강 총무 직을 맡고 있다. 가족 간의 모임은 어떠한 모임보다 편하고 행복함을 느끼게 해준다. 가장 소중한 모임이다.

나는 내가 속한 집단의 임원직을 모두 맡아 보았고, 지금도 맡고 있다. 임원으로서의 역할 수행이 어렵게 느껴지지 않았고, 대부분의 소속원들은 나의 운영 방식에 만족해했다.

몇 가지 회 운영 방식을 보겠다.

첫째, 다수의 뜻을 헤아린다.

소수 몇 사람이 아무리 다른 의견으로 반박하더라도 다수의 의견으로 설득한다. 방향을 잡을 때 최대한 신중하고 결정된 방향은 가급적 바꾸지 않는다.

둘째, 많이 모일 수 있는 방안을 마련한다.

모임을 활성화하는 게 임원진의 역할 중 하나이다. 활성화는 곧 많은 사람들이 모이는 것이다. 많이 모이기 위해서는 모임에 참석할 동기를 부여해야 하며, 모임을 참석한 후에는 오길 잘했다는 느낌을 갖도록 해야 한다. 참석한 모든 이가 소외감을 느끼지 않도록 해야 한다.

셋째, 의미 있는 모임을 갖도록 한다.

술만 마시는 모임이 아닌, 의미 있는 대화가 오가는 모임이 되어야 한다. 서로 간에 어떤 고민을 하는지, 어떤 일을 하는지 공유하며, 정기모임 외에 수시로 만날 수 있는 분위기를 형성해줘야 한다. 소통을 활성화하며 모두에게 도움될 게 뭐가 있을지 고민하고 진행해야 한다.

넷째, 신뢰성 있는 모임 운영이 되어야 한다.

모임 일정이 정해지면 가급적 바꾸지 않는다. 잦은 모임 변경은 조직원들에게 혼란을 주며, 모임에 대한 신뢰성을 잃는다. 다음 모임공지를 해도 관심을 갖지 않게 된다. 일단 공지하면 추진력 있게 진행하는 게 좋다.

● 남녀 관계

여자는 마음으로 말하고 느끼며, 남자는 머리로 말하고 느낀다 남자는 여자의 마음을 많이 헤아리고 감정을 잘 다스려주어야 한다. 여자는 남자가 똑똑하다 말해주며 문제를 하나씩 풀어가는 재미를 맛보도록 해주라. 여자는 분위기에 취하고, 남자는 술에 취한다. 남자는 여자를 분위기 있는 음악이나 아름다운 꽃을 통해 마음을 편안하게 해주어야 한다. 남자는 술을 마시며 인간관계를 넓히고 기분을 풀며 스트레스를 없애므로 여자는 남자의 적당한 음주를 이해해주어야 한다.

『화성에서 온 남자, 금성에서 온 여자』라는 책에서 알 수 있듯, 남자와 여자는 너무나 다르다. 서로의 차이를 인정해야 한다. 우리는 자신의 입장에서 상대방을 바라보는 경우가 많다. '내가 좋으니, 상대방도 좋아할 것이다.' 이것은 아주 위험한 생각이다. 남자는 모든 상황 속에서 답을 찾으려 한다. 여자가 회사에서 힘든 것을 이야기하면, 남자는 그 해결을 위해 고민한다.

여자는 단순히 들어주기만을 바라며 자신의 감정을 이해해주고 상한 마음을 풀 수 있도록 해주면 모두 좋아진다. 바라는 것도 그뿐이다. 하지만 남자는

그 해결을 위해 여자의 잘잘못을 따진다.

"네가 상대방 이해하는 마음이 부족해서 상황이 나빠진 것 아니냐, 네가 양보하면 되지 않겠냐, 그렇게 힘들면 회사 그만둬라."

결국 둘 사이는 더 나빠진다. 왜 그러한 이야기를 하는지 아는 게 우선이다. 서로에게 뭘 원하는지, 내가 바라는 게 무엇인지, 서로간의 마음을 먼저 이해할 수 있는 시간들이 필요하다. 남녀 간의 차이를 많은 진솔한 대화를 통해 좁히도록 해야 한다.

◉ 기분 좋은 시간

관계가 좋으면 부자다. 가진 것 하나 없어도 관계만 잘 형성하면 나는 부자다. 내가 아무리 능력 있어도 사회성이 없고 관계가 나쁘면 내 능력은 쓸모없어질 것이다. 내 주변 사람들이 진정으로 내 능력을 키워줄 때, 그 능력이 가치 있게 된다.

관계가 좋으면 항상 행복하다. 누굴 만나든지 행복할 수 있다면, 내 인생은 행복으로 가득해질 것이다. 남을 탓하지 말라, 스스로 맞춰 가면 된다. 그렇다고 일방적으로 맞춰 가라는 건 아니다. 상대방을 알고 나를 알면, 그 속에서 답을 찾아라. 서로 간에 원만한 관계를 유지할 수 있는 답을 찾으면 된다. 그 답은 상대방도 원하는 것이다. 상대방도 나를 만났을 때 즐겁고 행복하길 바란다. 답이 안 보이면 상대방과 같이 고민하라. 문제를 혼자 해결하려고 할 필요는 없다. 서로 간에 마음을 열고 대화를 가지면 어떠한 관계든 쉽게 답을 찾을 수 있다.

관계가 좋으면 사는 게 쉬워진다. 아무리 어려움이 닥쳐도 많은 좋은 인간관계를 형성하고 있다면, 그 관계된 사람들을 통해 어떠한 문제도 해결이 가능할 것이다. 사람 사는 세상에서 발생하는 모든 현상은 해결 안 될 일이 없다. 단지 그러한 일을 잘 닥쳐보지 않아 당황스러울 뿐이다. 하지만 어떤 사람은 그러한 일만 처리하기도 한다. 우리는 그러한 인적 네트워크를 최대한 활용하여 손쉬운 해결을 하고, 행복한 시간들을 더 많이 갖도록 하며 즐겁고 기분 좋은 인생을 만들어 가도록 하라.

Part 05

자녀 키우기

자녀를 갖고 나서 자녀에 대한 공부를 많이 하게 됐다. 어떻게 하면 잘 키울 수 있을까 고민했다. 자녀가 행복하게 살아가길 바랬다. 어떻게 하면 행복하게 살게 해줄 수 있을까 고민했다. 많은 고민의 결과 답이 없었다.

자녀를 어떻게 키워야 하는지 확실한 답은 없다. 자녀는 부모가 만들어놓은 환경 속에서 자란다. 그 환경 속에서 느끼고, 만지고, 듣고, 말하며 배우게 된다. 똑같은 환경이 주어져도 자녀에 따라 성장 결과는 다르다. 좋지 않은 환경에서 자라도 강한 정신력과 의지력으로 성공하는 사람도 있고, 좋은 환경에서 자라면서 독립심도 없고 허영심만 가득하여 불행하게 살아가는 사람도 있다. 그렇다고 아무렇게나 키울 수는 없다. 부모 자식 간에 만들어가는 것이다. 그 주체는 부모다.

더 나은 환경을 만들어 주도록 최선의 노력을 해야 한다. '우리 아이가 달라졌어요' 라는 TV 프로그램을 보면, 모든 문제는 부모가 만들어놓은 환경에 있다. 아기의 행동에 따른 부모의 반응을 비롯하여 아기의 환경이 바뀌면 모든 게 좋아진다. 자녀를 잘 키우기 위한 정확한 답은 없지만, 최선의 환경을 만들어주라.

좋은 학교를 가는 이유 중 하나는 그 학교의 학생들이 놀기보다 공부하는 분위기를 형성하고 있기 때문이다. 옆 친구가 공부하니 자연스럽게 함께 공부하게 된다. 친구 대부분이 도서관에 가서 공부하니, 공부하기 싫어도 친구 따라 도서관에 가게 된다. 나중에 사회에 나와도 그 친구들 대부분이 성공적인 생활을 하고 있을 것이고, 자녀에게도 그들과의 인간관계가 살아가는 데 도움이 될 것이다. 결국 자녀의 미래는 환경에 의해서 결정된다.

이때 조심할 것은 무조건 좋은 환경이라고 이야기되는 게 자녀에게 좋을 것인가를 잘 봐야 한다. 자녀가 노력해도 따라가기 힘든 부담이 과한 곳에 보내면 안 된다. 노력해서 안 되면 포기하게 되어 오히려 역효과를 가져올 수 있다. 또한 친구들이 다들 유학을 다녀오는데 본인은 가지 못할 형편이라면 자격지심에 빠질 수 있다. 현 수준보다 한두 단계 좋은 곳에 보내는 게 적절하다. 자녀에게 바라는 게 있으면 그러한 환경을 갖춘 곳에서 생활하도록 최선의 노력을 기울이라.

"서당 개 삼 년이면 풍월을 읊는다."

서당에서 삼 년 동안 살면서 매일 글 읽는 소리를 듣던 개조차 글을 읽게 된다는 뜻이다. 우리나라 속담에서도 보듯이 아무리 무식한 사람이더라도 환경만 잘 갖추면 무엇이든 가능하다는 것이다. 개인의 잘잘못과 능력을 가지고 사람을 평가할 것이 아니라, 좋은 환경을 만들어주지 못한 가족과 국가에 잘못을 돌려야 한다. 부모가 노력하고, 국가가 좋은 환경 갖추는 게 가능하도록 준비해놔야 한다.

애들을 키우면서 생기는 가장 큰 갈등 중의 하나가 자녀의 어떠한 행동을 보고 회초리를 들 것인지 그냥 놔둘 것인지 하는 것이다. 자녀의 성장에서 좋지 않은 행동이 보이는 것은 자녀에게 문제가 있어서가 아니라, 그렇게 자라도록 부모가 방치했거나 부모가 잘못 가르친 탓이다. 사춘기 때 남의 물건을 훔치는 자녀를 보고 크게 야단을 치지 않았더니, 나중에 더 큰 도둑이 되고 강도짓까지 하여 감옥살이를 하는 경우를 봤다.

자녀를 키우면서 부모 나름대로 칭찬과 회초리의 기준을 설정해야 한다. 칭찬은 아끼지 말고 작은 노력에도 매번 잘했다고 이야기해주는 게 좋다. 회초리는 거짓말하거나, 약속을 지키지 않거나, 남의 물건을 훔치거나 하는 경우에 들겠다는 식으로 기준을 세우고, 그러한 경우에만 회초리를 드는 게 좋다. 절대 흥분하여 손으로 때리지 말라. 참고 회초리를 들라. 회초리를 들 때는 자녀가 정확히 잘못했다는 것을 인정한 후에 하라. 오해하여 잘못 회초리를 들면 안 된다. 가급적 잘못한 상황을 목격한 뒤에 회초리를 들라. 때릴 때는 강하게 느낄 수 있도록 때리고, 때린 뒤에는 항상 안아주고 약 발라주며 왜 때렸는지를 이야기해주도록 하라. 사랑하지만 회초리를 들게 되었음을 알려줘야 한다.

부모로서 자녀가 단편적인 행동을 하도록 주문하기보다는, 스스로 왜 해야 하는지를 알도록 알려주는 게 좋다. 스스로 할 때와 시켜서 마지못해 할 때의 차이는 엄청나다.

자녀를 키울 때는 기다림의 미학이 더욱 필요하다. 조급해 하지 말고 기다려 주는 게 좋다. 기다렸다가 스스로 무엇인가를 하게 되면 그때가 기회이다. 스스로 하는 모습을 보고 칭찬을 많이 해줘라. 다음부터는 칭찬받고 싶어 스스로 더 열심히 한다. 그 상황이 되면 늦게 시작했더라도 누구보다 뛰어난 능력을 보여줄 것이다. 기다림의 미학은 살아가는 데 삶의 커다란 가치 중 하나이다. 나의 생각과 나의 판단을 상대방에게 알려주고, 알려준 뒤에는 스스로가 깨우칠 때까지 기다려주는 것이다. 기다리지 않고 상대방이 알게 될 때까지 계속해서 밀어붙이면, 상대방으로 하여금 거부 반응을 일으켜 뒤로 물러나게 한다. 서로 더 힘들어진다. 힘들게 나의 생각을 강요하지 말고 기다려주라. 그러면 상대방이 자연스럽게 깨닫게 될 것이다. 결국 기다리면 나의 뜻이 이뤄진다.

자녀에 대한 가르침의 중심은 사춘기까지는 엄마가 해주고, 사춘기 이후에는 아빠가 중심을 잡아줘야 한다. 그리고 고 3부터는 주변 사람을 통해 좀 더 객관적인 대화를 나누는 게 좋다.

시기에 따라 자녀가 좀 더 잘 받아들일 수 있는 방법이 무엇일까를 생각하고 접근하는 게 좋다. 어려서는 부모의 이야기가 절대성을 가진다. 말도 따라하고 모든 걸 따라한다. 하지만 사춘기 때부터는 반항기이므로 아빠의 강한 리더십이 필요하다. 자녀에게는 중요한 시기인 고 3쯤 되면 부모 자식 간에 오랫동안 함께하며 서로 너무 많은 것을 알게 된 시기라서 훈계도 잘 안 된다. 자녀의 성장속도가 빠르고 세대가 변화하기 때문이다. 그래서 고 3 이후에는 먼저 대학이나 군대를 다녀온, 또는 사회에 갓 진출한 조카 등을 통해 바람직한 생활 자세를 전달하는 게 효과적이다.

난 자녀가 아직 어리다. 아들이 8살이고 딸이 5살이다. 모든 부모가 그렇듯 나도 어린 자녀가 건강하게 장수하며 죽을 때까지 행복하게 살기를 바란다. 그렇다고 자녀의 행복을 위해 우리 부부의 행복을 무시하며 무조건적인 희생을 하는 것도 원치 않는다. 모두가 한 인격체로서 행복한 삶을 살 가치 있는 인생이다. 자녀들도 그러한 가치 있는 인생이다. 그러므로 부모로서 그 인생에 책임과 의무가 있기에 그러한 행복을 만들어주려고 노력한다. 그렇게 키우기 위해 자녀의 입장에서 생각하고, 멀리 바라보며 계획하고, 적절한 칭찬과 채찍을 조화시키려 노력하고 있다. 인간이기에 한계는 있겠지만 최선을 다하려 한다.

또한 애들이 사회의 일원이 된 뒤 어떻게 성장했는지 한 권의 책을 더 써보고 싶다. 내가 쓸 수 있는 기회를 못 잡는다면 애들이 쓰는 것도 괜찮을 듯싶다. 애들의 관점에서 부모의 가르침을 어떻게 받아들였는지 궁금하고, 그 결과가 어떻게 나왔는지도 궁금하다. 무엇이 좋았고, 무엇이 부족했는지 다시 되새겨보는 기회를 책을 통해 볼 수 있기를 희망해본다.

● 임신

아이 교육은 임신하면서부터 시작된다. 태교를 통해 아기를 편안하게 해주고 타고난 성품을 형성해줄 수 있다. 산모가 편해야 아기도 편해지므로 산모가 스트레스 받지 않고 편안하게 지낼 수 있도록 해줘야 한다. 자기 전에 아빠가 동화책을 읽어주면 부드러운 음성이 전달되어 편안함을 준다. 또한 배가 불러오면서 트지 않도록 크림을 매일 발라줘야 하며, 몸무게가 늘어 발에 무리가 가므로 잠자기 전에 발마사지를 해주어 발이 부어오르지 않도록 해주어야 한다. 이렇게 산모에게 해주는 게 아기에게까지 전해지니, 잠깐의 노력으로 두 사람을 즐겁게 해주는 것이 된다. 그러므로 이때 아빠의 역할이 중요하며 효과적이다.

물론 엄마도 좋은 글을 많이 읽고, 좋은 그림을 많이 보고, 좋은 음악을 많이 듣는 게 태아에게 좋은 영향을 끼친다. 입덧이 끝나가는 4개월에서 7개월 정도가 가장 편할 때이므로 산책을 많이 하고 무리하지 않은 여행을 다니는 것이 산모와 아기의 건강을 위해 필요하다. 마지막 2~3개월은 배가 하루가 다르게 불어나므로 최대한 안정을 취하되 약간의 산책은 계속 유지하는 것이 좋다.

가급적 자연분만을 하고 모유 수유를 하라. 자연분만을 해야 산모의 회복도 빠르고 아기의 건강에도 도움이 된다. 모유 수유를 통해 엄마의 사랑이 아기에게 전달되고 아기가 정서적으로 편안함을 갖게 된다.

출산 후에는 임신 중일 때보다 더 아기에게 잘해줘야 한다. 태어난 후 3년 동안 평생 대부분의 인성을 갖춘다. 만약 둘째 아기를 출산했다면, 출산 후 첫째 아기와 처음 만날 때 둘째 아기를 안고 있지 말라. 동생에게 엄마를 뺏겼다고 인식하게 되기 때문이다. 첫째 아기에게 "엄마랑 아빠랑 함께 동생 잘 돌보자."라며 동생을 돌봐줘야 하는 대상으로 인식하게 해줘야 한다.

출산 이후 모든 생활을 가급적 규칙적으로 하며, 음악 등으로 보는 상황에 적절한 분위기를 형성해주라. 그러면 아기는 편안히 잘 적응할 것이다. 모유 수유 시간, 잠자는 시간, 씻는 시간 등은 정해놓고 하는 게 좋다. 처음 패턴이 자리 잡을 때까지 엄마의 노력이 필요하다. 아기의 먹는 양이나 시간, 자는 시간 등을 고려하여 주기를 정해주라. 시간이 지나면서 그 주기를 조금씩 길게 늘이도록 하라. 그럼 한 번 먹을 때 더 많이 먹고, 더 많이 자게 된다. 너무 많이 안아주지 말라. 엄마와 자녀가 같이 힘들다.

안아주더라도 잘 놀고 있을 때 안아주라.

처음엔 아기가 많이 울게 되는데, 울면 당황한다. 우는 이유를 빨리 파악하라. 첫째, 변을 보거나 기저귀가 축축한지 확인. 둘째, 배가 고픈지 입에 손을 대면서 빨려는지 확인. 셋째, 졸리는지 확인. 보통 이 3가지가 원인인데, 이게 아니면 뭔가 불편하거나 아파서일 수도 있다. 운다고 무조건 안아주는 것은 좋지 않다.

기어 다니고, 걸어 다니고 성장하는 모습을 가급적 비디오 등으로 찍어놓는 게 좋다. 일주일에 한 번 정도는 잠깐이라도 찍어놓아라. 임신했을 때보다 더 많이 책도 읽어주고, 음악도 틀어주고, 기어 다니면 놀아주기도 하고, 장난감도 옆에 놔두어 혼자서 갖고 놀도록 하라. 모든 물건은 입으로 들어가니 큰 장난감을 줘야 한다. 아기 손이 닿는 곳에는 위험한 것을 절대 놓지 말라.

● 세 살 이후

이젠 많은 것을 스스로 하려고 들기 시작한다. 스스로 하려 하지 않아도 스스로 하도록 유도하라. 이 시기에는 많은 것을 해보도록 해주는 게 좋다. 실내외 놀이터도 많이 다니고, 도서관에도 자주 가서 책 읽고, 여행도 자주 다니는 게 좋다. 농촌생활 체험, 딸기 따기 체험, 도자기 만들기 등 뭐든 많은 것을 보여주면 좋다. 집에 있을 때도 스스로 블록, 퍼즐 등 뭐든지 하면 지능발달에 좋다. 손가락을 움직이면 뇌가 활발하게 움직이며 발달하게 된다.

TV는 안 보도록 해라. 습관 들면 계속 TV만 보려 해서 두뇌 발달을 저해한다. TV를 집중해서 보는 모습을 보고 '집중력이 있구나.' 하고 오해하는 사람들이 있다. 그러나 그저 생각 없이 보는 경우가 많다. 바보가 될 수 있다.

집에 있으면 자녀의 실수도 많고 아무 데나 낙서하기 때문에 행동을 못하도록 타이르는 경우가 많다. 옳지 않은 행동이다. 자녀가 하는 모든 것을 하도록 놔두는 게 자녀를 위해서는 제일 좋다. 애나 어른이나 실수와 실패를 통해 더 큰 깨달음을 얻는다. 실수와 실패가 있어야 더 큰 사람이 될 수 있다. 많이 실수하도록 내버려둬라. 창의적 아이디어와 위대한 사람은 실패를 통해 만들어진다.

돈 주고 받는 교육들을 보면, 대부분 자녀가 무엇이든 할 수 있도록 해주는 것들이다. 비용 지출하지 않고도 집에서 충분히 할 수 있는 것들이다. 예를 들어, 집에 있는 그릇을 가지고 놀게 하거나, 욕실에서 물놀이를 마음껏 하도록 자유롭게 놔두는 것이다. 못 하게 하면 생각이 닫힌다. 자유롭게 놔두면 창의성 개발에 아주 효과적이다. 그래서 환경을 만들어 주는 게 좋다. 하얀 큰 종이들을 현재 벽지 위에 붙여놓고 마음대로 낙서하도록 해준다. 아니면 칠판을 갖다 놓고 지우면서 사용하도록 하는 것도 좋다. 애들이 놀며 집안을 어지럽혀 놓는 것에 민감하게 반응하지 말라. 교육적으로나 정서적으로는 정돈된 것보다 어지럽혀져 있는 게 좋을 수 있다.

아기가 책과 친하길 바라면 아기 주변에 책을 많이 놔둬라. 아기는 자기 주변에 있는 것에 쉽게 이끌려 가지고 놀게 된다. 억지로 책을 보도록 강요하지 말고, 주변에 책을 많이 놔두면 된다. 주변에 장난감이 많으면 자연스럽게 장난감에 흥미를 가진다. 주변 환경을 잘 만들어주라.

자녀를 잘 키우려면 모든 면에서 부모가 솔선수범하고 공부해야 한다. 가령 독서를 많이 하게 하려면 무작정 읽게 하기보다, 어떻게 하면 더 효과적으로 독서 습관을 갖게 할 수 있을까를 고민하라. 집안이 더러워져도 참고 주변에 책이 많이 보이도록 하라. 책을 고를 때에도 추천도서만 선택하지 말라. 추천도서 중에도 적절치 않은 도서가 많다. 자녀에게 맞는 책을 직접 고르는 노력이 필요하다. 가급적 자녀가 흥미를 갖는 책을 읽도록 하라. 3권을 읽는다면 2권은 자녀가 원하는 책으로, 1권은 부모가 골라주는 형태가 좋다. 흥미가 있어서 스스로 읽는 습관이 생긴다.

책을 좋아하는 사람들이 많이 모여 있는 서점이나 도서관에 함께 가면 효과적이다. 얼마나 많은 사람들이 책을 읽고 있으며, 책 읽는 게 힘든 게 아니라 얼마나 당연한 것인지 말하지 않아도, 도서관에 자주 가면 자연스럽게 알게 된다. 또한 읽을 책이 아주, 아주 많음을 보여주며 책에 흥미를 갖도록 해준다. 책은 '마법의 지팡이' 같은 존재라고 알려주라. 책은 자녀의 지적 호기심과 상상력을 키워주는 훌륭한 도구이다. 책 안에 신기한 많은 것들이 있음을 알려주어야 한다.

많이 읽는 것보다 한 권을 읽더라도 내용과 주제를 정확하게 파악하는 게 더 좋다. 그 습관이 형성된 뒤 양을 늘리면 된다. 그렇다고 읽으면서 하나씩 너무 자세히 설명하다 보면, 내용 이해력과 상상력을 떨어뜨릴 수 있으므로 적절히 설명해주는 게 좋다. 아이가 흥미를 갖는다면 잡지, 표지판 등 무엇이든 읽어주면 좋다. 부모의 입장에서 교육시키려는 자세로 아이의 이야기를 듣지 않고 일방적으로 알려주는 것은 독서에 도움이 되지 않는다. 자녀와 눈높이를 맞추는 노력을 해야 한다. 물론 책의 주인공들이 말하듯 재미있게 이야기해주면 독서 효과는 배가될 것이다.

● 초등학교 이후

부모와 자식 간에 친숙한 관계를 형성할 수 있는 마지막 기회라고 할 수 있다. 사춘기가 지나면서부터는 부모보다 친구와 함께 있고 싶어 하고, 친구를 더 좋아하게 되기 때문이다.

사춘기가 오는 시기는 모두가 다르다. 어떤 사람은 사춘기를 느끼지 못하고 지나가기도 한다. 사춘기라는 시기가 오기 전에 부모 자식 간에 여행도 자주 다니고 좋은 추억을 많이 만드는 게 좋다.

자녀의 교과 과정을 부모가 먼저 볼 필요가 있다. 자녀 키울 때 부모 교육을 받는 게 좋듯이, 자녀 교육을 시키려면 자녀가 공부하는 교과서를 먼저 보아야 한다. 4학년 1학기 때 경주의 유적들이 많이 나온다면, 3학년 여름방학이나 겨울방학 때 경주에 여행을 다녀오면 아주 유익할 것이다. 미리 한 학기 또는 한 학년 이후의 교과 내용을 보고 국내외 여행을 다녀오는 센스가 발휘된다면, 자녀에게는 감동으로 느껴질 수도 있다.

사춘기가 시작되면 부모는 더 이상 자녀에게 자신의 생각을 강요해서는 안 된다. 좀 더 슬기롭게 접근해야 한다. 당근과 채찍을 좀 더 효과적으로 사용해야 하며, 채찍보다는 당근을 좀 더 늘려줘야 한다. 가능하다면 더 이상 공부하라는 이야기는 안 하는 게 좋다. 공부하라면 공부 안 하고, 공부하지 말라면 공부하는 시기이다. 어렵겠지만 공부를 강요하지 말고, 간접적으로 잘 유도하라. 그리고 이때부터는 엄마보다 아버지가 좀 더 적극적으로 자녀교육에 관심을 가져야 한다.

결국 사춘기 이전에 공부하는 자세를 형성해줘야 한다는 말이다. 자녀가 축구 등 하고 싶은 게 있어도 숙제나 해야 할 일을 모두 끝낸 뒤에 하는 습관을 갖도록 해야 한다. 예습은 제대로 하지 못하더라도 그날 배운 복습은 꼭 하도록 해야 한다. 예습보다 복습이 훨씬 더 중요하다고 생각한다. 또한 시험을 잘 보는 것도 좋지만, 그보다 중요한 것은 시험 결과가 나온 뒤 틀린 문제를 다시 틀리지 않도록 오답 노트 같은 것을 만들어놓으면 아주 좋다. 주중에 예습, 복습, 숙제 등 자기 역할을 열심히 했으면, 그 보답으로 주말에 함께 여행을 간다든가 외식을 한다든가, 또는 자녀가 원하는 즐거운 시간을 갖는다. 하지만 주중에 해야 할 일들을 제대로 하지 못했으면, 그 주말엔 더 많은 공부를 하도록 한다. 주중에 스스로 열심히 역할을 다하도록 동기부여를 해줘야 한다.

초등학교 4학년 때부터 조금씩 공부에 관심을 가져야 한다. 이때부터는 따라가지 못하면 뒤처지고 공부에 대한 흥미까지 잃게 된다. 성적이 떨어지지 않도록 관리해야 할 것이다. 영어는 이전부터 시켰겠지만, 한자 공부도 시켜라. 한자를 잠깐 한 뒤에 바로 사자성어 등 한문을 시키는 게 좋다. 자녀가 성장한 뒤 뭐가 좋았느냐고 물었을 때, 어려서 배운 『명심보감』 같은 한문이었다고 대답하는 경우도 꽤 있다. 우리글의 대부분이 한자인 데다, 한문을 잘 사용해야 좀 더 정확한 자기표현을 할 수 있기 때문이다. 이 시기에 한문을 꼭 가르치는 게 좋다.

4학년이면 이젠 직업의식을 갖도록 도와주라. 선생님, 의사, 간호사, 한의사, 판사, 소방관, 경찰관, 외교관, 경호원, 회계사, 공무원, 회사원, 요리사, 건축사, 설계사, 미용사, 시인, 화가, 작가, 작곡가, 과학자, 정치가, 웹 개발자, 프로 게이머, 디자이너, 농부, 어부, 수의사, 연예인, 모델, 운동선수, 목사 등 많은 직업을 소개하고 스스로 좋아하는 직업을 찾도록 해줘야 한다. 같은 치과의사가 되더라도, 어려서부터 치과의사가 되겠다는 목표를 갖고 살아온 사람과 대학 입학하면서 선택한 사람은 그 능력에서 엄청난 차이가 있다. 일찍이 관심을 갖고 치아에 관련된 많은 책을 보고, 주변에서 치아와 관련된 어떤 일들이 발생하면 유심히 보고 배웠을 것이다. 치과의사가 되기 전에 이미 많은 기초 지식과 노하우들이 쌓여 있게 되며, 어쩌면 치과의사 박사로 성장할 수 있는 잠재력까지 가지게 될 것이고, 교수나 강사가 되어도 감당할 충분한 능력을 갖추게 될 것이다.

6학년 겨울방학 시기가 중요하다. 보통 이때쯤 되면 자녀는 사춘기에 접어들어 부모의 말에 반항하고, 부모의 생각과 말이 다름을 논리적으로 이야기한다. 그럼 일부 부모는 수긍하는 경향이 있다. 그동안 극성맞게 공부시켰던 부모는 특히 스스로 지치기도 하고, 이렇게 계속 살아가는 게 자녀에게 행복한 것일까 회의감도 갖게 된다. 하지만 6학년 방학 때는 약해지면 안 된다. 이때만큼은 열심히 공부해줘야 한다. 방학이 끝나고 중학교에 들어가면 자녀의 성적은 새로운 위치를 갖게 된다. 중학교 1학년 입학하며 자리 잡은 성적은 거의 3년 동안 큰 폭의 변화가 없다. 짧지 않은 방학 동안의 생활이 큰 영향력을 갖는다.

● 중학교 이후

이때부터는 공부에 좀 더 집중하도록 해야 한다. 이 시기에 뒤처지면 따라가기 힘들다고 생각해야 한다. 하지만 너무 공부에만 매달려서는 안 된다. 운동 등을 통해 머리를 식힐 수 있는 무엇인가가 있어야 한다. 이러한 시간을 갖지 못하면 집중력은 많이 저하된다. 항상 놀고 있는 친구 같은데 성적이 좋은 친구들을 보면, 그것은 집중력의 힘이다. 복잡한 것들을 운동으로 날려버리기 때문에 공부할 때 집중할 수 있는 것이다. 1시간을 공부해도 3시간 책상에 앉아 있는 친구보다 더 많은 공부를 할 수 있는 힘을 갖게 된다.

공부하라는 부모의 강요에 방에 들어가 책상에 앉아 있거나 도서관에 갔다고 해서 공부하고 있으리라는 생각은 제대로 알지 못한 발상이다. 책상에 앉아 있어도 공상에 빠져 있는 경우도 많이 있고, 도서관에 가도 친구들과 잡담하며 많은 시간을 보내곤 한다. 이런 경우 시간을 너무 소모적으로 사용하고 있는 것이다. 그보다는 오히려 운동도 하고, 스스로 공부도 집중적으로 할 수 있도록 하는 게 몇 배 효과적일 것이다. 공부하는 데 많은 시간을 투자하기보다, 높은 집중력을 갖도록 하는 데 투자하라.

자녀의 생각을 많이 들어줘야 한다. 어려서부터 자녀의 생각은 최대한 들어주는 게 좋다. 듣고 뭔가 답변을 해야만 한다. 부모가 자기 생각을 무시하는 것처럼 보이면 부모와 더 이상 대화하고 싶어 하질 않는다. 이것이 사춘기 이후 대화가 줄어드는 이유 중 하나이다. 모든 부모가 자녀와 계속 많은 대화를 나누며 자녀의 고민을 들어주고 싶어 한다. 하지만 피곤하다는 등의 이유로 자주 무시하게 되는데, 그렇게 되면 자녀는 대화의 문을 닫아버릴 수 있다. 후에 후회하지 말고 자녀가 어렸을 때부터 잘 들어주는 노력을 하라. 중학생이면 이미 정신적으로나 육체적으로 많이 성장한 시기다. 절대 어린아이 취급하지 말라. 자녀의 생각을 존중하고 인정해주라. 자신을 누구보다 인정해주고 잘 이해해주는 사람이 부모라는 생각이 들면, 자연스럽게 부모와 더 많은 것을 공유할 것이다.

중학교 3학년 겨울방학 시기가 중요한 것은 초등학교 6학년 때와 마찬가지이다. 이 시기에 준비한 것에 따라 고등학교 3년 동안의 위치가 형성된다. 이때부터는 아빠가 본격적으로 자녀 교육을 주도하는 게 좋다.

매일 아침 30분만 더 빨리 일어나라. 자녀의 인생이 바뀔 수 있다. 30분 빨리 일어나서 자녀 교육을 시켜라. 어렵게 생각하지 말고 매일 매일 읽어야 할 책, 외울 영어단어 및 수학공식 등 공부할 양을 정해놓고, 아침에 확인하면 된다. 그래서 그 결과에 따라 적절한 선물과 채찍을 이용하면 된다. 하루 30분 투자하여 자녀의 인생이 바뀔 수 있다면, 투자 가치가 충분할 것이다. 아빠로서는 힘들겠지만 저녁엔 규칙적으로 할 수 없으니 아침에 해야 하고, 엄마로서는 자녀를 제어할 능력의 한계점이 사춘기이므로 아빠가 하는 게 좋다. 그러면 학원 보내는 것보다 훨씬 큰 효과를 볼 수 있을 것이다.

아빠들이여, 자녀를 위해 하루 30분만 투자하라.

● 고등학교 이후

공부를 왜 해야 하는지 스스로 느끼도록 해줘야 한다. 고등학교 입학 전부터 절박함을 갖도록 해줘야 한다. 절박함이 없으면 자기관리 능력이 떨어진다. 절박함이 없으면 지금보다 향상되기를 기대하기 어렵다. 어떠한 변화를 원한다면 절박함을 심어줘야 한다.

대학 입학 후 네 인생은 네가 스스로 책임져라. 부모의 역할은 대학 입학할 때까지다. 20년간 네가 잘 자라도록 노력했고, 이젠 그 기반을 딛고 일어서서 스스로 걸어가라. 너의 모든 행동에 스스로 책임질 준비를 해라. 네가 어떻게 사회생활을 해갈지 스스로 고민하라. 이젠 어떠한 아르바이트를 통해 등록금을 마련하고, 어떠한 직업을 가질 것인지 스스로 판단

하라. 어떻게 살아갈지 자신의 미래를 고민하게 되면, 공부를 부모 위해서 하는 것이 아니라, 스스로의 내일을 위해서 열심히 해야겠다는 마음을 갖게 될 것이다. 그러한 책임감과 의지를 갖도록 해줘야 한다.

이성 친구를 조심하라. 이 시기에는 이성과 미팅도 갖게 되고, 이성에 대한 관심이 아주 클 때이다. 자녀에 따라 제어 정도가 다르겠지만, 이성과 사귀고 이성에 빠지면 치명적인 타격을 입게 된다. 고등학교 때 전교 몇 등 하는 아주 똑똑한 친구가 고 2때 이성 친구 사귀더니, 반에서 10등 내외를 오가는 수준으로 성적이 떨어지고 평범한 대학에 입학하는 것을 보았다. 오랫동안 쌓아온 노력들이 물거품이 되는 안타까운 상황이었다.

구체화된 명확한 목표 의식을 갖도록 하라. 목표는 자기 능력보다 커야 한다. 목표를 위해 노력하다 보면, 목표 근처까지는 가게 된다. 목표가 작으면 자기 노력도 작아지고 현실에 안주하게 된다. 목표를 크게 하고 최선을 다해야 한다. 최선을 다하고 그 결과에 승복하라.

고등학교 시절 아무리 공부해도 일정 수준 이상 못 올라가는 사람이 있다. 그렇다고 공부 잘하는 친구를 못 이기진 않는다. 최선을 다하는 사람이라면, 고등학교 공부를 통해서는 상위 성적을 얻지 못해도, 그러한 자세만 계속 유지한다면 대학 입학 후 우수한 성적으로 이겨낼 수도 있고, 사회생활을 하면서 이겨낼 수도 있다.

초등학교 때부터 대학 입학을 목표로 삼고 공부를 하지만, 대학 입학이 최종 목표는 아니다. 좀 더 나은 인생을 살고자 공부를 했고, 공부를 잘하고 똑똑한 사람이 사회에서 더 인정받기 때문이다. 그렇지만 사회에서는 그게 전부가 아니다. 똑똑하고, 성실하고, 사람과 잘 어울리는 삼박자가 맞아야 성공한다.

고등학교 때까지 성실함이라는 큰 성과를 올리면 30%는 성공한 것이다. 성실하게 열심히 공부했다면 그 결과는 중요하지 않다. 성적이 안 좋다고 자녀를 너무 나무랄 필요 없다. 더 중요한 대학과 사회생활이 있기 때문이다. 성적으로 스트레스 주지 말고, 대학을 강요하지 말라. 그 대신 최선을 다하는 자세를 요구하라. 최선을 다하는 자세만 갖추면 몸은 힘들어도 스트레스 받지 않으며 좀 더 행복하게 살 수 있을 것이다. 그 자세만 갖추면 대학에 입학하지 못해도 뭐든지 할 수 있는 사람이 될 것이다. 그 자세만 갖추면 그 사람은 언젠가 성공한다.

◉ 대학교 이후

재수는 하지 않는 게 좋다. 재수는 미친 짓이다. 1년간 재수하며 노력하여 진정으로 자신이 원하는 대학을 갈 수는 있다. 하지만 가능성은 미미하며, 그렇게 고생해서 대학을 가면 보상 심리가 생겨 대학 생활을 너무 편하게 보낸다. 결국 대학 생활하며 뒤처진다.

일반적으로 재수해도 성적의 변화는 많지 않으며, 결국 비슷한 대학에 입학하게 된다. 1년간 재수하며 노력하는 모습을 대학에 입학해서 해보도록 하라. 당연히 장학금을 받게 될 것이다. 만약 4년간 이러한 상황이 유지되면 졸업하면서 카이스트 또는 서울대학교 대학원 입학이 전혀 어렵지 않을 것이다. 취직을 바로 하려 해도 어렵지 않게 취업이 될 것이다. 재수라는 어려운 길을 택하기보다, 대학 생활로 승부하는 게 훨씬 성공 확률도 높고 더 좋은 결과를 가져올 것이다. 멀리, 길게 보라. 쉬운 길이 있다.

대학 입학이후 경쟁은 다시 시작된다. 입학 당시의 성적은 거의 비슷하다. 하지만 대학에서 다시 순위가 매겨진다. 대학에서 요구하는 성적 순위는 고등학교 때와는 다르다. 성실함, 협동심, 발표력, 분석력 등 다양한 능력을 요구한다. 서울대에서 중간 이하의 성적을 얻는 것보다 중간급 대학에서 장학금 받으며 다니는 게 사회 진출 시 더 좋은 결과를 낳을 것이다. 대학 입학으로 다 끝난 게 아니다. 다시 시작된 경쟁에서 좋은 능력을 보일 수 있어야 한다. 고등학교 때 1등 하며 국내 최고 대학인 서울대를 졸업했으나, 취업도 못 하고 사회에 적응조차 못 하는 경우도 많다. 아직 긴장감을 늦춰서는 안 된다.

남자라면 군 생활은 빨리 경험하라. 남자라면 군대를 가야 하고 빨리 갔다 오는 게 좋다. 군대를 갔다 오면 사람이 많이 변한다. 2년이라는 시간 동안 생각을 많이 하게 된다. 처음으로 부모님 곁을 떠나 생활하며 지금까지 키워주신 것에 감사하게 된다. 주변의 가족, 친구들 생각을 많이 하게 된다. 군 제대 후 사회에서 무엇을 하며 살아가야 할지 미래 설계도 하게 된다. 군 생활에 비하면 사회생활이 어렵지 않기 때문에 제대 이후 많이 성숙되고, 대학 생활이든 사회생활이든 더욱 알차고 열심히 생활하게 될 것이다.

등록금은 스스로 감당하도록 하라. 대학생이 되었다면, 특히 군대를 다녀왔다면 그 이후로는 스스로 앞길을 헤쳐 나가도록 해야 한다. 부모가 무리해서 등록금을 마련할 필요가 없다고 본다. 한 번은 형으로부터 전화가 왔다. 아들 등록금이 부족하여 보태달라는 것이었다. 미안한 마음이었지만 단호히 거절했다. 군대까지 다녀온 조카의 등록금을 아버지가 구하고 있다는 데 수긍할 수 없었고, 등록금을 지원해주더라도 밑 빠진 독이 아닌, 지원받을 만한 자격을 갖추도록 한 뒤에 주고 싶었다.

그래서 조카를 불렀다. 현재의 생활 모습을 물었다. 현재 너의 가치관은 무엇이냐? 없다. 너의 꿈은 무엇이고 꿈을 어떻게 이룰 것이냐? 없다. 학점은 어느 정도며 영어 실력은 어떻게 되고 자격증 준비 하는 거 있느냐? 장학금은 못 타지만 학점은 양호했다. 영어 공부도 별로 하지 않고 자격증도 하나 없었다. 등록금 및 용돈은 어떻게 준비하느냐? 용돈은 아르바이트로 벌고, 등록금은 아버지가 처리해주신다. 그런데 아버지가 등록금이 부족하여 몇몇 사람에게 빌리는 줄은 전혀 모르고 있었다. 부모에게 너는 경제적으로나 정신적으로 도움 되는 존재냐? 경제적으로는 마이너스라 생각했고, 정신적으로는 플러스라 생각했다. 하루 24시간 중 유익한 시간은 몇 시간이 되냐? 방학 기간이긴 했지만, 8시간쯤 자고 2시간 정도 책 읽고, 운동 1시간 정도 하며, TV를 2시간 정도 보고, 컴퓨터를 4시간 정도 한다. 24시간 중 책 읽고 운동하는 3시간 정도만 유익하게 보내고 있었다.

더 심각한 문제는 24시간 중 7시간 정도는 뭘 하는지 모른다는 것이다. 뭘 하는지 찾아보려 해도, 밥 먹고 볼일 보는 데 1시간 정도 쓰고, 나머지 6시 간은 전혀 모르겠다는 응답이었다. 참으로 어처구니없는 상황이었다. 이런 조카에게 지원한다는 것은 무의미하다고 생각했다. 조카에게 이야기했다. "이렇게 공부하려면 대학 그만두고 취직이나 해라. 대학 다녀봐야 시간만 아깝고, 취직하는 데는 오히려 고등학교 졸업장으로 나서는 게 좋을 수 있다. 대학 그만둬라! 만약 계속 다니려면 공부 열심히 해라. 열심히 해서 5등 이내에만 들어온다면 내가 장학금 초과되는 등록금 전액을 지원해주 겠다. 학기 중에 열심히 해서 등록금 마련하고, 방학 때는 등록금 걱정 없 이 자격증이나 영어 실력을 늘리도록 노력해라."

이러한 이야기를 나누며 헤어졌다. 그리고 6개월 뒤 아버지로부터 연락이 왔다. 아들이 과 수석을 하여 반액 장학금을 받았다는 것이다. 너무 자랑 스러워하는 아버지의 음성에 나도 너무 기뻤다. 그리고 조카에게 전화했다. "고생 많았다. 이제 네 인생길의 기초를 마련한 것이다. 좋은 학점과 과 수석이라는 결과는 너의 취직에도 도움 될 것이다. 지금처럼 앞으로도 계 속 열심히 하도록 해라. 등록금은 6개월 전 약속대로 나머지 반액을 내가 납부해주겠다."

조카도 너무 감사해 했다. 나는 기분이 너무 좋았다. 반액 지원하는 것이 전혀 아깝지 않았다. 돈이 소중하게 쓰이는 것 같아 감사했다. 또한 열심 히 노력하여 장학생이 된 것에 고마웠다. 6개월 전 불렀을 때 앞서 언급 한 현재 상황 파악 외에 미래의 꿈을 적도록 했었고, 자기계발 및 시간/ 돈/사람 관리를 어떻게 해야 하는지 이야기해줬다. 고등학교 이후로는 부 모 외에 다른 가족이 좋은 말들을 해주면 더 잘 수긍하게 된다.

목표를 세우고 도전하도록 하라. 토익 몇 점을 만들겠다, 어떠한 자격증 을 따겠다, 공무원 시험을 보겠다, 사법고시에 합격하겠다, 하는 목표를 세우고 도전하도록 하라. 목표를 세우고 도전할 때는 실패했을 때의 대안도 가지고 있어야 한다. 어떠한 도전이든 3번 정도 해서 안 되면 다른 것을 찾아야 한다. 다른 형태의 가능한 방법을 찾아서 해야 한다. 가족 중에 사법고시를 15년 동안 도전했다가 최근에 그만둔 분이 있다. 청춘도 갔고, 결혼도 못 했고, 직업도 없다. 너무나 허망한 결말이었다. 만났을 때마다 이번엔 되겠지, 이번엔 꼭 될 거야, 하는 자신감도 있었지만 결국 결실을 맺지 못했다. 중간에 다른 길을 찾지 않은 것을 너무 후회하고 계셨다. 가사 일도 시켜라. 대학생이면 이제 가사 일도 일정 부분 해야 한다. 자식을 너무 감싸 안아 키우면, 나중에 결혼하여 분가한 뒤에도 독립적인 생활을 잘못 하게 되어 도와줘야 하는 부작용이 생긴다. 결혼생활 잘못 하게 되는 건 부모가 그렇게 키워놨기 때문이다. 결혼생활 잘하게 하려면 최대한 자립할 능력을 키워주고 스스로 뭐든 할 능력을 갖추도록 해줘야 한다.

● 사회생활 이후

이젠 한 인격체로 사회에서 잘 적응할 수 있도록 많은 대화를 해줘야 한다. 사회에서 성공하려면 일처리, 인간관계 등을 어떻게 해야 하는지 잘 가르쳐줘야 한다. 관련 책도 많이 읽어볼 수 있도록 사줘야 한다.
본인의 능력이 아무리 뛰어나도 본인이 속한 집단에서 원하는 형태의 능력을 발휘하지 않으면 무능력자로 부시낭하나. 사신이 해야 알 일을 징획히 알고 처리하도록 해야 한다. 본인의 능력 못지않게 주변 사람들을 잘 이용할 줄 알아야 한다. 사회에선 혼자서 모든 걸 처리할 수 없다. 서로 할 일을 나눈 후 각자가 역할을 충실히 해내야 모두가 인정받는다. 대통령은 한 국가에서 가장 능력 있는 사람이 되는 게 아니다. 자신의 능력보다도 국민의 능력을 최대한 발휘하도록 리더십을 갖춘 사람이 되는 것이다. 그 능력이 있다고 되는 것도 아니고, 그 사람 주변에 있는 많은 사람들이 그를 지지하고 도울 때 가능한 것이다. 혼자 무엇인가를 해내려는 것보다 함께 협력하여 해내려는 자세를 갖추도록 해야 한다. 이젠 이성에도 본격적으로 관심 갖도록 해주고, 결혼 생활을 어떻게 하는 게 좋은지 준비하도록 해줘야 한다.

■ 평생교육

대학졸업 이후에는 교육과 거리가 멀어진다. 아주 잘못된 현상이다. 사회생활을 하면서 접하는 수많은 것들을 주변 사람의 노하우를 통해서만 배우도록 환경을 만들어 놓고 스스로의 역할을 잘하라고 요구한다. 새롭게 꾸리게 된 가족과 직장생활 및 다양한 인간관계를 어떻게 유지하고 가꾸어 가는 것이 올바른 것인지에 대한 교육은 필수 요소이다.

자녀를 어떻게 키우는 것이 잘 키우는 것인지에 대한 교육은 반드시 필요하다. 자녀가 잘못된 길로 가는 것은 부모가 자녀 키울 줄 몰라서 그러는 것이다. 자녀에게 환경을 잘 갖추어주지 못하고 자녀에게 잘못 대응했기 때문이다. 부부싸움하고 이혼이 갈수록 많아지는 것은 결혼 이후 배우자에게 어떻게 대하고, 배우자 부모님과 가족들에게 어떻게 해야 하는지 알지 못해서 일어나는 경우가 너무 많다. 사회에서 적응하지 못하고 온갖 스트레스 속에서 생활하는 것은 사회에서 어떻게 행동해야 하는지에 대한 교육이 부족해서이다.

국가 차원에서 교육을 실시하고 의무 수강하도록 해야 한다. 직장인들은 직장에서 주기적으로 교육을 실시하고, 자영업자는 전문 교육기관을 통해 무료로 수강하도록 강제해야 한다. 정부가 나서서 다음과 같은 교육을 당장 실시하라.

-사회에서 내게 맞는 일자리 찾기.
-성공적인 직장/자영업자로서의 사회생활 방법.
-결혼 이후 행복한 부부생활 만들기.

-결혼 이후 양가 가족이 더욱 행복하도록 역할하기.

-자녀의 성공은 부모하기에 달려 있다.

-원만한 인간관계 만들기.

대한민국이 더 부강해지고, 국민 모두가 더욱 행복해지도록 전 국민 평생 교육에 더 많은 노력을 기울여야 할 것이다.

● 능력

능력이라는 것은 '달란트'라는 말로 표현되곤 한다. 사전적 의미로 달란트 (talent)는 각자의 타고난 자질이라고 설명한다. 타고난 달란트는 모든 사람이 동일하다고 본다. 모두 동일한 양의 달란트를 가졌지만 그 분야는 다르다. 어떤 이는 운동을 잘하고, 어떤 이는 공부를 잘하고, 어떤 이는 피아노를 잘치고, 어떤 이는 그림을 잘 그린다. 각자의 달란트가 있는데, 사람들은 자신의 달란트를 찾지 못하고 헤맨다. 자신은 달란트가 없는 무능한 사람이라고 자책하는 사람까지 있다.

어려서부터 자녀의 달란트를 찾도록 부모가 도와줘야 한다. 다양한 경험을 해볼 수 있도록 해줘야 한다. 기회가 되면 체험 학습도 많이 하고, 여행도 많이 다녀야 한다. 많은 분야에 도전해볼 필요가 있다. 그러한 많은 도전 속에서 자녀의 강한 분야가 보인다. 어렵고 힘든 것을 억지로 시킬 필요가 없다. 자연스럽게 흥미를 갖고 소질을 보이는 분야를 찾아서 시키면 된다.

또한 타고난 달란트는 대체로 기본 소양, 능력으로 주어진다. 무엇이든 관심을 갖고 노력하면 해낼 수 있는 능력을 갖고 태어난다. 단지 주어진 환경이나 성장 배경에 따라 능력이 달리 표출되어 '잘한다, 못 한다.'라고 달리 평가된다. 특정 분야에 약간의 관심과 소질만 갖추었더라도 노력하면 잘할 수 있는 능력을 갖고 있는 것이다. 일단 분야가 선택되면 열심히 노력하고, 계속해서 흥미를 잃지 않도록 환경을 만들어줘야 한다.

■ 생각을 키워라.

능력이란 생각을 키우는 것과 같다. 생각을 키우면 방향성이 보이고, 남들보다 더 큰 능력을 쌓을 수 있다. 공간적으로 자신이 살고 있는 마을보다는 국가를, 국가보다는 세계를, 세계보다는 우주를 생각해야 한다. 우주 속에서 지구의 생태계를 생각하며 지구를 어떻게 보존해가야 할지 생각하고. 국가 간의 관계가 어떻게 형성되고 국가가 어떻게 번성하며 평화를 유지하는지를 볼 수 있어야 한다. 대한민국과 사회는 어떻게 발전해가는 게 옳을지를 봐야 한다. 그리고 그 속에서 자신이 어떠한 사람인지, 적성을 고려한 자신의 진로를 선택할 능력을 갖추도록 유도해야 한다. 시간적으로 지구가 어떻게 태어나고, 조상들이 어떻게 살아왔고, 우리의 삶은 어떠한 방향으로 가고 있는지 바라보며 자신의 삶의 방향을 그려볼 능력을 갖추도록 해줘야 한다.

■ 능력을 키워라.

자녀의 능력을 최대한 발휘할 수 있도록 해주는 것은 부모와 사회의 역할이 크다. 자신의 의지가 가장 중요하겠지만, 그 의지를 좀 더 강하게 만들고 가능성을 키울 수 있는 게 부모와 사회의 역할인 것이다. 우선 자녀 자신의 의지가 필요하고, 가족생활 할 때 부모의 합리적인 리더십이 있어야 한다. 또 사회 속에서 받는 교육까지 훌륭하게 행해지면 자녀의 능력은 몰라보게 성장할 것이다. 이때 가장 중요한 것이 부모의 역할이다. 부모가 자녀의 의지 및 교육 부분까지 변화시킬 수 있기 때문이다.

또한 친구관계 및 주변 사람들에 의해 영향을 받게 될 것이다. 어떠한 상황이 만들어지기 위해서는 복합적인 관계들이 유기적으로 잘 돌아가야 가장 효과적인 모습으로 발전한다.

큰 인물이 되기를 바란다면 원대한 꿈을 갖고, 큰일을 시도해야 한다. 큰일을 시도하게 되면 그에 맞는 큰 인물들이 지지하고 따를 것이다. 비전을 크게 가져라. 작은 생각과 작은 계획들을 가진 사람에게는 큰 인물이 가까이 하고 싶어 하지 않는다. 자신의 꿈도 자녀의 꿈도 크게 꾸고, 현실에 충실하도록 노력하는 자세를 갖도록 하라.

자녀의 능력을 키우려면, 아무리 능력이 탁월해도 조련사와 같은 부모의 역할이 없으면 능력이 무능한 것으로 될 수 있다. 부모가 관심을 갖고 끊임없이 노력을 함께 해줘야하는 것이다. 기본 지식을 쌓도록 도와주는 것도 필요하지만, 무엇보다 마인드 형성을 도와줘야 한다.

모든 논리는 일반론과 타당성을 갖췄다. 법이든, 규칙이든, 예의범절이든 어떠한 것이든 일반적으로 타당하다고 인정할 만한 생각들이 반영되어 있다. 어려서부터 옳고 그른 것이 무엇인지에 대한 판단 능력만 갖추면, 성장하면서 만나는 어떠한 문제도 답이 무엇이며 어떻게 행동하는 게 맞는지 짐작할 수 있게 된다. 닥친 문제를 외워서 풀어가려 하면 안 된다. 외우는 형태로 문제를 풀면 응용문제는 전혀 풀 수 없다. 모르는 것도 풀어갈 수 있는 능력을 갖도록 해주라.

■ 창의성을 키워라.

갈수록 많은 지식을 가진 사람보다, 창의성을 가진 사람을 높게 평가한다. 모든 분야에서 창의성이 가장 우대될 것이다. 창의성은 주어진 상황과 주어진 문제의 처리방법을 정해진 틀 속에서 찾지 않고, 새로운 방식으로 풀어가려 하면서 기여된다. 창의성을 키우기 위해서는 생각을 닫으면 안 된다. 어려서부터 무엇이든 하려는 자녀를 못 하게 제한하다 보면 창의성은 약해진다. 창의성을 키우기 위해선 뭐든 해보도록 놔두는 게 가장 좋다. 그렇다고 무엇이든 하도록 놔둘 수 없는 게 현실이다. 적정한 선에서 자유롭게 해줄 필요가 있다. 자유롭게 행동할 수 있는 공간을 만들어줄 필요가 있는 것이다.

창의성은 어린 시절에만 키워 가면 되는 것이 아니다. 어른이 되어서도 창의성을 키우기 위해 노력해야 한다. 가끔 산을 혼자 등산해보거나 공원을 혼자 거닐어볼 필요가 있다. 일상을 떠난 여유 속에 머리를 비우고 자연 속에서 생각을 정리하고 생각을 넓히며 다양한 모습들을 그려보는 노력이 필요하다.

창의성을 키우기 위해선 발상의 전환이 필요하다. 문제를 단편적인 방향으로 바라보지 말라. 문제의 본질을 바라보는 능력이 필요하다. 근본 원인이 무엇이며, 왜 발생했으며, 어떠한 문제를 일으키고 있는지를 봐야 한다. 요즘 사교육의 문제점이 많이 이야기된다. 공교육을 성장시켜야 한다고 한다. 하지만 사교육이 무조건 문제 있다고 보면 안 된다. 왜 사교육이 문제 있는가? 너무 많은 사교육 부담으로 소비 시장이 얼어붙어 있어 경제가 살지 못하기 때문이다. 돈 있는 사람이야 사교육 시킬 수 있겠지만, 그로 인해 없는 사람까지 자식을 위해 사교육을 시킨다. 그럼 어떻게 해결할까? 무조건 공교육을 성장시킨다? 아니다. 사교육의 장점까지 무너지면 안 된다. 사교육을 통해 어학, 피아노, 운동, 음악 등 개인들의 특기를 찾고, 사교육을 통해 공교육의 단점을 보완하는 기능을 살려야 한다.

사교육의 문제점이 있다고 해서 사교육을 통제하고 제한하며 기능을 무력화하기보다는, 공교육을 활성화시켜 사교육 이상의 효과를 보이도록 하면 된다. 긍정의 효과를 노리는 것이다. 학교 교육의 부족한 점을 보완하고, 사교육 이상의 질적 교육을 해주면 된다. 공교육이 사교육보다 효과를 발휘하도록 해야 한다. 문제를 바라보며 풀어가는 발상의 전환은 다양한 원인과 방법을 깊이 있게 볼 수 있을 때 가능하다.

■ 공교육

교육은 백년대계(百年大計)라 했다. 먼 앞날까지 내다보고 큰 계획을 세워야하는 중요한 요소이다. 잠깐 공교육의 문제점을 들여다보자. 개인 능력을 키우는 데 교육은 너무 중요하다. 교육 방향에 따라 사람은 많이 바뀐다. 특히 공교육의 개선이 필요한 듯하여 잠깐 생각해본다.

· 교사들의 적당주의

어려서부터 느꼈던 교사들의 강의 준비는 지금도 부족해 보인다. 사교육을 선호하는 이유는 공교육 교사들의 능력도 부족하고, 강의 질도 부족하고, 열의도 부족하기 때문이다. 왜 그럴까? 절박함이 부족하기 때문이다. 교사들이 잘 가르치지 못하면 쫓겨나도록 해야 한다. 예전과 달리 교사들이 많이 달라지고 많이 노력하는 모습은 보이지만 그래도 부족하다.

→ 학부모들이 교사를 압박하도록 시스템을 구축하자. 무분별한 비판을 막기 위해 자녀를 가진 학부모가 인증 받고 로그인이 가능하도록 한다. 자녀가 피해를 볼까봐 두려워 글을 올리지 못하는 단점을 없애도록 정부에서 사이트를 개설하여, 인증 받은 부모가 익명으로 글을 올릴 수 있도록 한다. 해당 사이트에서 잘하는 교사와 못 하는 교사를 평가할 뿐 아니라, 학교 발전을 위해 의견도 올리고 운영과 관련된 새로운 소식들도 올리는 등, 온라인을 통한 부모의 참여 기회를 대폭 늘리는 것이다. 좋은 의견들은 적극 반영하여 공교육의 위상을 되찾아야 한다. 자녀가 교사에 대한 평가 및 의견도 올릴 수 있도록 하면 좋겠다. 방법을 찾으면 답이 있다. 그 노력이 부족하여 현재까지도 이러한 문제점이 이어지고 있는 게 아닌가 싶다.

· 학교 교육이 진도가 일정치 않다.

일정하게 진도를 해줘야 집에서 복습하는 데 문제가 없다. 학교 교사만 믿고 있었는데 진도가 뒤처졌다가, 마지막 날 대충 끝내버린다. 가르치지도 않은 데서 문제를 내기도 한다. 사교육을 받지 않았던 학생들은 피해를 볼 수밖에 없다. 당연히 공교육을 믿지 못하게 된다.

→ 진도를 수업 일수에 맞춰 일정하게 유지하도록 학교에서 학기 초에 정해놓고 체크해야 할 것이다. 당연히 교사에 대한 평가에 반영해야 할 것

이다. 교사에 대한 평가를 체계적으로 잘 구성하여 급여, 승진, 퇴직 등에 반영하면 공교육의 질적 향상은 충분히 성취될 수 있을 것이다.

· 학교 내 규칙 확립 및 평가 시스템 구축

이젠 회초리로 다스리던 시절은 지났다. 교사가 옳고 그른 것을 판단하고 행동하던 시절은 지났다. 학교 내 규율을 구체화하고 해당 규율을 어기는 경우는 누구든 예외 없이 규율에 맞게 징계 처리하도록 하자. 계속해서 학교 내 폭력 및 구타가 끊이지 않는데, 그에 대한 규율은 너무 허술하다. 학교에 대해, 교사에 대해, 학생에 대해, 학부모에 대해 각자 지켜야 할 행동 요령을 만들자. 수업시간에 교사와 학생이 지켜야 할 부분, 쉬는 시간 학생 간에 지켜야 할 부분과 교사의 역할, 학생과 교사에 대한 학교 운영자의 대우와 시설관리 책임 등에 대한 정확한 규칙을 만들어 지키도록 의무화시켜야 한다.

학교 전반의 모든 상황에 대하여 주먹구구식으로 그때그때 알아서 하도록 놔둘 게 아니라, 사고발생 가능성을 사전 차단하도록 해야 한다. 선제적으로 준비하여 서로 간에 문제 상황이 발생하지 않도록 해야 한다. 왜 사고가 발생할 때만 그에 대한 대책을 마련하는가? 왜 사고가 발생해야 대응을 하는가? 그전에 모든 상황에 대해 발생 가능한 부분들을 정리하여 적절한 행동 요령들을 명확하게 확립하도록 하자. 학교, 교사, 학생, 학부모 간의 원만한 관계 형성을 위해 다양한 평가 시스템을 구축하면 좋겠다. 예를 들어, 학생들의 왕따 등이 없어지도록 학생 간 상호평가를 하도록 한다. 그래서 상호평가 결과가 좋지 않으면 향후 진학에 영향을 미치도록 하고, 개선되지 않으면 별도의 상호평가 하위자 교육기관을 신설하여 교육 받도록 한다. 이러한 평가 시스템이 구축되면 서로 좋은 평가를 받고자 잘 지내게 될 것이다. 또한 주기적으로 설문도 받는다. 누구에게 맞은 적이 있는지? 돈을 뺏긴 적이 있는지? 수치심을 느낄 만한 경험은 없는지? 등의 설문을 하면 그러한 행동이 좋지 않다는 것을 깨닫고 그렇게 행동하지 않으려 노력하게 될 것이다. 학교와 교사 간에 평가를 하고, 교사와 학생 간에 평가도 하는 등 360도 그물망 평가를 통해 서로간의 견제와 균형을 유지할 수 있도록 시스템을 만들어줘야 한다.

· **공교육의 목적의식**

왜 교육을 하는가? 근본적인 것부터 생각해봐야 한다. 현재 유치원부터 고등학생까지 교육의 최우선 목적은 대학 입학이다. 대학에서의 교육 목적은 취업이다. 대부분의 사람들은 어려서부터 이러한 가치 기준으로 공부를 한다. 진정한 교육의 목적이 대학 입시와 취업이라는 게 맞는 건가? 절대 아니다. 개인을 위해서도, 사회를 위해서도, 대한민국을 위해서도 현재 교육 방식은 전면 수정해야 한다.

현 교육 방식으로 인해 사회가 매정해지고, 예전엔 상상도 하지 못했던 부모 살해 등의 엄청난 범죄가 발생하고 있다. 자살률도 OECD 국가 중 1위다. 왜 이러한 상황이 만들어지는가? 가장 큰 문제가 교육이다. 교육을 바로잡아야 사람이 바로 성장하고 사회와 국가가 번영하게 된다.

교육을 통해 얻어야 할 가장 중요한 요소는 인성이며 가치관 형성이다. 바른 인간을 만드는 게 가장 중요한데, 교육의 어느 정도의 비율을 이러한 인성 교육에 할애하고 있는가? 너무 미미하다. 매일 30분 정도는 지식을 쌓기 위한 과정이 아니라, 사람다운 사람을 만들기 위한 시간으로 활용해야 한다. 사람의 소중함, 생명의 소중함을 가르쳐야 한다. 부모와 스승과 먼저 태어나신 어른을 손경하는 마음을 끊임없이 가르쳐야 한다. 부모에게 효도하는 마음을 갖도록 해야 한다. 상황에 따른 예의를 알도록 해야 한다. 옳은 것을 따르는 바른 생각을 갖도록 해야 한다. 내 주변에 있는 모든 사람들이 행복할 수 있도록 하는 것이 삶의 목적임을 가르쳐야 한다. 널리 인간을 이롭게 하는 것이 교육의 목적임을 가르쳐야 한다. 물론 이러한 교육이 효과를 보기 위해서는 대학 입시 때에도 이러한 부분이 많이 반영되도록 해야 한다. 생각이 바뀌면 세상이 바뀐다. 지식보다는 마음과 생각이 개인의 미래에 큰 영향을 끼친다. 공부도 마음다짐을 하면 언제든지 향상 시킬 수 있다. 하지만 삐뚤어진 생각은 고쳐지지 않는다. 생각은 행동을 결정하고, 행동을 통해 운명을 형성한다. 교육의 최우선 목적이 무엇이며 어떠한 방향으로 인재를 키워갈지 고민해야 한다.

· 교육과정 기간 단축

현재 교육기간은 너무 길다. 유치원 2년, 초등학교 6년, 중학교 3년, 고등학교 3년, 대학교 4년으로 총 18년이다. 너무 긴 시간이다. 자녀 교육은 예전에 비해 훨씬 빨리 시작한다. 3살 때부터 어린이집에서 공부를 시작하고, 6살 때부터 전문 교육기관인 유치원에 입학한다. 그 기간 중에도 별도로 학습지 등의 과외를 하고 있다.

8살 초등학교 때부터 글을 깨우치고 더하기를 배우던 시절은 지나갔다. 정부는 달라진 상황에 맞는 교육과정을 만들어야 한다. 요즘 아이들은 두뇌도 훨씬 발달되어 있다. 여러 정황을 고려할 때 최소한 3년가량은 단축해야 한다. 그렇게 되면 3년가량 조기에 사회 진출하게 되므로 사회에서 일하는 인력이 줄어드는 문제점을 해소할 수 있으며, 장기간 교육을 시켜야 하는 현 시스템의 학비 부담도 많이 줄어들게 될 것이다.

첫째 방법은 초등학교와 대학 과정을 줄이는 것이다. 초등학교 입학은 1~2살 앞당기고, 기간을 1~2년 정도 줄여서 4년 정도로 졸업 가능하게 해야 한다. 대학도 3년으로 줄여야 한다. 빠르면 3살 때부터 교육을 시작하는 현실을 외면하면 안 된다. 정규 교육기간은 그대로이지만, 실질적으로 교육과정이 너무 많이 늘어난 점을 빨리 개선해야 한다. 공부를 더 하고 싶으면 석사과정을 활용하면 된다. 실제로 석사과정을 수료하는 학생도 많이 늘었다.

둘째 방법은 유치원 과정을 의무과정으로 편입시키는 것이다. 대부분 6살 때 유치원을 보낸다. 여기서 문제가 생긴다. 유치원의 수준 차이가 너무 크다. 부유한 집안의 자녀는 고급 영어 유치원에 몇 백만 원의 비용을 지출하며 다니고, 가난한 집안의 자녀는 공립 유치원도 다니지 못한다. 이러한 큰 차이를 형성한 뒤 초등학교에 다니면 선생님들이 어떠한 기준으로 아이들을 교육하겠는가? 현 교육과정은 옳지 않다. 너무 어린 나이에 차이를 형성하지 않도록 정책적 접근이 필요하다.

초등학교 입학을 2살 이상 앞당겨 교육의 형평성을 유지하도록 해야 한다. 유능한 인재가 일찍부터 자격지심에 빠져 사회적 불평등에 대한 불만을 품지 않도록 해야 한다. 초등학교 교육 기간도 4~5년으로 줄여야 한다. 이렇게 3~4년가량 앞당기면 중학생들의 사춘기 시기가 고등학생 시기로 넘어간다. 고등학생 시기엔 대학 입시란 큰 목표가 있기에 학업에 집중할 것이고, 사춘기 시절을 보내는 중학생들이 방황하며 많은 사회적 문제점을 일으키고 있는 현 상황이 개선될 것이다.

또한 대학갈 때 평생 할 일을 정할 것이 아니라, 중학교 입학 시, 또는 고등학교 입학 시에 적성 등을 고려하여 전공을 선택하도록 해야 한다. 이렇게 되면, 평생 할 일에 좀 더 집중하고 좀 더 전문화될 수 있다. 성공한 사람들의 얘기를 들어보면 어려서부터 꿈을 키워온 사람들이 많다. 교육은 꿈나무들이 내일을 꿈꾸도록 도와야 한다. 전공을 미리 정하고 도전해 봄으로써 18년이라는 긴 시간을 공부에 투자하면서도 막상 대학 입시에 실패한 후 새로운 직업을 찾는 비효율적인 시간을 줄일 수 있다.

· **수업시간의 다양화**

수업시간도 과거 관행을 벗어나라. 이젠 맞벌이 부부가 대세다. 부부가 같이 벌어야 겨우 살아갈 수 있는 환경이다. 자녀와 함께할 수 있는 시간이 절대적으로 줄어들었고, 자녀에게 정서적으로 안정감을 주기 어려워졌다. 그 변화를 인식하고 학교에서 역할을 더 해야 한다. 수업 종료 후 학교의 역할을 좀 더 현실화 및 체계화 해야한다. 하교 후 뭘 해야 할 지 몰라 방황하며 홀로 PC방이나 만화방 가서 시간 낭비하지 않도록 해줘야 한다. 텅 빈 집에 친구들끼리 모여 나쁜 짓을 하지 않도록 해줘야 한다. 자녀를 돌보는 가장 큰 두 축이 집과 학교이다. 집에서의 생활이 예전 같지 않은 데, 학교에서는 변화를 느끼지 못하고 예전처럼 동일한 방식의 똑같은 교육 체계를 유지할 것인가? 많이 개선되었다지만 아직 부족하다. 학생들의 변화된 환경에 맞는 적합한 교육 방식을 구축하도록 하라.

· **학교의 다양성을 높여라.**
학교에서는 공부하지 않는 친구 몇 명이 모든 분위기를 흐린다. 학원에서는 모든 학생이 공부에 열중한다. 집중력이 사교육이 훨씬 좋다는 말이다. 대부분 인문 고등학교를 보내야 하는 분위기 때문이며, 공업 고등학교 등은 무시당하기 때문이다.
→ 초등학교 때부터 학생의 적성을 찾을 수 있는 기회를 많이 제공해야 한다. 주말 등을 이용하여 부모와 함께하는 창의적 체험활동도 많이 갖고, 어려서부터 특정 분야에 적성이 있는지 시도해보며 공인 인증을 부여하는 노력도 필요하다. 이후 중학교 때부터 대학진학, 취업, 창업, 운동 등 적성에 맞는 학교를 찾아가는 구조를 만들고, 적성이 비슷한 친구들끼리 어울려 적성을 더욱 키우며, 적절히 인문교육도 받도록 해줘야 한다. 혹 적성이 맞지 않으면 고등학교에 진학하면서 다시 한 번 적성을 찾아 진로를 바꿀 수 있도록 해줘야 한다. 능력도 키우고 잘못 선택할 경우 다시 한 번 기회를 줄 수 있는 것이다.
보다 빠른 진로 결정과 관심 분야에 집중할 수 있는 상황을 만들어주는 것은 개인의 역량 개발과 사회 인적자원 확보에 긍정적 효과를 가져올 것이다. 학교의 다양성을 통해 나와 비슷한 친구를 만나게 되어 친구가 편하기도 하고, 고민도 공유할 수 있어 여러 모로 장점이 많을 것이다. 문제점을 바로 보는 다양한 생각들을 해보고, 문제 해결을 위해 한 가지 방법을 사용하기 보다는 다양한 방식으로 해결해가는 게 좋다. 학교의 문제점 해결을 위해 정부정책, 학교 자체, 교사, 학부모, 학생 모두가 함께 개선되도록 각 요소의 개선점을 찾아 총체적으로 변화될 수 있도록 해야 한다. 그 개선의 가장 상단에 정부의 정책과 시스템적인 제어가 필요할 것이다.

이제 진정한 사회의 일원이 되었다. 사회에서 본인의 위치를 조금씩 찾아가야 한다. 지금까지 스스로 가꾸어온 많은 능력들이 있지만, 그 능력을 펼쳐간다는 생각보다는 그 능력 위에 하나씩 더 많은 것들을 쌓아간다는 생각으로 시작해야 한다.

어떤 사람은 취직하면 모든 게 끝났다고 생각한다. 지금까지 고생한 것을 이제 보상받는구나 하는 안이한 생각으로 사회생활을 해서는 안 된다. 지금까지와는 차이가 큰 또 다른 경쟁이 시작된 것이다. 이제는 경쟁에서 처지면 자신의 사회적 신분과도 연결되고 급여 수준과도 연결되며 삶의 질에도 영향을 끼친다.

사회는 프로의 세계다. 아마추어처럼 "하다가 안 되면 대충 하지 뭐." 이런 식으로는 위험하다. 사회에서는 성과가 없으면 급여도 없다. 사회에서는 내가 뭔가를 해내야 한다. 회사에 10의 수익을 올려주어야 1의 혜택을 누린다. 내가 받고자 하는 기대 수준의 수십 배를 회사 수익이 되도록 노력해야 한다는 것이다. 아파도 출근해야 하고 힘들어도 야근해야 한다. 프로의 세계는 냉정하다. 빨리 프로 의식을 갖도록 노력하지 않으면 안 된다.

사기세발, 인산반세, 재산 능 보는 섯을 하나씩 자곡차곡 쌓아갈 수 있도록 열심히 해야 한다. 사회생활 시작한 지 3년 정도 지나면 그 사람의 능력이 보인다. 어떤 사람은 적응 못 하고 여기저기 옮겨 다니기도 할 것이고, 어떤 사람은 벌써부터 승진하여 부하직원도 있을 것이다. 이쯤 되면 그 사람이 사회에서 어느 정도 지위까지 올라갈 수 있을지 가늠이 된다. 내게 할 일이 있음에 감사하며, 내가 하는 일을 사랑해야 한다. 사람은 일을 하면서 존재가치를 느끼고 삶의 보람을 맛본다. 모든 사람은 일을 할 때 가장 빛이 난다. 나에게 주어진 일은 신이 주신 나의 달란트이며, 인생 최고의 선물이다.

그럼, 내게 주어진 일을 어떻게 해내야 할까?

샐러리맨이라면 회사에서 본인의 역할을 충실히 해내고, 직원들과 원만한 관계를 유지하며, 현재 자신의 역할 이상의 자기계발과 자기노력을 해야 한다. 자영업자라면 고객의 입장에서 고객이 원하는 것이 무엇이며 고객이 무엇을 좋아하는지 파악하고, 직원들과 하나가 되어 운영할 수 있어야 할 것이다.

◉ 샐러리맨

직장생활을 잘하려면 도덕성을 겸비한 가치관 형성이 되어 있어야 한다. 또 열정과 정열 및 예의를 갖춘 근무 태도가 바람직해야 하며, 직무 능력 및 전문성을 갖춰야 한다. 그리고 뚜렷한 자기 생각을 가질 수 있어야 한다. 생각 없이 휘둘러서는 안 된다. 사회생활하면서 저지른 한 번의 실수로 회사 및 가정생활 모두가 무너질 수 있다. 가치관 속에 흔들림 없는 도덕성도 가슴 깊이 품고 있어야 한다.

회사는 혼자 근무하는 공간이 아닌 만큼 근무 태도, 사람간의 태도, 업무 처리 시의 열정적인 태도 등, 그 태도가 바람직해야 한다. 태도에서 비롯된 작은 차이가 실력의 성장 속도에 영향을 미치며 직장에서의 승부를 결정한다. 당연히 기본 직무 능력이 있어야 한다. 주어진 직무 처리 능력이 탁월해야 한다. 어떠한 상황이 닥치더라도 해결할 수 있는 전문성을 갖추어야 한다. 능력, 태도, 가치관 및 도덕성을 갖춘 인재라면 성공을 위한 조건을 모두 갖추었다 할 수 있다.

■ 인간관계

앞에서도 얘기했듯 가장 중요한 요소 중 하나가 상사 및 부하 직원과의 원만한 관계를 형성하는 것이다. 상사가 맡은 가급적 빠르도록 하고. 약속한 것은 절대 잊지 않도록 하라. 모든 이와 원만한 관계를 유지하고, 절대 적을 만들지 마라. 위계질서를 지키도록 하라. 바로 위의 팀장을 무시하고 부장에게 보고하는 일이 없도록 하라. 내가 하는 모든 일을 팀장에게 보고하는 것이 좋다. 팀장에게 알리지 않고 처리한 일에 문제가 발생하면, 자신에게 모든 잘못이 돌아온다. 일 처리 전 팀장에게 알리라. 팀장에게 보고를 잘하고 소통만 잘 형성해도 직장생활의 반은 성공적이라 할 수 있다.

■ 업무처리

꼼꼼하고 철두철미하게 일처리를 해야 한다. 내가 해야 할 일은 절대 잊어버리지 말고 항상 메모를 해두라. 방금 이야기한 것이므로 당연히 처리할 것이라고 생각하며 메모를 안 했는데, 중간에 누군가가 끼어들어 같이 이야기하다가, 그전에 했어야 할 일을 놓치는 경우가 있다. 이러한 실수는 회사에서 치명적이다. 무조건 메모를 해놓으라.

일처리의 중요도를 잘 알아야 한다. 요청 순서보다는 요청한 업무의 중요도를 빨리 알고 처리 순서를 정해야 한다. 상사의 중요한 요청 사항을 다른 부서의 단순한 요청 사항을 처리하느라 미뤘다가 꾸지람 받을 수 있다. 일처리 순서를 잘 정하도록 하라.

하고 있는 일을 왜 해야 하는지를 알고 처리하라. 왜 하는지를 모르면 요청자의 생각과 다른 결과물이 나올 수 있다. 왜 하는지를 알아야 요청한 것 이상의 좋은 결과물을 제출할 수 있고, 능력 있는 사람으로 인정받는다. 정해진 기일 내에 처리가 불가능한 일이 있으면 팀장이나 요청자에게 미리 연락을 해주도록 하라. 결제 및 보고문서가 있다면 최대한 꼼꼼하게 작성하고, 오타가 있으면 절대 안 된다. 결재를 한 번에 끝내려 하지 말고 팀장과 의논하면서 하라.

일이 없을 때는 찾아서 하라. 적극적으로 일하면 팀장이 일부러 일 시키지도 않는다. 적극적인 자세를 갖추면 능력도 인정받고 일하는 것도 더 즐겁다.

■ 직무관리

직장인이라면 자신이 해야 할 직무에 대한 전문성을 갖추는 것은 기본이다. 부족한 부분이 있다면 끊임없이 자기계발을 통해 향상시키는 노력을 해야 한다. 특히 새로운 직무를 맡으면 항상 초기에 일정 수준에 이르도록 열정과 정열을 쏟으며 집중력을 발휘해야 한다. 초기엔 해당 직무를 잘 알고 있는 옆 동료에게 부담 없이 물어보며 좀 더 쉽게 업무 파악이 가능하기 때문이다. 한 달 이상 지나면 묻는 게 불편해지고, 아직까지 잘 모르고 있는 데 대해 부끄러워질 수도 있다. 아무것도 모르는 게 자연스러운 초기에 적극적으로 물어보며 알아내야 하는 것이다. 일정 기간이 지나면 스스로 노력해야 할 부분이 많아지므로 직무 능력을 키우는 게 쉽지 않아질 것이다. 그렇다고 묻지 않으면 안 된다. 미안하더라도 최대한 잘 아는 옆 직원을 통해 업무 파악을 하는 것이 좋다. 최대한 물어서 알아내고 그 이상의 좋은 결과물을 만들면 된다.

일정 수준에 도달하면 그때부터는 다시 한 단계 올라서도록 노력해야 한다. 기존 방식의 불합리한 부분들을 개선하자는 안을 내놓기도 하고, 맡은 직무를 좀 더 효율적으로 처리할 수 있는 새로운 업무처리 방안들도 개진할 수 있어야 한다. 관련 서적을 읽으며 새로운 아이디어를 발굴하기도 하고, 동료 간의 대화를 통해 새로운 아이디어를 생각할 수 있어야 한다. 또한 직무관리 측면에서 많은 직무를 경험하는 것이 좋다. 이왕이면 입사 초기에 많은 직무를 경험하면 좋다. 좀 더 젊고 틀에 박히기 전에 경험하는 것이 업무 적응하는 데도 도움이 되기 때문이다. 조직 내에서 팀장 이상 부서장급에 이르고자 한다면, 다양한 직무 경험이 기반이 되어야 한다. 많은 업무를 해봐야 좀 더 넓은 시야를 갖게 되고 업무를 진행하는데 있어서 문제가 발생하는 것을 줄일 수 있다. 조직에서 인정받고 잘 지내려면 가급적 많은 직무 경험을 갖도록 하라.

■ 평가관리

자신에 대한 평가에도 관심을 갖도록 하라. 인사 담당자가 가장 중요하게 생각하는 포인트 중에 하나가 그 사람에 대한 평가들이다. 부하직원의 평가, 동료의 평가, 상사의 평가 등처럼 근무하는 모든 직원이 어떻게 평가하느냐를 보고 그사람이 어떠한 사람이구나 하고 짐작하기 때문이다. 이 평가는 이동 및 승진에 있어 절대적인 영향력을 갖는다.

그럼 평가를 잘 받기 위해 어떻게 해야 할까. 나를 평가하는 같이 근무하는 직원들과의 관계를 잘 형성해야 하며, 맡은 일을 깔끔하게 처리하고, 부서 분위기가 좋아지도록 항상 미소를 짓고 지내려 노력해야 한다. 이러한 모든 자신의 노력과 행동 그리고 언행에 의해 평가 받기 때문이다.

특히 나를 평가하는 팀장 및 부서장과 원만한 관계 형성을 해야 한다. 관계가 원만하기 위해서는 일 잘하는 것은 기본이며 근무 태도 등도 중요한 요소이다.

■ 급여 관리

월급을 적금통장에 입금하여 처음 1억 원이 쌓일 때까지 악착같이 돈을 모아라. 쓸 데가 있으면 써야겠지만, 사회 초년생이라면 월급 전액을 저축하는 것도 가능하다. 최대한 저축을 하며 돈을 모으도록 하라.

1억 이상이 되면 1년 이자만 5% 기준하여 5백만 원이다. 한 달에 50만 원씩 쓰더라도 월급 전액이 또 저축 가능해진다. 그리고 1억을 재테크하기 위한 주식이나 부동산 등에 관심을 갖고 기회가 오면 투자를 시작하라.

■ 음주

술이란 참 좋은 음식이다. 술이 있어 인생은 더 살 만하다. 답답하고 짜증나고 스트레스가 가득한 상황에서 한 잔 마셔봐라. 아주 좋다. 긴장감도 풀리고, 마음이 훨씬 더 편안해진다. 사랑하는 애인에게 말하기 힘들었던 사랑고백이나 사과의 말을 술 한 잔 마시고 말하면 너무 자연스럽게 나온다. 이러한 말을 할 때는 술을 한두 잔 마시고 바로 이야기하는 것이 좋다. 너무 취하면 오히려 역효과를 낼 수도 있기 때문이다. 살짝 마시고 하기 힘든 말을 하면 상대방도 한 잔 마신 상태에서 너그러운 상황이 되고 이해심이 커지기 때문에 대화가 잘된다. 술을 잘 활용하면 삶에 많은 도움이 된다.

특히 직장인은 일처리와 사람관계 다음으로 술이 중요한 요소이다. 일처리와 사람관계가 다소 부족해도 술을 통해서 좀 더 부드럽게 만들 수 있고, 일처리와 사람관계가 괜찮은 경우에도 술을 통해 좀 더 효과를 키울 수 있다. 회사에서의 생활 못지않게 퇴근 후 직원들과의 자리도 중요한 요소라는 것이다. 그 자리를 통해 진솔한 이야기도 나누고, 불만도 이야기하고, 자신의 고충도 이야기하며 친밀도를 높인다.

모든 직장인들은 회사 생활이 심적으로 편안하길 바란다. 회사를 그만두는 사람은 대부분 일이 힘들어서가 아니라 직원 관계가 원만치 않아서이다. 서먹하거나 불편한 사람과도 한잔하며 진솔한 이야기를 나누면 아주 친숙해진다. 누군가와 가까워지는 가장 좋은 방법은 여럿이 아닌 단 둘이 만나 한잔하며 다른 사람 눈치 보지 않고 이야기 나누는 것이다. 음주는 서로를 잘 이해할 수 있는 기회가 필요할 때 유용한 방법이다.

· 술 마실 때

술 마시는 요령 정도는 알고 있어야 한다. 같은 양을 마셔도 급하게 마시거나 빈속에 마시거나 몸이 피곤한 때 마시면 쉽게 취한다. 술은 자기 스스로 체크하며 조정할 수 있어야 한다. 옆에서 마시라고는 하지만 취하는 걸 원하진 않는다. 분위기를 좀 더 화기애애하게 만들려고 마시도록 독려하는 것이다. 기분은 취해도 몸은 절대 취하지 말라.

같은 양을 매일 마시는 것보다 며칠 쉬었다 한꺼번에 마시는 게 몸에는 더 좋다. 음주 후 충분히 쉬어야 컨디션을 회복하기 때문이다. 가급적 연일 마시는 것을 삼가라.

술은 일정 부분 노력하면 주량이 늘어난다. 사람의 몸은 적응을 잘한다. 술이 자주 들어가면 술을 해독하는 호르몬의 분비가 늘어나는 것이다. 운동을 통해 체력이 좋아져도 주량은 늘어난다. 술을 마실 수 있는 주량이 적어 쉽게 취하고 좋지 않은 모습을 보이지 않도록 하라.

좋지 않은 술버릇은 반드시 고쳐라. 남자는 술 때문에 패가망신하는 경우가 있다. 아무리 능력이 있어도 술로 인해 망할 수 있다. 술을 스스로 제어하고 술에 의해 제어당하지 말라. 제어하지 못하면 마시지 말라. 아예 마시지 않는 게 본인 인생에 더 유익할 수 있다. 못 마신다고 크게 손해 볼 것은 없다. 못 마시더라도 잘 어울리고, 취한 사람들 집에 데려다주면 더 좋아할 수도 있다. 뭐든 할 수 있는 것을 찾아 노력하면 된다.

■ 리더십을 키우라

사회생활을 성공하려면 리더십을 키워야 한다. 언제까지 주어진 일만 하는 피동적인 자리에 있을 것인가. 언제까지 충실한 일꾼의 역할만 할 것인가. 언제까지 사회를 구성하는 일원으로서 수동적 자리에 앉아 있을 것인가. 시작은 비록 그러한 성실함에서 인정받고 자리를 다져가지만, 더 큰 이상을 품고 살아야 한다. 그러한 준비를 하지 않으면 오히려 무능한 존재로 평가절하 될 것이다. 직장에서 성공하려면 발전해야 한다. 리더십을 키우며 높은 자리에 올라갈 준비를 갖춰야 한다.

직장 내 리더가 되려면 상사의 장점을 찾고 그 장점을 배우라. 단점을 지적하며 술안주 삼기를 즐기기보다 장점을 찾도록 노력해야 한다. 상사는 부하직원과는 다른 능력을 가졌다. 그 능력을 찾아라. 그 능력들을 찾아내어 누구보다 훌륭한 리더가 될 준비를 하라.

리더가 되기 위한 가장 큰 요구사항은 사람을 다루는 능력이다. 사적 모임이나 직장이나 사회에서 리더가 되려면, 사람의 마음을 움직이는 능력을 가져야 한다. 사람을 설득하는 능력을 가져야 한다. 사람들이 나를 믿고 따를 수 있도록 조정할 줄 알아야 한다. 내가 가진 능력 이상의 능력을 주변 사람들을 통해 만들어라. 진정한 능력 있는 사람은 자신의 능력 다음 단계의 능력으로 사람을 움직이는 능력을 갖추고, 그들의 능력을 자신의 능력처럼 이용할 수 있는 사람이다. 이게 진정한 리더가 되는 것이다. 삶의 마지막은 모든 삶의 현장에서 리더가 되어 끝난다. 가정에서 아버지로, 사회에서 사장으로, 모임에서 회장으로 내가 우뚝 일어서며 모든 사안의 최종 결정권을 가지고 책임감 있는 일처리를 하는 것이다. 너무 서둘러 리더가 되려 할 필요는 없다. 조금씩 준비해가면 어느 순간 자리가 만들어질 것이다. 그때 진정한 리더십을 펼쳐 보이도록 하라. 사람들로부터 존경받는 멋진 리더의 모습을 보이도록 하라.

■ 안정된 생활에 만족하라

사업하는 사람들 중에 성공하며 돈 잘 버는 사람을 보고 부러워하는 샐러리맨이 많다. 부러워하지 말라. 퇴직 후 일을 하고자 한다면 어떠한 일을 하겠는가? 자영업이다. 퇴직 후에도 충분히 자영업을 해볼 기회는 온다. 그때를 준비하면서 현재 주어진 업무와 역할에 충실하라.

새로운 것을 찾고 도전하는 사람에게 더 큰 성공의 기회가 오겠지만, 그 못지않은 실패와 고통도 있게 된다. 안정된 행복한 생활을 위해서는 현재 몸담고 있는 회사에서 내게 주어진 일에 최선을 다하는 사람이 되어야 한다. IMF, 금융위기 등을 통해 파산하는 많은 사업자들이 있었다. 사업하는 사람들은 한 번 무너지면 다시 일어나기 힘든 엄청난 빚과 고통에 빠지게 된다. 결국 거리를 헤매는 노숙자가 되기도 한다.

샐러리맨은 직장에서 월급이 나오므로 마음 편히 가족을 지킬 수 있다. 회사가 파산되면 잠깐 월급이 나오지 않을 뿐 다른 직장을 찾으면 된다. 사업자는 회사를 성장시키고, 직원들 월급을 주기 위해 많은 스트레스 속에 생활한다. 샐러리맨은 회사 걱정까지는 안 해도 되며, 맡은 일만 충실하면 된다. 큰돈과 큰 성공까지 거둘 수는 없겠지만, 평범함 속에 행복한 생활을 할 수 있는 여유가 있다. 샐러리맨으로서 주어진 많은 혜택을 누리라.

◉ 자영업자

시대가 흐를수록 자영업자가 성공하기는 힘들어지는 것으로 보인다. 예전엔 자격이 생겨 오픈만 해도 잘되었던 대부분의 업종들이 이젠 망하지 않고 유지하기조차 쉽지 않아졌다. 주변에 한의원도 많고, 약국도 많고, 부동산도 많고, 학원도 많다. 경쟁이 너무 심해 살아남기가 어렵다. 변호사, 판사, 회계사, 변리사, 의사 등 소위 '사'자 들어가는 엘리트 계층이 너무나 많아졌기 때문이다. 과거처럼 고시 합격을 통해 인생 역전했던 시절이 사라지는 것이다. 체계적으로 공부할 수 있는 형편이 아니어서 고시합격도 힘들지만, 합격을 해도 또 다시 경쟁에서 두각을 나타내며 자리 잡기 위해서는 일정 부분 투자도 필요하며 쉽지 않은 과정이 이어진다.

그렇다고 길이 없는 것은 아니다. 오히려 과거보다 더 쉽게 큰 부를 창출할 수도 있다. 열쇠는 아이디어다. 참신한 창의적 아이디어를 통해 대박을 만들어내는 사람들이 많다. 많은 사람들이 경쟁하는 기존 시장에서 승부를 걸기보다 새로운 틈새시장을 찾아야 한다. 기존에 없는 새로운 직업을 스스로 만들어낼 필요가 있다. 기존 직업을 택하더라도 남들과는 다른 방식으로 사업전략을 수립할 필요가 있다. 그러한 전략이 경쟁력이 되어 성공의 길로 인도할 것이다.

■ 전략

자신이 하고자 하는 일이 결정되면 끊임없는 관심을 가져야 한다. 한동안은 일어나서 잠잘 때까지 온통 그 일에만 집중하며 미칠 필요가 있다. 어떻게 해야 좀 더 많은 사람들이 만족하도록 할 수 있을까, 만족을 넘어 충격적인 감동을 줄 수 있을까 고민해야 한다. 충격과 감동을 줘야 그 효과는 다른 사람에게 전파되고 엄청난 결실을 맺을 수 있게 될 것이다. 그 전파의 효과가 발생하는 순간부터는 천천히 진행해도 된다. 이미 그 궤도에 접어들면 안정된 운영이 가능하기 때문이다. 그 순간까지만 미친 듯 일하면 된다. 그 뒤엔 건강도 챙기고 주변도 챙기는 여유를 갖는 게 더 효과적이며 더 좋은 결과를 낳을 것이다.

■ 비전

사업을 한다면 명확한 비전을 가지고 있어야 한다. 비전이 없다는 것은 사람이 꿈이 없는 것과 같다. 명확한 비전을 만들어놓고 시작하라.
직원을 어느 정도까지 늘리겠다. 급여를 어느 정도까지 높이겠다, 수익을 어느 정도까지 발생시키겠다, 코스닥에 등록하겠다. 등 비전을 가져야 한다. 그 비전은 사업과 관련된 모든 사람들이 공유하도록 해야 한다. 회사의 비전이 자신의 비전과 동일시되도록 공유하게 되면, 훨씬 더 쉽게 비전 달성이 가능해질 것이다.

■ 분위기

사람들은 분위기에 민감하다. 천장, 바닥, 벽 모든 인테리어를 꼼꼼히 잘 챙겨서 하나의 테마를 갖고 일관성 있는 분위기를 연출하라. 일관된 분위기 속에 포인트를 주어 뭔가 메시지를 전달하라.

같은 음식을 먹어도 상을 어떻게 꾸미고, 조명을 어떻게 꾸미고, 주변 환경이 어떠냐에 따라 맛은 180도 달라진다. 그 분위기는 안에서 느끼는 분위기가 다는 아니다. 밖에서 볼 때 들어가 보고 싶은 마음이 들도록 해줄 필요도 있다. 안팎으로 다 신경을 써야 한다. 분위기를 좌우하는 요건 중 하나는 편안함이다. 어떠한 사업이든 사람들이 편하게 느껴야 한다. 화려한 분위기에 편안함을 느낄 수도 있고, 전통 시골 분위기에 편안함을 느낄 수도 있다. 주 고객을 고려하여 그들의 눈높이에 맞는 편안함을 느낄 수 있는 분위기 연출이 필요하다.

자영업을 하고자 한다면 길을 다니더라도 그러한 부분을 눈여겨보고, 손님이 많고 잘되는 곳이 있으면 한 번 들어가보기도 하며, 자신의 내일을 준비해야 할 것이다.

■ '윈-윈'(win-win) 전략

내가 하는 일과 관련된 모든 이가 성공하는 것이 나의 성공에도 도움이 된다. 서로간의 '윈-윈' 전략을 수립해야 한다.

같이 성공하려면 어떻게 해야 할까, 만나서 함께 고민할 필요가 있다. 함께 성공하기 위한 전략을 짜서 사업을 한다면, 사업하면서 사기 맞을 가능성도 줄어들 것이다. 사업이 잘될 때는 괜찮지만 안 되면 망하는 상황에서 다른 사람은 눈에 보이지 않기 때문이다. 모두가 잘되어야 나의 리스크를 줄인다. 그러한 '윈-윈' 전략을 통해 상대방을 성공시키고 더불어 나도 성공하게 될 것이다.

■ 사람

사업의 성공 여부는 사람이다. 사람 관리를 잘해야 한다. 대부분의 사람들이 내 맘과는 많이 다르다. 회사에서 주인의식을 가지라고 외치는 이유다. 대부분 주인의식이 없이 회사 생활을 한다.

주인의식을 가지라고 강요할 필요도 없다. 직원들이 일할 수 있는 동기부여를 해주면 된다. 손님을 왕처럼 모시라는 것은 손님이 많아야 사업이 성공하고 손님이 만족해야 사업이 번창할 수 있기 때문이다. 주어진 상황에서 손님이 최대한 만족할 수 있는 방안을 찾아야 한다. 협력업체가 있다면 그 협력업체의 직원들에 대해서도 좋은 관계를 형성하고 서로가 더불어 잘될 수 있도록 해야 한다.

· 직원

직원은 처음 채용할 때부터 잘해야 한다. 채용할 때 유능하고 예쁜 사람을 뽑아야 한다. 능력과 경험이 없는 사람을 적응시키려면 시행착오를 겪게 된다. 그 시간 동안 손실이다. 처음 채용할 때 이러한 요건을 갖춘 사람을 뽑도록 한다. 만약 경력 갖춘 사람을 찾기가 어렵다면, 그러한 자세를 갖추고 열심히 하려는 사람을 뽑도록 하라.

직원은 예뻐야 한다. 예쁘다는 것은 단순히 얼굴만 예쁜 게 아니라 행동이나 말투도 예뻐야 한다. 직원이 예쁘면 손님들도 더욱 만족해 하고 더 자주 오고 싶어 할 것이다.

채용 시 급여 및 복리후생 정도는 최소로 정하라. 채용할 때 조건을 만족하고 들어왔다면, 그 이후 성과에 따라 조금씩 더 주는 것이다. 노력하여 월급을 더 많이 받아가도록 만드는 게 좋다. 직원들은 처음 생각보다 대우가 떨어지면 급 실망하며 의욕이 저하되고 직원 간 잦은 불화를 야기시킨다. 결국 없는 게 더 나은 직원이 되고 만다. 그보다는 급여 및 복지를 꾸준히 더 올려줘야 사기가 북돋아질 것이다.

· **협력업체 직원**

협력업체나 거래업체와의 관계도 잘 형성하라. 내 사업에 대한 평가는 그러한 사람들을 통해 만들어진다. 그들이 높게 평가하고, 미래성이 있다고 인정할 수 있도록 노력해야 한다. 그들을 자주 만나 조언을 듣고, 부족한 부분이 있으면 개선해가며 사업을 키워 나가야 한다.

■ **상품, 홍보, 고객**

상품이 좋아야 하는 건 당연하다. 식당이라면 음식이 좋아야 하는 게 당연하다. 일단 좋은 상품을 가지고 있어야 한다.

그러나 상품이 좋다고 다 잘되진 않는다. 상품을 잘 포장하여 알려야 한다. 더 가치 있는 상품이 되도록 포장을 잘해야 한다. 포장만 잘해도 대박치는 경우도 있다. 예전보다 디자인이 중요해졌다는 말이다.

그리고 그것을 이용하는 고객이 많아야 한다. 수익을 창출하는 활동이다. 결국 고객을 많이 끌어들이고자 사업을 하고 있는 것이다. 고객을 최대한 확보하기 위해서는 주 대상 고객들을 끌어들일 창의적 전략이 필요하다. 홍보활동이라고 할 수 있다. 많이 알려 찾아오도록 해야 한다. 자연스럽게 알려져서 고객들이 스스로 찾아오기 전까지는 계속 홍보를 지속해야 한다. 홍보는 효과 면에서 개인보다는 기관을 상대로 하는 것이 좋다. 직원이 많은 기관을 상대로 할인 혜택, 무료 서비스 등을 실시한다. 큰 기관의 복리후생 담당자를 만나 직원을 위한 복리 차원에서 전략적 제휴를 맺는다. 이용 직원들에게 할인 등 혜택을 누리도록 하고, 일정 부분은 회사에서 지원하도록 한다. 전략적 제휴가 맺어지면 직원들은 믿을 수 있으므로 더 많이 애용할 것이다. 고객확보 및 홍보의 대상을 기관을 상대로 하면 아주 쉽게 효과를 보고, 그 파급 효과는 길게 이어질 것이다. 자영업은 무엇을 하든 기다리는 방식보다 찾아가고, 상품을 알리고, 관계된 사람들이 더불어 성공 가능한 방법을 찾는 게 중요하다.

■ 자기 능력발휘에 만족하라

불가피하게 자영업을 하게 되는 사람도 많이 있지만, 자영업은 본인이 선택하고 본인이 하고 싶어서 하는 것이다. 자신이 가진 능력을 유감없이 발휘할 수 있는 기회를 만든 것이다. 자기가 하고 싶은 대로 해보는 것이다. 누군가 시킨 일을 해야 하는 직장인들과는 차원이 다르다. 일에 보람도 있고 즐거움도 클 것이다. 그만큼 부담도 엄청날 것이다. A~Z까지 모든 것을 스스로 챙기고 관리해야 한다. 사소한 것부터 직원들 급여까지 모든 것을 스스로 책임지고 해내야 한다. 위기 속에 기회가 있듯이 힘든 만큼 보람이 클 것이다.

자영업의 가장 큰 장점은 퇴직이 없다는 것이다.

퇴직이 없다는 것은 유지만 계속해도 희망은 있다는 말이다. 유지만 해도 노하우가 쌓여 어느 순간 레벨 업이 될 수 있기 때문이다. 30세에 입사하여 50대 되면 퇴직 걱정하며, 60세 전에 퇴직하고 이후 할 일이 없어지는 직장인과는 차이가 크다. 직장인들은 직장생활 하는 기간 동안 노후 대비까지 끝내야 하지만, 자영업자는 죽는 순간까지 일을 계속하며 수익을 발생시킬 수 있다. 사업 유지가 쉽지 않아 불안하지만, 길게 볼 때 훨씬 안정되었다고 할 수 있다. 길게 보며 노하우를 쌓아가고 천천히 사업을 긍정의 방향으로 성장시켜 가라. 언젠가는 성공하게 될 것이다.

◉ 집은 최대한 가까이

시간이 얼마나 소중한 재산인지 이미 언급했듯이, 시간을 무의미하게 보내는 것을 최소화시켜야 한다. 불가피하게 근무지와 집이 떨어져 있어야 한다면, 그 출퇴근 시간을 보다 효과적으로 사용할 방법을 찾아서 실천해야 할 것이다.

집이 멀리 떨어져 있으면 아무리 시간 활용을 하려 해도 활용도가 떨어지는 것은 당연하다. 퇴근할 때면 몸도 피곤하고 어떠한 것도 손에 안 잡힌다. 차를 갈아타며 무엇인가를 한다는 것도 불가능하다. 운전이라도 하게 되면 더 큰 제한이 따르며 기름 값을 지출해야 하는 부담도 있을 것이다. 일이 많아 야근하게 되면 택시를 타야 하니 비용 지출은 더 커지고, 피곤하여 빨리 잠을 자야 하는데 그렇지 못해 피곤은 더 쌓여갈 것이다. 여러 모로 손실이 크다.

난 집에서 회사까지의 거리가 걸어서 30분 거리다. 매일 걸어 다니면서 건강도 챙기고 차비도 아낀다. 출퇴근으로 인한 손실이 전혀 없다. 오히려 그 시간을 효율적으로 활용하고 있다. 하루 생활을 뒤돌아보며 비효율적으로 시간을 보내는 때가 있다면 바로 개선하도록 하라.

◉ 성공적인 사회생활

가정에서 사회로 뛰어든 후 사람은 많이 바뀌고 변화된다. 이상과 현실의 벽도 느끼고, 자신의 꿈을 이뤄가며 사회적 신분도 천천히 형성해갈 것이다. 너무 힘들어 학창시절이 훨씬 편했었구나 생각하는 사람도 많을 것이다. 힘들다는 건 사회진출 준비가 부족했다는 말이다. 학창시절보다 사회생활이 더 편하다고 느낀다면 많이 준비된 사람일 것이다. 준비된 사람은 어떠한 것을 하더라도 어렵지 않게 처리해간다.

무엇을 준비해야 하는지 앞에서 일부 언급했다. 일부이시만 그게 전부라고 할 수 있다. 나 자신의 능력을 키우기 위해 열정을 쏟아 붓고, 사회에서 만나는 모든 이와의 인간관계를 잘 형성하고, 식사를 하든 술을 마시든, 일을 하든 대화를 나누든 항상 예의를 갖추며, 건강관리, 도덕성 유지 등 스스로의 가치관을 바로 세운다면 당신의 내일은 밝을 것이다.

세상에 어려운 것이란 없다. 단지 내가 좀 더 움직이지 않고, 좀 더 보지 않고, 좀 더 생각하지 않아서 어렵게 보이는 것이다. 세상 모든 일은 사람이 생각하고 만들어낸 것들이다. 나 스스로 열정만 있다면 충분히 해낼 수 있다.

어떠한 방식으로 진행하는 것이 최선인지 다양한 경우를 고려하여 방향만 잡을 수 있다면, 그 과정 속에서 나온 결과물이 최선일 것이다. 결과물에 자신감이 있다면, 그 후엔 추진력을 가지고 돌진해야 한다. 미래의 일은 아무도 모른다. 단지 자신의 경험과 판단에 의해 추측할 뿐이다. 어떠한 방법이 옳은지는 아무도 모른다. 그저 자신의 생각으로 판단할 뿐이다. 내가 더 많이 분석하고, 잘되거나 잘못되거나 대안까지 가지고 준비되어 있다면, 그땐 책임감 있게 밀어 붙여야 한다. 좋은 결실을 맺을 것이라 믿으며, 주변 사람으로부터 좋은 평가를 받을 것이라 믿는다.

성공하고 싶은가? 2년만 불타는 열정으로 집중해보라. 좋은 대학 가고자 한다면 고등학교 2~3학년, 좋은 직장 갖고자 한다면 대학 3~4학년, 직장 내에서 인정받고자 한다면 입사 1~2년차 시기에, 2년간 모든 잡념을 버리고 깨어나서 잠들 때까지 오직 해야 할 공부와 일에 다 걸기(all in)해보라. 된다.

사람이 성공하고자 한다면 남들보다 강한 집중력을 가지고 무엇인가에 빠지는 시기가 필요하다. 우리는 그 시기를 통해 한 단계 성장된 자신을 보게 된다. 남들처럼 두루뭉술하게 살아가면서 남들보다 성공한 자신의 모습이 되어있길 바라는 것은 실현 불가능한 꿈과 같다. 2년간 모든 것을 버리고 오직 한 가지에 집중하여 나 자신을 한 단계 올려놓으면, 그 이후로는 약간의 노력으로도 수준 유지가 가능하다. 그 열정 덕분에 편하게 살아갈 수 있게 된다.

마음먹은 것은 반드시 해내겠다는 열정을 갖춘 자가 올바른 가치관을 형성하고 위치에 맞는 행동과 태도를 보이며 지킬 것은 지키는 기본에 충실한 도덕성을 지녔다면, 반드시 사회에서 성공할 것이다.

Part 07 가족생활

생활공간 중에서 가장 소중한 공간이 가족 간의 생활공간이다. 가족과 함께할 때 편안하고, 기분 좋고, 행복감을 느껴야 그 인생은 진정한 행복을 갖게 된다. 사회에서 아무리 남부러운 성공을 해도 가족생활이 순탄하지 못하면 반쪽짜리 행복에 불과하다. 그러한 사람은 나이 들고 몸이 약해졌을 때 마음 한 쪽에 공허함을 느끼게 될 것이다. 가족의 사랑이 채워지지 않았기 때문이다.

삶에서 제일 먼저 깨달아야 할 것은 가족의 소중함이다. 태어나면서부터 계속 부모로부터 받기만 하고, 가족들이 무엇이든 보호해주었기에 당연한 것으로 여기고, 내가 성장하면 새로운 나의 길을 가겠다고 가족들에게 상처 주는 이들도 있다. 모든 것이 그냥 형성된 것으로 여기는 것이다. 어떠한 것도 그냥 된 것은 없다. 가족의 희생이 있었기에 가능한 것이었음을 알아야 한다.

사람이 태어나서 나 아닌 다른 누군가를 위해서 살아간다면, 그것은 가족이다. 당연한 것이다. 나를 존재하도록 해주신 분들이기 때문이다. 나를 조금이라도 더 잘 키우려고 노력해주신 분들이기 때문이다. 잊지 말자. 그리고 내가 부모가 되면 자식들에게 그러한 존재가 되도록 하자.

● 8남매

난 형이 4명, 누나가 2명, 동생이 하나 있다. 모두 건강하게 잘 지내고 있다. 8남매이신 분들을 주변에서 찾기 힘들다. 더군다나 8남매가 태어나 이렇게 모두 결혼하여 자식들 다 낳고 우애 있게 지내는 경우도 드물다.

난 7번째 동생으로서 형, 누나가 너무 자랑스럽다. 한의사인 동생도 물론 자랑스럽다. 큰형님의 부드러운 카리스마 때문에 모이자는 한 마디에 서로 의견을 조율하여 다 모일 수 있는 날을 정해 한 달 내 반드시 전원 모인다. 모이면 즐겁고, 유익한 이야기를 많이 나눈다. 모임에 참석하여 함께하는 것이 내가 사는 이유 중 하나이기에 자연스럽게 모두 모인다.

술 좋아하는 사람은 술 마시고, 못 마시는 사람은 못 마시는 대로 즐거운 시간을 갖는다. 술 많이 마셨다고 언성이 올라가거나 하지도 않는다. 그럴 필요도 없는 게, 가족이라는 울타리를 알기에 서로가 좀 더 희생하려 하고, 좀 더 이해의 폭을 넓히려 끊임없이 노력한다. 그러므로 좋지 않은 상황이 형성될 가능성은 없다. 어떠한 이야기를 해도 자신보다 가족을 위하고 상대방의 고민을 해결하기 위해 하는 말이기에, 모두가 왜 그런 이야기를 하는지 알기에, 모두가 서로의 마음을 알기에 얼굴 붉힐 일이 없는 것이다. 그렇다고 전혀 갈등이 없는 것은 아니다. 사안에 따라서는 답이 전혀 보이지 않고 답답하기만 할 때도 있다. 그런 경우 의견이 충돌되기도 하지만, 의견이 충돌되었다고 해서 둘이 경쟁할 이유는 전혀 없다. 의견이 충돌되어도 의견의 취지, 추구하는 바, 사유를 확인하고 들어가면 그 생각이 다 이해가 된다. 상대방과 경쟁관계를 형성하려는 의도만 없다면 어떠한 충돌도 피할 수 있다.

8남매이기에 좋은 점이 많다.

집에 결혼, 장례 등 큰일이 닥쳐도 형제들이 모이면 모두 해결 가능하다. 집이나 회사에서 개인적인 문제가 발생해도 몇 사람에게 의견을 구하면 답이 나온다. 각자의 인적 네트워크를 이용하여 어떠한 문제에 대해서도 전문가의 조언이 가능하다. 삶의 큰 힘이다. 친척들에게 다닐 때도 함께 다니면 너무들 부러워한다.

가족은 너무나 큰 내 재산인데, 약간의 의견 다툼으로 남보다 더 좋지 않은 사이로 지내는 사람들을 본다. 사실 가족 간에는 서로를 너무 잘 알기 때문에 좋지 않은 관계가 되면 서로에게 엄청난 피해를 안기기도 한다.

● 희생

가족생활은 모두의 희생이 필요하다. 부모의 희생이 가장 크지만, 자식들도 함께 자기 역할을 충실히 하도록 관계 형성을 해놔야 한다. 누군가 한 사람의 희생이 크면 그 그룹은 오래 가기 힘들다. 빨리 희생 정도를 분산해야 한다. 특히 가족이라는 집단이 가지고 있는 장점을 누리려면 모두의 희생 없이는 힘들다.

형제끼리도 그렇다. 내가 좀 더 이익을 얻고자 접근하면 모두가 더 좋지 않은 상황으로 몰린다. 가령, 부모의 재산이 있을 때 서로 더 가져가려 욕심을 부리고 법정에까지 가게 된다면, 비록 누군가는 더 많은 재산을 가져가겠지만, 그 많이 가져간 사람이 이겼다고 할 수 있을까? 모두 지는 것이다. 나이 먹어 주변에 가족도 없고, 자식 결혼시키는데 찾아오는 사람도 없으면 그 인생이 성공적이라고 할 수 있을까? 앞에 보이는 재산에 매달리면 안 된다. 조금만 양보하면 더 큰 행복을 얻는데, 그 조그마한 양보를 하지 못해 더 큰 불행을 얻는 사람들을 보면 참으로 안타깝다. 그러한 모습을 볼 때면 우리처럼 부모가 재산이 하나도 없는 게 더 행복한 것 같다고 생각한다. 싸울 일도 없고 부족한 듯하지만 서로의 배려심에 너무 풍부한 행복함을 얻는 현실이 강남 부자들 부럽지 않은 것이다.

아내가 강남 몇 십억 아파트에 사는 직장 동료를 부러워하는 모습을 보고, 뭐가 부럽냐고 했다. 그들이 몇 십억 아파트에 있으면 항상 웃음이 넘쳐나고 즐거운 생활을 하게 되느냐고. 그들에겐 더 큰 고민과 걱정거리가 있을 것이며, 몇 백억 아파트를 가지지 못한 것에 불만을 품고 있을 것이라고 했다. 중요한 것은 현실에 대한 만족 여부에 달려 있다. 전셋집에 살더라도 서로간의 애틋함과 사랑이 있다면 그게 더 큰 행복을 안겨줄 것이다. 언젠가 우리 집 아파트 앞 놀이터에서 늦은 시간에 나이 든 부부가 그네에 앉아 즐겁게 이야기 나누는 모습을 보았다. 저들이 가진 재산과 상관없이 저들은 지금 이 순간 너무 행복한 시간을 갖고 있구나 하는 생각이 들었다.

모든 물질적인 것은 결국 마음가짐의 차이에 불과하다. 세상 모든 게 내 삶에 주어진 내 재산이라 생각하면 모든 것들이 내 것과 같다. 소중한 것들의 우선순위를 잘 정하고, 열심히 생활하는 진정한 이유가 무엇인지 가치기준 설정을 잘하라.

Part 08

난 군 입대 때부터 제대하는 순간까지의 모든 일들을 군인수첩에 남겼다. 이등병 때까지는 화장실에서 대부분 작성했고, 이후로는 잠자기 전에 몇 자씩 글을 남기고 잠들었다.

남자라면 다녀와야 할 군대이지만, 다녀오면 더욱 남자다운 남자가 되는 군대이다. 난 5사단 수색대대에 입대했다. 입대 당시 어머니와 작별인사를 하고 어머니가 시야에서 벗어나는 순간 첫 번째 들린 소리가 "머리 박아!"였다. 호주머니에서 동전 떨어지는 소리, 힘들어 넘어지는 소리가 들려온다. "아, 이젠 죽었구나." 부모 품에서 떠나 처음 접한 무정한 세계에서의 첫 느낌이었다. 내 편은 아무도 없다. 힘들어해도 따뜻한 말 한 마디해주는 이도 없다. 하지만 살아서 가족 품으로 돌아가야 한다는 생각으로 지냈다. 군대에서 성격변하지 않길 바라며 지냈다. 입대할 때보다 더 좋은 모습으로 제대할 수 있길 바라며 지냈다.

동기들과 함께하는 6주간의 훈련은 체력 싸움이다. 아침 일찍 일어나서 저녁에 잠들 때까지 계속된 훈련으로 항상 피곤하다. 음식 맛도 별로인데 배고파서 다 먹는다. 먹어도 항상 배고프다.

자대 배치되면 내가 막내이다. 고참들은 장난감을 구한 듯 나를 놀린다. 웃으면 웃는다고 때리고, 인상 쓰면 인상 쓴다고 때린다. 그냥 맞는다. 몸에 상처 날 정도는 아니었기에 충분히 맞고 지낼 만했다. 특히 DMZ 비무장지대 안에서 소대 생활할 때는 서로 간에 모두 힘들어 그러한 장난도 훨씬 줄었다.

● 비무장지대(DMZ)

전쟁으로 형성된 세계 유일한 분단의 상징인 DMZ(Demilitarizwd Zone) 지대는 전쟁과는 상반되게 생태계가 잘 보존되어 있다. 철책 선으로 선을 그어 무장한 모습에 비해 DMZ 안은 너무나 평화스럽다. 저녁엔 노루 울음소리가 많이 들리고, 새들도 많이 날아다닌다. 훈련 도중 독수리 몇 마리가 앉아 있으면 위협적이다. 독수리의 힘이 보인다.

근무 초소에 나가면 기분이 좋다. 확 뚫린 전망을 바라보고 있으면 가슴도 시원해진다. 2Km 떨어진 곳에 위치한 북한 군인들을 보고 있으면 우리를 향해 총을 겨누고 있어서 겁이 나기도 하지만, 한편으로는 저들도 똑같은 우리 동포라는 생각이 들면서 불쌍해진다.

가끔 DMZ 안쪽으로 들어와 멧돼지를 잡아서 두 사람이 막대기로 묶어 가기도 한다. 우린 근무지 안으로 들어오는 노루를 잡아도 안 되고 살려 보내야 하는데, 저들은 먹을 게 부족해 보인다. 우리가 볼 수 있는 북한 마을은 잘사는 것처럼 우리에게 보이려 잘 꾸며놓았지만 쓸쓸해 보인다. 하루 종일 차 몇 대 지나가지도 않는다. 농사짓는 것도 우리보다 몇 십 년 뒤진 농기계를 이용한다. 저녁엔 불빛도 별로 없고 깜깜하다. 대남 방송에서는 김일성 우상화 내용이 자주 나오고, 월북한 사람의 이야기도 가끔 나온다. 북한 초소에서 운동하는 모습도 보이고, 뭘 잘못했는지 초소 주변을 달리도록 얼차려 주는 모습도 보인다. 주변을 돌 때 보이지 않는 쪽에서 있다가 무리가 돌아오면 다시 함께 달려가는 우스운 광경도 보곤 한다.

● 군인정신

군인으로 지내면서 얻은 가장 큰 수확은 못 할 게 없다는 군인정신을 갖게 된 것이다. 무엇이든 역할이 주어지면 어떻게든 해내야 한다. 못 할 수도 있지만, 주어진 시간 동안 최선의 노력을 해야만 한다.

망치와 정을 주고 길 옆의 바위를 깨라고 한다. 그럼 어떻게 깨냐고 묻지 않고 그 순간부터 바위에 정을 대고 망치로 깨부수기 시작한다. 안 될 줄 알았는데 깨진다. 미약하나마 조금씩 깨진다. 불가능이란 없다는 도전정신이 이때 많이 형성된 것 같다.

지시한 것을 절대 잊어서는 안 된다. 군대에서 상사의 명령을 수행에 옮기지 못하면 그보다 더 큰 잘못은 없다. 지시한 것은 반드시 잊지 않고 처리해야 한다. 신참 시절 지시 사항이 너무 많아서 고참의 이야기 중 하나를 하지 않았는데, 그로 인해 상병 이하 모두가 함께 얼차려를 받은 적이 있다. 얼마나 미안했던지, 그 이후로는 절대 잊어선 안 되겠다고 다짐했었다.

◉ 작은 사회생활

이등병으로 입대하여 병장으로 제대하는 순간까지의 생활은 사회생활의 축소판이었다. 이등병 때는 궂은일 다 하고, 고참 시키는 것은 대꾸 없이 무엇이든 다 하고, 내 생각은 무의미하고 고참 생각이 절대적이라 여기며 따라야 한다. 소대 회식 등이 있을 때는 노래 부르고 춤추며 분위기를 만들어야 한다. 소대의 어리숙한 분위기 메이커다.

일병 때는 이등병 교육을 잘 시켜야 하며, 미숙한 이등병으로 인해 소대원 전체가 함께 얼차려 받는 일이 없도록 해야 한다. 소대의 숙련된 일꾼이다.

상병 때는 소대 분위기를 주도하며 소대에서 일어나는 모든 일에 대하여 잘잘못을 따지며, 잘못된 일이 발생하지 않도록 해야 한다. 소대 군기반장이다.

병장 때는 분대장으로서 소대원 전체를 이끌며 일사불란하게 소대원이 행동하도록 이끌어야 한다. 소대 대장이며 아버지이다.

불과 2년 만에 조직의 제일 아래 위치에서 가장 위에까지 올라가며 서로 간의 관계 및 나의 역할을 바로 보고 충실히 수행해보는 아주 좋은 기회이다.

◉ 군 생활 이후

군 입대 전에 대학생활을 할 때, 군대 갔다 오면 왠지 달라 보이는 예비역 형들이 싫어서, 나는 군 생활을 통해 절대 성격 변하지 않겠다고 다짐했었다. 그래서 군대에서도 내가 해야 할 일만 하고, 나 자신의 계발을 위해 영어공부 하고, 자격증 공부를 했다. 군대생활 잘하려고 전혀 무리하지 않았다. 그렇게 군 생활을 마치고 제대하는 순간 너무나 기뻤다. 세상을 다 가진 듯 가슴 뿌듯함이 벅차올랐다.

하지만 내가 변했다. 생각도 깊어지고, 가족 사랑도 느끼고, 내게 고마운 분들도 알게 되고, 이젠 나 스스로 세상을 살아가야 하는구나 하는 정신적 성숙을 하게 됐다. 그래서 열심히 생활하고, 대학생활 하며 친구들과 농담 시간을 갖기보다 도서관에서 공부하며 지냈다. 군 생활을 통해 한 단계 성장해버린 것이다. 너무 고마운 시간이었다.

-카페 게시 글
큰 조카가 운전병으로 입영할 당시 인동회 카페에 올렸던 글이다.

제목 : 군 생활 이렇게… | 2008. 02. 21. 09:35

군 생활 아래처럼 해라….

2년이란 시간 열심히 잘해도 가고, 대충 고문관 소리 들으며 잘하는 거 하나 없어도 간다. 뭐냐? 잘하지 못해도 된다. 군을 제대해서 운전으로 평생을 살아갈 것도 아니고, 운전보다 중요한 것은 나 자신이다. 중요한 포인트는 '2년 뒤 군 제대 순간 나의 모습이 어떠했으면 좋겠다.'라는 계획을 품어야 한다.

나의 현 순수함 변화하지 말고, 영어와 전공 등 공부도 틈나는 대로 열심히 하도록 하여 토익점수 800점, 기사 자격증 취득을 할 실력을 키운다 등….

그러나 군 생활도 잘할 수 있다면 잘하는 것이 더 좋다. 잘하려면, 고참의 말을 절대 복종하고, 지시하는 것을 절대 잊어선 안 된다. 한 가지 지시야 당연히 실천하겠지만, 동시에 몇 가지 지시가 내려올 수 있다. 여러 개의 지시가 떨어졌을

때도 우선순위를 먼저 생각하고, 우선순위 높은 것을 먼저 하고, 낮은 것을 지시한 고참에겐 양해를 구해서 합리적으로 모든 일처리 확실히 해야 한다. 군에서 가장 큰 실수가 위에서 지시한 것을 행동에 옮기지 않고 잊어버리는 경우다. 그리고 어떠한 일을 하면 뒷정리를 잘해라. 마무리를 잘해야 나중에 고참이 확인 들어왔을 때 칭찬받고 신뢰받는 길이 열린다.

또 중요한 포인트.

군 생활하는 선후배 간에 즐겁게 지내라. 군 생활 대충 해도 되지만, 그 공간 그 생활도 인간이 사는 곳이고, 고참 그들도 군 생활 군기 유지하면서, 할일 잘 처리하면서 주어진 군 생활 즐겁게 하고 싶어 한다. 그러니 네가 할일은 제대로 하고, 여가 시간엔 농담도 하며 편하게 재미있게 지내도록 해라….

● 군에서의 쪽지 수첩

군 생활 도중 잠깐 짬 내어 수첩에 적은 글들을 가지고 제대 당시 군에서의 '추억록'을 만들면서 옮겨 작성한 것을 일부 적는다.

1993년 7월 27일 입대

306보충대, 1소대 5내무반 101번.

이제 모든 게 끝이구나 하는 생각뿐이다. 과연 26개월이란 시간이 흘러갈까? 죽음의 위기는 얼마나 있을까? 이판사판이다. 죽일 테면 죽여라!

7월 28일 - 군 보급품 받고, 내 물품 집으로 보냄.

이젠 군인이구나. 슬퍼할 시간도 없다. 견뎌야 한다.

1993년 9월 10일 퇴소식 및 자대배치

수색대대 수색병(동기 11명과 함께 배치)

보충대 퇴소와 함께 힘든 군 생활이 마무리되는 줄 알았다. 하지만 이제 다시 자대라는 끔찍한 곳에서 본격적으로 군 생활이 시작되는구나! 목청 터져라 소리치고, 땀 흘리며 죽어라 뛰어도 제대로 못 한다고 욕만 한다.

나 홀로 외로이 서 있는 기분이다.

1993년 9월 27일 DMZ 내 GP 투입

개나리 소대 5명 포함하여 방카에 총 27명 근무.

난 소대 막내이다. 군기가 가득한 모습을 보여야 한다. 난 복창 가장 크게 외치고, 제일 빨리 움직이고, 절대 웃지 말고, 건들면 바로 관등성명을 말해야 한다.

편지는 짱 박혀 한쪽 구석에서 읽어야 하며, 식기 닦을 때 샤워하고 있으면 안 되며, 기상할 땐 제일 먼저 일어나야지 군기 있는 막내의 모습이란다. 뭐 이딴 게 군기야. 정말 미치겠다.

1993년 9월 28일 - 첫 외각근무

원래 막내는 1~2주간 아무것도 시키지 않는데, GP 투입과 동시에 근무 시작이다. 선임병은 첫날부터 겁준다. 밤엔 앞이 전혀 보이지 않는데 북한군이 훈련 삼아 자주 내려와서 귀를 잘라가니 조심하란다.

9월 30일 - 추석, 차례 지내고 포식함.

후견인(멘토)과 대공초소 근무 때 얼차려 받음, 관측지역 한 번 말해주고 외우지 못한다고 얼차려 받음. 땀이 비 오듯 함. 후견인이 나를 가장 힘들게 하는군. 윽, 군대 X 같다.

10월 16일 - 한 달 가량 물/불 모두 고장.

GP 정전 상태가 되어 방카는 낮에도 캄캄하고 암흑 속에서 생활, 밥을 지을 수가 없어 식사는 빵뿐이다. 급수 고장으로 씻지를 못해 방에 들어가면 발 냄새 장난 아니다. 잠을 잘 땐 머리 긁는 소리에 깨고, 고참들은 그나마 PT병 물로 세수 정도는 하고 지낸다. 20여 일 지난 뒤 참다못해 GOP와의 보급로 중간에 급수장 내려가서 전투모로 목욕하고 왔다. 뭐, 이런 지옥 같은 생활이 다 있담.

11월 12일 - 패티 들어 있는 빵을 안 먹는다고 후견인이 얼차려 줌. 먹기 싫어도 먹어야 한다. 내 생각은 중요하지 않다.

11월 27일 - 첫 휴가

3개월간의 GP 생활을 마치고 주둔지 복귀 후 첫 휴가. 가슴이 확 트이는 느낌, 자유만끽, 꿈같은 시간이다. 가족과 친구를 만나고, 운동하고 술 마시고 영화 보며 즐기는 사이 순식간에 복귀하는 날이 다가왔다. 가장 힘든 순간이 첫 휴가 후 복귀 순간이다. 다시 지옥에 들어가는구나 생각하니 가슴이 꽉 막힌다. 스트레스 '만땅'이다.

11월 16일 - 첫 매복훈련

부통신병으로 무전기 매고 DMZ를 들어갔다. 대남, 대북 방송 들으며 휘몰아치는 눈과 바람에 시달리는 하룻밤이 10년처럼 더디게 지나간다. 살아 있는 이 순간이 괴롭다. 정말 죽을 지경이다.

11월 18일 - 포상휴가

매복 때 절반가량이 감기 걸리는 등 너무 고생했다고 4일 휴가를 받았다. 완전 좋았다.

1994년, 이젠 맞지 않고 생활이 조금 나아짐.

1월 6일 - 동생 서울대 본고사 시험

1월 13일 - 작은어머니 돌아가심

1월 27일 - 군 입대 만 6개월. 대대장이 구타 및 가혹 행위 없애는 방침으로 저녁마다 교회에서 전 병력 10분간 기도하게 함. 이등병은 토요일과 일요일 따로 생활하도록 조치하고, 고참에게 맞은 경험 있는지 설문지 조사한다.

1월 28일 - 넷째 형 대학 졸업시

2월 16일 - GP 투입

GP에서 무엇을 하며 지낼지 계획을 세웠다.

계획 - 살빼기, 운동하기, 공부하기.

3월 25일 - 지금까지 찬물 사용했으나, 보일러 수리되어 따뜻한 물 나와서 좋다. 요즘 대남 방송 분위기가 긴장 상태이다(4월 6일 임시 인민회의, 4월 12일 전쟁 예고가 있다.)

4월 15일 - 김일성 82번째 생일

4월 16일 - 대대장, 중대장 방문이 예정되어 청소하고, 전투화 광내느라 바쁘다. 난 노래에 맞춰 무용도 해야 한다.

5월 3일 - 내 생일날

근무 등 모두 열외. 편안한 시간을 가졌다.

5월 14일 - 주둔지 복귀

신 막사 건축 중. 다시 보안 외우고, 아침에 구보하고, 주기적으로 훈련을 해야 한다.

6월 12일 - 뉴스를 보면 전쟁 시나리오까지 나오며 대한민국이 초긴장 상태이다. 북괴군이 철책을 넘어와서 MDL 38선 근처까지 자주 내려온다.

7월 8일 - 새벽 2시 김일성 사망

7월 29일 - 훈련 도중 손에서 크래커가 터져 손가락을 다치고, 동두천 덕정병원 응급실 입원하여 수술했다. 엄지손가락 핀 꼽고, 검지손가락 13바느질 처리했다. 덕분에 6주 동안 병원생활 하며 자유롭게 지내고 책도 많이 읽고, 가족 면회도 자주 할 수 있었다.

9월 27일 - 새로 짓고 있는 막사 작업 같이 함.

9월 28일 - 3개월간의 GP 생활 시작.

소대장과 소대원 사이가 좋지 않다. 근무 FM으로 실시하니 피곤하다. 저녁마다 훈련 실시한다. 소대장 완고하며 고지식하다. 그래서 소대원들이 대면해주지도 않고 먹을 것도 잘 안 주고 무시하는데도 주장을 굽히지 않는다. 난 상병이라 후임병도 많고, 경계근무도 사수로 나가는 등 여유가 생겼다.

GP 내 헬스 시설 이용하여 운동하고, 영어공부도 틈나는 대로 했다.

10월 16일 - GP가 많이 추워져 방한모와 스키 파카를 입기 시작했다.

10월 17일 - GOP와 GP 간 보급로를 넓히려고 길옆에 바위 구멍을 뚫어 깨는 등 완전 삥이 쳤다. 바위를 망치 하나로 깨다니, 역시 군대는 무식하다. 하지만 시켜서 안 되는 일은 없다. 결국 바위를 깨서 길을 넓혔다.

10월 25일 - 손가락 외진 치료 위해 GP에서 주둔지로 철수.

10월 28일 - 신 막사 완공, 보일러 들어오고, 따뜻한 물 나와 너무 좋다.

10월 29일 - 철수 5일 만에 다시 GP 투입.

11월 1일 - 진급자 신고식. 물 엄청 먹여 수없이 오버 이팅(over eating)하게 했다. 난 상병 5호봉이 되어 전투화를 앉아서 신기 시작한다. 소대에서 어느 정도 힘 있는 위치에 왔음을 알리는 것 중 하나가 전투화 앉아서 신는 것이다.

11월 8일 - GP에서 같이 근무하는 개나리 소대가 술 마시다가 소대장에게 걸려 군장 뺑뺑이를 돌았다.

11월 16일 - 주둔지 복귀. 야월산 넘어 2시간 30분 걸려 힘겹게 복귀했다. 보일러 틀어 내무반이 따뜻했다. 하지만 매일 아침 상의 메리야스까지 벗고 살결을 에는 추위 속에서 알통 구보를 했다. 3Km쯤 뛰는데, 가장 힘든 것은 너무 춥다는 것이다.

11월 18일 - 정기휴가. 작은누나는 둘째 아들을 낳았다. 어머니 몸이 좋지 않으셔서 함께 병원에 가서 종합 진단을 받았다. 계속 병세가 악화되어 수술까지 받으셨고 중환자실에 입원하셨다.

11월 29일 - 휴가 복귀

12월 4일 - 첫 눈이 내렸다.

12월 7일 - 소대 군기가 없는 듯하여 구 세면장에 전소대원 집합시켜 군기교육 시켰다.

12월 11일 - 부대 위문공연 가 방문하는 사람들이 많다. 교회에는 찬양선교단에서 자주 오고, 부대에는 봉사원 등에서 찾아오곤 한다.

12월 17일 - 어머니가 계속 아프셔서 병간호 위해 5일간 청원휴가를 가졌다.

12월 28일 - 부대 내에 전화기를 설치했다. 처음으로 부대에서 집에 통화할 수 있었다. 어머니는 서울대병원에 입원해 계신다고 했다.

1995년 드디어 제대의 해가 왔다.

1월 26일 - 준비태세 비상훈련 1년에 수차례 실시되는 훈련이다. 얼굴 까맣게 위장하고, 물자 분류 등을 실시한 뒤 하루 종일 혹한기 훈련을 시작한다. 산을 몇 개씩 넘어야 하고, 너무 춥다.

1월 31일 - 설날 연휴 3간간 체육대회, 윷놀이, 제기 차기, 장기, 바둑 등을 하며 편하게 보냈다.

2월 1일 - 상병선임이 됐다. 취침 점호 후 잠자기 전에 소대원들에게 오늘 하루 잘잘못을 몇 마디 이야기해주고 잠자리에 든다.

2월 7일 - 혹한기 훈련 실시. 타 부대 깊숙이 침투하여 포로로 잡히기도 하며, 완전 빵이치고 19시간의 훈련이 끝난 새벽 4시, 자대 복귀했다. 정말 추위와 싸우며 몸이 지쳐 훈련 막바지에는 비몽사몽 속에서 걸어 다녔다. 산에서는 걸어가다 잠깐 졸은 사이 낭떠러지에서 떨어질 뻔했다.

3월 2일 - 연천군 지역에 지붕 작업 나갔다가 집에 전화했다. 어머니 병세 악화되어 목에서 피가 난다고 한다. 눈물이 나오려 한다. 정말 회복되시길 간절히 빌어본다.

3월 9일 - 그동안 어머니 병환 문제로 소대장, 중대장과 계속해서 면담한 결과 포상휴가를 받았다. 어머니를 뵈니 생각보다 더 편찮으셨다. 앉으시지도 못하고, 죽만 드시고, 병원에서도 일주일을 넘기기 힘들다고 했다 한다.

3월 19일 - 군에 후임병 가족들이 면회 왔는데 함께 자리했다. 바로 위 선임병이 복귀 때 늦어 면회 나간 사람들 모두 군장 빵빵이 돌았다.

3월 24일 - GP 투입. 대대장, 사단장 등 방문 시 정문 브리핑은 내가 전담하기 시작했다.

4월 11일 - 오늘은 눈이 내렸다. 찬물로 목욕했다. 급수장 고장으로 하루에 두 번씩 산 밑으로 내려가 물을 받아온다.

4월 7일 - 요즘 남북 간 경수로 문제로 전쟁 날 듯한 긴장된 분위기가 형성됐다. 하지만 DMZ는 독수리가 날아다니고, 노루가 뛰어다니며 평화롭기만 하다.

4월 23일 - 일주일 뒤 국방부 장관 온다고 하여, 주둔지 인원까지 지원해서 GP 건물 페인트칠 하고, 화단 정리하고, 도로 작업하는 등, 5일간 빵이

치며 준비했다. 하지만 장관 방문이 취소되었다.

5월 17일 - 막내 동생이 입대했다.

5월 23일 - 근무지에서 책보다 걸려 1시간 30분 동안 지하 벙커에서 군장 뺑뺑이 돌았다.

6월 19일 - 지방선거 부재자 투표 실시했다. 요즘 물 부족으로 빨래와 목욕을 하지 못하고 있다.

6월 21일 - 주둔지 복귀. GP에서 마지막 날이라 추억을 남기기 위해 사진을 많이 찍어놓았다.

6월 22일 - 정기휴가. 군 제대 전 휴가와 특별휴가를 포함하여 12일간 휴가를 가졌다. 어머니 대소변 봐드렸다. 어머니는 계속해서 배 아프다, 숨쉬기 힘들다, 머리 높게 되었냐? 앉혀 달라 하셨다. 아직 상도동에 다녀오지 못해 가보려 했는데, 어머니가 만류하여 계속 곁에 있기로 했다.

6월 24일 오전 9시 25분 - 어머니가 하늘나라로 가셨다. 새벽부터 힘겹게 숨을 계속 몰아 쉬셨다. 내가 옆에 앉아 있는데 갑자기 앉아서 눈을 크게 떴다가 누우시더니, 결국 아무 말씀 없이 편히 세상을 떠나셨다. 평생 고생만 하시고 환갑도 되지 않은 젊은 나이에 운명을 달리하셨다. 항상 옆에 계실 줄 알았던 어머니가 떠나셨다. 있어서는 안 될, 너무 큰 엄청난 일이 벌어지고 말았다. 사실이 알려진 불과 한두 시간 사이에 많은 인파가 몰려 들어왔다. 군 입대한 막내도 바로 휴가 나왔다. 저녁에 교회 목사님과 함께 예배드리고 입관식을 행했다. 묘는 할아버지와 할머니가 계시는 시골 선산에 모셨다. 모두들 깊은 슬픔에 빠져 어쩔 줄 몰라 했다. (15년이 지난 지금도 1년에 몇 번씩 꿈에서 어머니를 만난다. 어머니가 아직도 그립다.)

7월 1일 - 휴가복귀 후 3일 뒤 다시 위로휴가를 받아 일주일 동안 집에서 조용히 지냈다.

7월 14일 - 일직하사 근무를 했다. 저녁 5시부터 다음날 8시 30분까지 밤을 새며 인원 통제하고, 식사 할땐 줄 세우고 인솔 책임을 진다. 근무 후 하루 취침이다.

8월 2일 - 연 이틀 전투훈련을 실시했다. 비 맞으며 훈련을 하다 보니 발바닥 피부에 상처가 생기는 등 엄청 힘들었다.

9월 1일 - 제대하는 날이 있는 9월이 오고야 말았다. 결국 이 날이 오는구나.

9월 5일 - 수색특공 종합 훈련을 실시했다. 2박 3일간 행해졌다. 말년에 몸조심해야 하기에 겁이 났다. 텐트를 쳐서 생활하고, 밥 실은 부식차가 지나가면 타격하여 식사하고, 말로만 듣던 고대산을 넘어 100Km 가량의 거리를 걸으며 훈련을 무사히 끝냈다.

9월 16일 - 셋째 형 결혼식이 있어 포상휴가를 나왔다.

9월 19일 - 휴가 복귀하고 GP에 투입되었다.

9월 25일 - 제대 3일 전, 말년 회식을 GP에서 가졌다. 소대원들의 축하 멘트와 신나는 노래로 즐거운 시간을 가졌다.

9월 27일 - 입대 시 받았던 보급품을 반납했다. 한참 동안 제작해 오던 추억록 앨범을 마무리 작업했다. 입대 동기들과 지난 시간들 이야기 나누며 군에서의 마지막 밤을 보냈다.

9월 28일 - 전역! 아니 이럴 수가, 믿기지 않는군. 오늘이 오고야 말았다. 군 제대는 신화라 하는데, 내가 신화를 이루어낸 것이다. 동기들과 신촌에서 당구 치고, 맥주 마시고, 노래방에서 신나게 놀았다. 동기들과는 다음에 만나기로 약속하고 집으로 왔다. 집엔 아버지와 셋째 형과 형수가 기다리고 있었다. 이야! 집이구나.

너무나 힘든 군 생활이지만 이러한 힘든 시간을 보낸 뒤 난 남자가 되었고, 사회의 일원으로 당당하게 나설 수 있는 자신감과 강인한 정신을 가질 수 있게 되었다. 어떠한 것을 하더라도 못 할 것 없을 것 같은 자신감을 갖게 되었다. 힘들고 싫은 시간이었지만, 감사한 시간이었다.

Part 09 결혼생활

결혼생활은 다른 어떤 생활보다 가장 크게 변화를 가져오는 시기이다. 사랑하는 두 남녀가 만나 결혼하고 가정을 꾸리는 순간부터 많은 충돌이 생긴다. 남녀 모두 각자가 기존에 가지고 있던 생활습관, 가치관이 서로 큰 차이가 있음을 깨달을 것이다. 서로의 기준선을 이동시켜 중간에 어느 위치에서 서로가 만날 수 있도록 변화하고 노력해야 한다.

내가 의지했던 부모님 없이 스스로 모든 것을 책임지고 처리해 나가야 하며, 사랑하지만 다른 세계에서 다른 생활환경을 가지고 지냈던 배우자와 새로운 둘만의 가치기준을 새롭게 형성해가야 한다. 자신만의 가치기준이 맞는다고 주장하면 안 된다. 당연히 스스로는 자기가 그렇게 배우고 봐왔기에 자기 생각을 주장하겠지만, 충분히 상대방의 이야기를 들어줘야 한다. 상대방이 주장하는 이유와 마음을 이해해줘야 한다.

두 사람 간에 충돌이 생기는 것은 당연하다. 중요한 것은 그 충돌을 어떻게 슬기롭게 해결해 가느냐 하는 것이다. 가장 좋은 방법은 먼저 결혼한 선배들과 이야기를 나눠보는 것이다.

부부 간에도 미묘한 경쟁 관계가 있기 때문에 쉽게 합의점을 찾기가 쉽지 않다. 그보다 이미 그러한 과정을 겪은 객관적 입장에 있는 주변 사람들과 이야기를 나눠보고 어떻게 하는 것이 괜찮은지 방법을 찾는 게 좋다.

충돌을 해결하는 또 다른 지혜로운 방법 중 하나는 상대방 가족들과 이야기를 나누는 것이다. 자기 가족과 대화를 나누면 본전도 못 찾는다. 가족들이 자신의 배우자에 대해 좋지 않은 시각을 갖게 되고, 가족과 배우자와의 관계를 악화시킬 것이다. 또한 자신에 대해서도 그런 것 하나 잘 해결 못 하고 그러느냐며 무능한 사람으로 보게 될 것이다. 하지만 배우자 가족들과 이야기를 나누면, 배우자 가족들이 나를 타이르기보다는 배우자에게 잘못한 점을 지적하며 잘 지내라 이야기를 전달해줄 것이다. 배우자 가족들이 나보다 더 배우자를 잘 알기 때문에, 현 문제점의 해결을 위해 배우자에게 어떻게 하라고, 내가 생각하는 이상의 조언을 해줄 것이다. 문제 해결의 현명한 방법이 바로 이러한 방식이다.

내가 이야기 나누기 쉬운 대상은 나의 가족이겠지만, 다소 불편해도 배우자 가족들과 문제의 해결점을 찾는 게 훨씬 효과적이다. 이러한 해결 방식은 부부 관계를 더욱 좋게 만들어줄 것이다.

결혼생활은 힘들다고 생각하면 힘들다. 해야 할 일도 많아졌고, 책임져야할 사람도 생겼기에 힘들어지는 것은 당연하다. 하지만 결혼을 통해 이전보다 행복한 것도 많다. 부부끼리 사랑하며 행복한 일들도 많아진다. 사랑하면 세상 모든 것들이 아름다워 보인다. 사랑의 힘인 것이다. 사랑을 통해 사람이 더 너그러워지기도 하고, 그전에 느끼지 못한 행복감을 느끼게 된다. 힘든 것 못지않은 큰 행복을 느낀다. 이러한 생활이 삶의 의미일 것이다.

하지만 결혼 전에 가졌던 힘든 것들은 잊어버리고, 결혼 전에 결혼하고 싶었던 간절함은 잊어버리고, 현실의 힘든 상황에 대해서만 생각하고 불만을 갖는다면 결혼생활이 고통이 된다. 혼자였을 때의 외로운 생활, 혼자였을 때의 무료한 생활, 혼자였을 때의 단조로운 생활에서 벗어나고 싶었던 마음을 잊어서는 안 된다. 둘이 있을 때의 가슴 설레는 생활, 둘이 있을 때의 웃음 가득한 즐거웠던 생활, 둘이 있을 때의 모든 게 좋아서 함께 살고 싶어 결혼까지 하게 된, 그러한 과거의 마음을 잊어서는 안 된다. 현재의 생활이 힘들어도 내가 그토록 원했던 시간이다. 이 시간의 고통은 충분히 이겨내어 행복의 시간으로 승화시킬 가치가 있다.

양보하고, 대화하고, 이해하려 노력하면 해결 안 될 일이 없다. 둘 사이의 차이점을 인정하고, 양보하며, 서로가 서로를 좀 더 잘 알아가는 적응의 시간이 가장 힘든 시기이다. 대화를 통해 서로의 진심을 좀 더 깊이 있게 알아가도록 하라. 이러한 차이를 좁혀가며 가까워지면, 그 뒤로는 편안해지고 좋은 상황이 형성될 것이다. 이전보다 더 큰 행복을 갖게 될 것이다. 이러한 상황이 되면 한 사람의 인격체로서 진정한 어른이 되었다고 할 수 있다.

◉ 배우자

인생 여정의 변화를 가져다주는 많은 선택 중에 가장 큰 변화가 배우자 선택이다. 배우자 선택 후의 많은 변화를 생각하면, 그만큼 신중하고 고민해야 한다. 그리고 선택 이후에는 무조건 최선의 선택이라 생각하며 잘살아야 한다.

내가 행복해지길 바란 만큼 배우자가 결혼 전보다 더 행복해질 수 있도록 노력해야 한다. 상대방이 행복할 때 진정한 나의 행복을 찾게 된다. 상대방이 행복해야 나를 행복하게 해주려고 더욱 노력하게 된다. 상승효과가 나오도록 하는 것이다. 서로가 서로를 더욱 행복하게 해주고 싶어 안달이 나도록 내가 만드는 것이다. 행동만 해서는 안 된다. 이해 못 할 수 있다. 말을 하고 내가 원하는 것도 이야기하고, 요구사항을 알려주면서 내가 할 수 있는 노력을 하면 된다.

배우자에 대한 소유욕이 있어서는 안 된다. 배우자의 인격체를 존중하고 신뢰해줘야 한다. 내가 하지 않으면 배우자가 모든 것을 하게 된다. 함께 해야 한다. 집안일과 밖의 일이 따로 구분되던 시대는 사라졌다. 남자와 여자의 일이 따로 구분되지 않고 상황에 따라 누군가 하는 것이다.

갈수록 여자가 할 수 있는 일이 늘어나고, 여자의 능력이 더 인정받고 있다. 여자가 가사 책임을 지게 되는 상황들이 늘어나고 있다. 맞벌이 집안이 많아진다는 것은 그만큼 여자들이 직업을 많이 갖는다는 말이다. 맞벌이가 많아지면서 집안 돌보는 사람들이 필요해지는데, 그것도 모두 여자가 할 수 있는 일이다. 노인들을 돌보거나, 아기를 돌보거나, 집안 청소를 대신 해주는 직업들이 모두 여자가 할 수 있는 일이다. 남자들은 실업자가 많아질 것이다. 남자들이 필요한 존재가 되려면 집안일이라도 잘해야 한다. 남자들이 가치 있는 인간으로 평가받으려면 많은 노력이 필요하다.

■ 선택

배우자 선택 기준을 만들라. 기준 3개 정도는 필요하다. 무슨 기준이 필요한가, 사랑하면 됐지? 그런 기준이 없는 사람들이 오히려 배우자에 대한 기대 수준들이 더 높다. 배우자에 대한 기대 수준이 아주 높다. 결혼 적령기가 넘은 사람들은 대부분 기준은 없고 기대 수준은 높은 사람들이다. 본인은 눈이 높지 않다고 이야기하지만 구체적으로 이야기해보면 모두 좋은 여건이 되는 사람을 만나고 싶어 한다. 돈도 많고, 얼굴도 잘생기고, 키도 크고, 말도 잘하고, 능력도 좋고, 좋은 대학도 졸업하고, 미래 비전도 있고, 가족도 좋고, 건강하고, 마음씨도 좋은 모든 것을 갖춘 사람이 가장 좋을까? 아니다. 괜한 열등감과 차이로 충돌이 많이 생길 수 있다. 나보다 수준이 약간 더 좋고 말도 잘 통하고 다방면에서 어울리는 사람이 가장 좋다.

나의 기준은 첫째, 부지런한 사람이다. 게으르면 싸운다. 부지런해야 싸우지 않고 지금보다 더 나은 가정을 만들 수 있다. 부지런해야 주변 사람들도 좋은 평가를 하게 된다. 부지런해야 아침 일찍 여행을 떠나는 등 더 많은 행복한 시간들을 만들 수 있다.

둘째, 건강한 사람이다. 아프면 모든 바라는 것들이 무의미하다. 아픈 사람에게 맛있는 반찬 만들어 달라 이야기도 못 꺼낸다. 건강해야 뭐든 바랄 수 있고 생활 유지가 가능하다. 건강이 깨지는 순간 모든 삶은 더 이상 올라가지 못하고 하향될 것이다.

셋째, 좋은 직장 다니는 사람이다. 좋은 직장 다닌다는 것은 그만큼 학창 시절에 열심히 공부하며 지낸 것이고, 자신의 맡은 바 역할에 충실했다는 것이다. 그런 사람은 결혼해도 배우자로서의 자신의 역할에 충실할 것이라 생각한다.

결혼은 나만 만족한다고 되는 게 아니다. 나의 현 가족들도 만족할 수 있어야 한다. 나의 현 가족이 지금보다 좋은 상황이 되도록 해야 하는 것이다. 그러한 상황이 만들어지는 게 나 개인에게도 더 나은 만족감을 준다. 둘만 잘살면 됐지. 그것도 맞다. 일단 둘이 잘사는 게 맞다. 그럼 둘이만 살고 가족들은 만나지 않을 것인가? 아니다. 둘이 잘살지만 가족들과 함께할 때 좋아야 한다. 둘은 잘살지만 양가 때문에 싸우는 경우도 많다. 가족 간에 잘 어울리며 서로 일이 있을 때 관심을 갖고 챙기는 노력이 꼭 있어야 한다.

결혼과 동시에 혼자에서 둘이 아니라 그 몇 배의 역할이 생겨난다. 혼자일 때는 관심 없어도 되었던 많은 일들에 대해 결혼과 동시에 책임감이 생겨난다. 가족 간에 모임이 있다면 회비도 납부해야 할 것이고, 나 결혼할 때 찾아오신 모든 분들의 경조사가 발생할 때 나도 찾아가야 한다. 나의 생활 반경이 한 순간에 몇 배 확장된다. 결혼 축의금이 많이 들어왔다고 즐거운 일이 아니다. 축의금은 부모님이 가져가야 하고, 축의금 받은 것에 대한 이후 보답은 내가 해야 한다. 축의금만큼 빚이 늘어났다고 생각하는 것이 맞다. 그러한 모든 변화를 함께 안고 갈 수 있는 마음이 넓고 변화할 준비를 갖춘 배우자라면 최고라 할 수 있다.

물론 얼굴 예쁘고 잘생긴 사람이 좋다. 보기 좋아야 기분도 좋아지기 때문이다. 하지만 얼굴 예쁜 것은 오래가지 못한다. 마음이 예뻐야 오래간다. 예쁜 마음에 밉지 않은 얼굴이 좀 더 행복한 결혼생활을 가져다줄 것이다.

현재의 내 배우자는 결혼 전에 신부교육을 받으면서 결혼 생활 잘하려 노력했었고, 직장 생활도 열심히 하고, 애들도 매일 공부시키고, 시댁 일 있으면 본인이 나서서 더 열심히 한다. 다방면에서 감사하게 생각한다. 뛰어난 미인은 아니었지만 꾸미지 않아서 그랬던 것이고, 결혼 후 조금씩 꾸미기 시작하니 만나는 사람마다 결혼 전보다 예뻐졌다고 이야기한다. 갈수록 예뻐지고 좋아지는 관계가 필요한 것이다.

살아온 시간보다 더 긴 시간을 함께할 배우자를 선택하는 것이다. 잠깐 예뻐 보이는 사람이 아니라, 평생 예뻐 보일 수 있는 사람을 선택해야 한다. 볼수록 매력을 느낄 수 있는 사람을 선택해야 하는 것이다. 이 매력은 외모보다는 마음으로부터 나오는 것이어야 가능하다.

선택 기준에서 가장 큰 것 중 하나가 변화할 준비가 되어 있는 사람인가 하는 것이다. 부부간에는 작고 큰 많은 일들로 싸우게 된다. 싸운다는 것은 더 나은 결론을 위한 분쟁이다. 싸우지 않는다면 한편으로 사랑이 없다고 할 수 있다. 부부는 의견을 주고받으며 최선의 결정을 해나가야 한다. 많은 대화를 통해 서로가 만나는 지점을 찾아야 한다. 상대방의 생각이 적절해 보이면 내 생각을 접고 따를 수 있는, 변화될 준비가 되어 있는 사람이어야 한다. 부부 간에는 고집이 강하면 안 된다. 내 생각이 틀릴 수 있음을 인정하는 사람이어야 한다. 변화되어 맞춰줄 자세가 갖춰져 있어야 한다.

결혼생활은 남편이든 아내든 모두가 힘들다. 역할도 많아졌고 어깨들이 무거울 것이다. 혼자일 때처럼 행동해서는 절대 안 된다. 그 부담을 함께 안고 가야 한다. 둘 다 변화를 인정하고, 둘 다 변화되어야 한다. 그럼 상상 이상의 행복들이 만들어질 것이다.

연애를 잘하고 싶은가?

그럼 연애를 잘하는 친구에게 조언을 받으면 된다. 어려운 것도 아니다. 옷 잘 입고, 행동은 매너 있게 하고, 말은 유머 있게 해야 하니, 재미있는 이야기들도 많이 알아두는 게 좋다. 모든 것을 갖춘 듯한 사람이 연애를 못 하는 것은 무엇일까? 자신감이다. 연애의 성공은 자신감이다. 자신감을 가지면 상대방은 뭔지 모를 매력에 끌린다. 자신감 속에 감춰진 매력에 끌리는 것이다. 자신감이 있어야 보이는 것 이상의 무엇인가가 있어 보인다. 가진 게 하나도 없어도 자신감만 있으면 상대방은 의지할 만한 사람으로 믿는다. 상대방을 유혹하려면 말과 행동을 자신감 있게 하도록 하라.

■ 프러포즈

프러포즈는 공식적으로 사랑을 확인하고 평생의 반려자로 가는 것에 동의를 구하는 순간이다. 의미 있는 순간의 이벤트를 갖는 것은 괜찮다. 서로간의 사랑이 부족했던 사이라면 더 확실한 관계를 형성하는 계기가 된다. 나 또한 프러포즈를 준비했다. 누구에게 주게 될는지는 모르나 해외여행 때 미래의 배우자를 위해 목걸이를 준비해놓았었다. 준비된 사람이라는 이미지를 주고 싶었기 때문이다. 카페를 예약하여 CD를 틀어달라고 미리 부탁했다. 직접 노래를 부르지 못하지만 불러주고 싶은 노래를 CD에 담아 함께하는 시간 동안 계속 흘러나오도록 했다. 카페 가는 길에 100송이 장미를 준비하여 한 아름 안겨주었다. 특별한 많은 준비를 했던 것은 아니지만, 둘만의 많은 추억 중 가장 기억에 남을 순간을 만들기에 충분했다. 지금까지도 내가 그렇게 해준 것에 대해 아내는 고맙게 생각하고 있다.

누군가에게 감동을 주는 것은 눈에 보이는 것보다 준비하는 사람의 애틋하고 사랑스러운 마음이다. 진심을 갖고, 진정으로 사랑하고, 평생을 사랑해줄 것 같은 마음의 전달이다. 이러한 마음의 간극은 그 어떤 이벤트보다 감동으로 전해진다.

● 결혼

내 인생의 가장 큰 선물은 배우자가 있다는 것이다. 힘든 인생 여정을 누군가와 함께 걸어갈 수 있다는 것은 참으로 행복한 일이다. 혼자서 걸어가기 힘들 때 너무나 큰 힘이 된다. 부부가 하나 되어 함께하면 어떠한 일이라도 안 될 일이 없다. 인생을 어렵게 살지 말라.

몇 천 년이 지나도록 모든 사람들이 결혼하는 것은 그만큼 가치가 있기 때문이다. 나이 들어 외로움에 시달리지 않으려면 조금이라도 빨리 결혼하는 것이 좋다. 나이 들수록 애 키우기도 힘들고 살림살이 꾸려가기도 힘들다. 빨리 결혼해서 빨리 애 낳고 빨리 자리 잡아 생활한 뒤, 노후에 편안하게 생활하는 것이 더 큰 행복을 줄 것이다.

결혼하면 단점이 많다.

자유시간이 줄어든다. 자신만의 시간들이 거의 없어진다. 혼자일 때는 학교나 회사에 갔다 오면 대부분의 시간을 혼자 보낼 수 있다. 하지만 결혼 이후엔 집안일을 하거나 애들 돌보는 일을 해야 한다. 자신을 위한 시간을 가지는 것은 부부싸움으로 이어질 가능성이 크다.

또한 돈을 많이 벌어야 한다. 결혼하면 집이라도 하나 가져야 하기에 열심히 돈을 벌어야 하고, 쉽게 나에게 맞는 직장을 찾아 옮길 수 없다. 안정된 직장에서 퇴직당하지 않도록 해야 한다. 재테크를 통해 돈 많이 벌 수 있는 방법들을 찾아야 한다. 아껴 쓰며 현실적인 인간이 되는 것이다.

그리고 세 집안을 챙겨야 한다.

첫째, 나의 배우자와 자식을 챙겨야 하고, 둘째, 결혼 전부터 형성되어 있던 나의 부모와 가족을 챙겨야 하며, 셋째, 결혼과 동시에 하나 더 가지게 된 배우자의 부모와 가족을 챙겨야 한다. 나 자신만 챙기면 되는 혼자에서 세 가족을 챙겨야 하는 엄청난 부담을 안게 된다. 한 집안이라도 잘못 챙기면 그 책임은 나에게 온다. 세 가족을 챙기느라 항상 바쁘다.

또 사람들과의 사교 시간이 줄어든다. 사람들을 만나 맥주 집 등에서 여유 있게 한 잔 하며 이야기 나눌 수 있는 시간이 거의 없다. 회사 일도 갈수록 많아지지만, 집안일도 해야 하기에 내가 하고 싶은 일을 할 시간을 갖기란 거의 불가능해진다.

단점들을 들여다보면 힘들고 짜증나는 일들이 너무 많다. 이러한 내 역할들을 하지 않고 살면 나이 들어 오히려 더 큰 후회를 하게 된다. 당연히 해야 할 도리들이다.

물론 장점이 더 많다.

집에 가면 항상 나를 반겨주는 배우자와 자식이 있고, 그 때문에 너무 행복하다. 자식들이 웃으며 맞이할 때면 하루의 피로가 다 없어진다. 함께 나누는 이야기들이 모두 즐겁고 재미있다. 부부간에 고생했다고 마사지도 해주고, 애들이 노래 부르며 재롱도 부린다. 가족에 대한 나의 책임감이 있지만, 나를 존경하는 가족이 있어 힘이 되고 가슴 뿌듯함을 느낀다. 삶에서 많은 경험을 하는 것이 좋다. 단점이 있다고 장점을 포기하는 어리석음을 갖지 말라. 힘든 것 못지않게 많은 행복을 누릴 수 있는 기회를 버리지 말라. 해도 후회하고 안 해도 후회한다지만, 안 하면 해볼 수 있는 기회를 잡지 못하므로 되돌리기 힘든 후회를 하게 된다. 결혼해서 서로 간에 잘 대화하고 양보하며 살면 후회할 일 없고 행복만이 있게 된다. 결혼이라는 하나님의 큰 선물을 누려보기 바란다.

● 자녀

자녀는 가급적 빨리 갖는 게 좋다. 나이가 들수록 자식 키우는 게 힘들다. 30대까지는 체력적인 한계를 못 느끼지만, 40대가 넘어가면 이유 없이 힘들고 피곤하다. 애들이 놀아달라고 해도 피곤해서 외면한다. 부모 자식 간에 서운함이 형성되기 쉽다.

나이 차이가 클수록 부모 자식 간에 세대 차이가 생긴다. 문화, 환경, 가치기준, 배우는 것들이 달라진다. 가족 중심적 생활에서 자기중심적 생활로 바뀌고 있다. 누군가를 위해 희생하기보다 자신이 즐겁고 자신이 하고 싶은 일을 해야 한다고 생각한다. 자본주의 시대정신이 강해지면서 정서적으로 메말라가고 있는 것이다. 서로 간에 이야기가 통하지 않게 된다. 조금이라도 젊을 때 애를 갖고, 아이의 가치기준에서 대화를 나누도록 노력해야 한다.

자녀는 많을수록 좋다. 키울 때는 힘들지만 첫째 자녀가 6살 이상만 되어도 첫째 자녀가 둘째를 돌볼 수 있고, 초등학생 이후가 되면 둘째를 맡겨 놓고 밖에서 개인적 시간을 가져도 될 정도가 된다. 자녀들끼리 서로 간에 도우면서 성장해가는 것이다. 큰 애는 동생들 돌보기 위해 빨리 어른스러워지고, 동생들도 배움이 빨라진다. 첫째 자녀가 둘째 공부도 가르치고, 옷 입고 학교 가는 것도 알려준다. 첫째만 잘 이끌어주면 둘째부터는 키우기가 아주 쉽다.

형제가 여럿이면 사회성도 형성되어 사회생활 적응도 잘하게 된다. 형제들이 많아서 친구보다 집에서 지내길 좋아하며 나쁜 길로 빠지지 않고 가정적이 된다. 둘 이상은 되어야 부모에게 하기 힘든 이야기를 자녀들끼리 공유하며 지낼 수 있다. 형제가 많음에 부모께 감사할 것이다. 여럿이라면 출가 후 가끔 찾아와도 덜 쓸쓸할 텐데, 한 명이면 허전함이 클 것이다. 키울 때 부모가 힘들지만 그 이상의 보람이 반드시 있을 것이다.

만약 자녀가 하나라면, 자녀들이 성인이 되어 독립할 때까지 부모가 계속 자녀에게 매달려야 한다. 자녀에게 부모가 친구처럼 항상 함께 놀아줘야 한다. 혼자 놔두면 외로워할 것이므로 같이 있지 않을 수가 없다. 뭘 하더라도 함께해야 하고, 부부간에 둘이서 오붓한 시간을 가지며 저녁을 먹거나 영화를 보려고 해도 시간 만들기가 쉽지 않다.

항상 같이 지내다가 자녀가 성인이 되어 독립하면 많이 쓸쓸하게 느껴질 것이다. 혹 자녀가 사고로 좋지 않은 상태가 된다면, 자녀가 많을 때보다 더 큰 충격과 큰 슬픔에 빠지며, 자녀 없이 부부간에 너무나도 큰 허전함을 느낄 것이다. 자녀도 부모에게 이야기하기 힘든 것들을 이야기할 형제가 없으므로 많이 힘들어할 것이란 말이다.

부모 자신을 위해서도, 자식들을 위해서도 반드시 자녀는 둔 이상을 갖도록 하라.

◉ 이후

자녀에게 부모의 사랑을 느끼도록 해줘야 한다. 많은 말보다 온화한 표정이 더 큰 사랑의 마음을 전달해준다. 자녀와 항상 웃는 얼굴로 대하고, 내가 사랑하고 있음을 느끼도록 마음의 대화를 할 수 있어야 한다. 그리고 자녀가 어떠한 것을 잘하길 바란다면, 그것을 할 때 아낌없이 칭찬해주도록 하라.

아들에게 정서적인 면을 고려하여 3살 때 그림을 가르쳤다. 그리고 그림을 그리면 잘 그렸다고 칭찬을 해줬다. 그 이후로 그림 그리는 것을 가장 좋아하게 됐다. 친척들 모였을 때도 그림을 그리고 칭찬을 받게 되자 그림 그리는 즐거움이 더 커졌다. 하루 생활 중 그림 그리는 시간이 가장 즐거운 시간이 되어버린 것이다. 잘 그리는 그림도 아닌데 칭찬 받는 게 좋아서 그렇게 그리게 되는 것이다.

칭찬의 방향성도 필요하다. 자녀가 잘하길 바라는 게 있다면 그것을 할 때마다 칭찬해주는 것이다. 자연스럽게 그 칭찬받는 것을 열심히 할 것이다. 그리고 친척들 모임 때도 그것을 하도록 유도하여 칭찬 받도록 하면 효과는 한 단계 올라갈 것이다.

아들이 6살 때부터 영어를 열심히 공부하기 시작했고 잘하는 듯한데 아주 즐겁게 하는 것 같지는 않아, "너 이제 보니 그림보다 영어를 더 잘하는구나, 영어를 제일 잘하는 것 같아." 했더니 그 이후로 그림보다 영어를 좀 더 열심히 하는 것을 보았다. 칭찬 받으니 하고 싶어지고, 공부가 더 즐겁게 느껴지는 것이다. 물론 적절한 시점에 잘못된 것에 대해서는 채찍을 사용해야 할 것이다. 감정이 아니라 이성적으로 잘못된 것을 바로잡기 위한 채찍이다. 칭찬과 채찍의 균형을 잘 유지하라.

자만심을 키우지 말라. 자녀는 칭찬을 통해 더 큰 존재로 성장한다. 하지만 '너 대단하구나, 이걸 어떻게 다 알고 있니, 너 이미 모든 것을 알고 있구나.' '너 참 똑똑하구나, 너보다 더 똑똑한 사람은 없을 거야.' 하는 식의 지나친 칭찬은 오히려 역효과를 낸다. 자녀에게 용기와 자신감을 심어주는 것은 좋지만, 자녀 스스로가 '나는 최고야, 나는 모르는 게 없어.'라며 자만심에 빠지면 안 된다. 칭찬하는 것은 그로 인해 즐겁게 공부하고 노력하도록 하기 위해서다. 가령 책을 많이 읽도록 하고자 한다면 칭찬할 때 '너 곤충 책을 보더니 곤충 이름을 알게 되었구나, 대단하다.' '공부를 열심히 하더니 말도 잘하는구나.'처럼 구체적으로 칭찬하라. 자만심에 빠지면 무엇인가를 알려고 노력하지 않는다. 애들 중에 '난 머리가 좋아서 공부를 하게 되면 잘해.'라고 생각하며 막상 공부는 하지 않는 아이들이 있다. 그러면서 언젠가 맘먹고 하게 되면 잘할 거라고 이야기한다. 자만심에 빠진 것이다. 부모가 지나친 칭찬을 하는 경우 발생할 수 있는 현상이다. 세상에 옳고 맞다고 하는 것도 지나치면 화가 됨을 명심하라. 칭찬을 하더라도 무조건적인 칭찬이 아니라, 자녀의 방향성을 만들어주는 칭찬을 해야 한다. 지금 당장 보이는 자녀의 모습에 만족하지 말고, 꾸준히 성장하는 자녀가 되도록 준비된 칭찬을 해주라.

가족 모두가 함께할 때 행복감을 느끼도록 유지하라. 배우자나 자녀 모두가 집에 있는 게 가장 행복하다는 생각을 갖도록 해야 한다. 다른 어떠한 것을 성취하기 위해 노력하는 것도 필요하지만, 그 무엇보다 가족의 편안함을 놓쳐서는 안 된다. 무엇보다 가족 간의 사랑하는 마음 위에 서로의 더 나은 모습을 위해 노력하는 것이 있어야 한다.

자녀를 키우면서 주변의 이야기를 듣고 맞는다고 생각되는 게 있을 것이다, 그렇다고 그것을 지나치게 적용시키지는 말라. 공부 잘하는 것이 좋다고 자녀가 원하지도 않는데 계속 시키면 부작용만 발생시킨다. 자녀가 능력 있는 인간으로 성장하는 것 못지않게 부모 자식 간의 사랑이 중요하며, 능력 못지않게 사회성 및 인간관계와 예의범절도 알아야 한다. 부모는 자녀가 성장하는 데 중요한 많은 요소의 균형감을 유지할 수 있도록 해야 한다. 세상 살면서 행해지는 모든 말, 행동, 교육, 만남, 건강, 절약, 투자 등 어떠한 것 하나 균형감을 유지하지 못하면 안 된다. 자녀에게 부모로서 가장 중요한 요소가 균형감이다. 그리고 균형감 속에서 성장, 발전시키고자 하는 부분을 무리하지 않는 정도에서 집중해주는 게 행복한 삶을 위해 가장 좋다.

순간적인 판단보다 많은 고민 후 판단한 것들에 의존하라. 사람은 상황에 의해 쉽게 흥분하고, 쉽게 결정한다. 귀가 얇다거나 감정적인 사람이라고 이야기되는 게 이러한 경우다. 그러한 부분의 장점은 결단력과도 연관 있다. 처음 요청이 왔고, 처음 나온 이야기지만, 바로 결정하는 결단력이 필요하다. 하지만 이 결단력도 그전부터 그러한 부분에 관심을 갖고 준비되었기에 나오는 것이지, 전혀 준비 없이 주변의 권유에 바로 결정하는 것은 아니다. 결단력도 오랜 고민 속에서 내 가치관이 형성되어 있기에 쉽게 결정하고 추진할 수 있는 것이다.

하지만 그러한 고민과 무관한 서로간의 감정에 의해서 행동하고 결정하는 것은 많은 부작용을 일으킨다. 자녀 교육을 직접 시키다가 못 알아든는다고 야단치면 공부에 취미를 잃게 된다. 스스로도 칭찬이 최고의 교육인 줄 알면서 실천을 못 하는 겨우다.

부모가 먼저 자녀를 잘 키우기 위한 교육을 받도록 하라.

모든 부모가 자녀를 잘 키우려고 생각은 하는데, 어떻게 키우는 게 잘 키우는 것인지 체계적 교육을 받으려는 사람은 거의 없다. 자녀를 가르치려면 스스로 먼저 가르침 받도록 하라. 자녀를 내 자식이기 전에 하나의 인격체로 대할 준비를 한 뒤에 가르치도록 하라. 내가 생각하는 방식으로 키우는 게 자녀에게 행복을 안겨줄 것이라는 잘못된 선입관을 버린 뒤 자녀를 가르치도록 하라. 내가 바라는 행복과 자녀가 갖고자 하는 행복은 비슷할 수 있지만 완전히 다를 수도 있다. 내가 맞는다고 생각하는 가치관이 자녀가 볼 때도 맞을 거라는 선입관을 버리라. 그리고 스스로 먼저 한 인격체를 행복하게 해줄 수 있는 역량을 갖추도록 하라.

자녀와 많은 대화를 나누고, 자녀가 바라는 가치 있는 행복한 삶의 형태가 무엇인지를 이해해주고, 그러한 삶을 더 행복하게 하기 위한 자신의 생각을 자녀에게 이야기해주라. 부모는 자녀에게 삶의 방향을 제시해주는 역할로 충분하다. 그리고 선택은 자녀에게 맡겨라. 절대 강요는 하지 말라. 법과 도덕을 어기는 잘못된 것은 회초리로 다스릴지라도, 생각의 차이로 인한 충돌은 서로의 이해가 필요한 것이다. 부모는 자신의 가치기준으로 방향을 제시하고, 자신의 많은 노하우와 인간관계 등을 통해 터득한 정보들을 자녀에게 전달해주는 정도로 충분하다. 나머지는 자녀 스스로 잘 선택하여 성장할 것이다. 부모 자식 모두에게 피해 주고 스트레스 주는 자신만의 생각들을 상대방에게 강요해서는 안 된다.

■ 공부 잘하기

잠깐, 공부를 잘하려면 어떻게 하는 것이 좋을지 생각해보자. 먼저 왜 공부 잘하는 게 좋은지를 생각해보자.

똑똑하다는 것은 어떠한 사실을 잘 기억하는 능력이 있고, 어떠한 사실로 새로운 것을 만들어내는 창의력이 있다는 말이다. 자녀를 똑똑하게 키우려는 것은 어떠한 상황에 대응하는 능력 등이 뛰어나서 사회생활을 보다 잘할 수 있게 하려 함이다. 그렇게 해서 돈도 잘 벌고, 결혼도 잘하고, 자녀도 잘 낳으며 행복하게 살게 하고자 함일 것이다.

그렇다면 성인이 되어도 똑똑함을 유지해야 한다. 장기적으로 보자는 말이다. 유치원 때는 암기하는 노력은 하지 말고 많은 것을 경험하는 시기로 삼고, 초등학교 때는 논리적으로 이해하는 데 좀 더 집중하면서 1등을 위해 매달리지는 않는 게 좋다. 중학교 때는 시험을 보면 좋은 성적이 나오도록 성적 올리기 위해 집중할 필요가 있고, 고등학교 때는 시험 중심으로 공부하도록 한다.

학창시절 공부는 좋은 대학 입학하는 것이 목표이기 때문에 초점을 입시에 두고 하는 게 좋다. 하지만 좋은 대학에 입학한다고 성공한 건 절대 아니다. 결국 중학교 전에는 직장생활, 사회생활까지 염두에 두고 키우는 게 좋다. 그래야 비록 서울대를 가지 못해도 그 이상의 능력을 보여줄 날이 올 것이다.

물론 상황에 따라서는 자녀가 원하면 초등학교 때부터 영재교육 등을 시킬 수 있지만, 그것은 자녀가 자연스럽게 받아들일 때이고, 비록 영재이더라도 평범한 삶이 더 행복을 안겨줄 수 있음을 잊지 말라. 자녀의 특별함을 주변에 자랑하며 대리 만족을 느끼는 데 행복해 하는 부모가 되어선 안 된다. 판단의 중심은 항상 자녀의 마음가짐과 자녀가 받아들이는 느낌과 자녀만의 행복한 생활이 될 수 있도록 해주겠다는 생각이어야 한다.

공부를 잘하는 자녀가 대체로 사회생활을 더 잘하고 행복하게 살기 때문에 공부 잘하도록 유도하는 것은 당연히 부모가 해야 할 역할 중에 하나다. 그러므로 어떻게 하면 공부를 잘할까에 대한 고민도 많이 해야 한다. 부모가 만들어 놓은 환경에 자녀는 쉽게 적응하며 그러한 방향으로 성장한다. 자녀가 공부 잘하도록 유도하고, 가르치고, 환경 조성을 해줘야 한다. 공부하라고 해놓고 TV 보고 있으면 안 되는 것이다.

공부 잘하는 노하우를 몇 가지 알아보자.

교과서를 자주 읽는다.

교과서에 대한 거부감이 없도록 학기 시작 전 방학 때 다음 학기 배울 과목을 소설책 읽듯이 그냥 읽어 보는 것이다. 뭘 배울지에 대한 것을 알고 시작하면 이해도가 커지고, 앞 내용이 후반부에 다시 상세하게 나오는 경우도 많이 있으므로 책의 구성을 알아놓으면 많은 도움이 된다. 처음부터 외우려고 하면 집중도 안 되고 부담이 크다. 그러므로 그런 부담을 없애는 아주 좋은 방법이 처음부터 끝까지 반복적으로 책을 보는 것이다.

국어는 책을 많이 읽는 게 가장 중요하다. 문장 독해력, 이해력, 속독 등 국어 학습 능력을 위해서는 독서를 많이 하라. 독서 후 독후감을 쓰도록 하라. 갈수록 요구되는 능력 중에 하나가 표현 능력이다. 신문을 함께 읽고 토의를 나누는 것도 아주 효과적이다. 사회 상식도 얻고 비판 능력도 키울 수 있으며 부모 자식 간의 관계 개선에도 효과적이다.

수학은 논리력을 우선 키우도록 해줘라. 중학교 이후엔 공식을 외우는 게 더 효과적이지만, 그전에는 사회생활과 연관시키며 이미 알고 있는 개념들을 기반으로 이해하도록 해주는 게 좋다.

외국어는 어려서부터 자연스럽게 적응하도록 해주는 것이 좋고, 외국어를 사용하는 사람들의 문화를 이해하는 것이 더 중요하다. 문화를 이해해야 단어 이해가 쉬워지며, 단순 암기식 공부를 하지 않아도 된다.

한자는 처음 얼마 동안은 단어를 배우는 게 좋지만, 가급적 문장을 중심으로 배우도록 해주는 게 좋다. 문장을 배우면 재미도 있고, 사자성어를 통해서 명언들을 익히며, 가치관 형성에도 도움을 준다. 한문 공부는 반드시 해야 한다.

어떠한 공부든 외우는 것보다 이해를 먼저 하고, 그 공부를 통해 즐거움을 느끼도록 해줘야 한다. 공부를 함으로써 생활하면서 몰랐던 사실들을 하나씩 알아가는 즐거움을 느끼도록 해주는 게 좋다. 가르칠 땐 실생활과 연관 지어 이해할 수 있도록 예를 들어주는 게 좋다.

· **예습과 복습**

공부를 잘하는 첩경 중 하나가 예습과 복습을 잘하는 것이다. 미리 예습을 하여 수업의 이해도를 높이는 것도 중요하지만, 그보다 복습의 효과가 훨씬 더 크다. 예습은 못 하더라도 복습은 꼭 하도록 해라. 복습은 예습의 절반 정도의 노력만 기울여도 된다. 복습을 해야 배운 것들을 다시 상기시키고 오래 기억할 수 있게 된다. 복습하는 습관만 잘 들여도 공부 잘하는 것은 어렵지 않다.

· 도전과 성취

공부의 효과를 극대화시키는 방법이 도전과 성취의 즐거움을 느끼게 해주는 것이다. 초등학교에서 경시대회 등을 실시하면 꼭 신청해서 입상할 수 있도록 해줘라. 많은 성공한 사람들을 보면 초등학교 때 경시대회 입상 등을 통해 해외여행도 가는 등, 공부하면서 성취감과 흥미를 느끼고 더 열심히 하게 된 사연들이 많이 있다. 이러한 성취감이 형성되면 공부하라고 이야기하기 전에 스스로 공부하려고 할 것이다. 다른 것보다 공부를 통한 성취감이 더 크기에 공부를 재미있어 하는 것이다. 이러한 상황을 만들어주는 게 부모의 역할이다.

· 벌보다는 상을

시험 성적이 안 좋거나 공부를 안 할 때 야단치는 것보다, 공부할 때, 그리고 성적이 올랐을 때 칭찬해주도록 하라. 어떠한 것을 하지 말라고 하기보다, 어떠한 것을 하라고 이야기하는 긍정적인 말이 상대방에게 거부감을 주지 않는다. 마지못해 공부하면 집중도 안 되고 효과가 전혀 없다. 참았다가 기회 됐을 때 공부하도록 칭찬을 많이 해줘라. 공부하는 것이 스트레스가 아니라 즐겁도록 유도하라.

■ 환경

자녀를 키우는 데 가장 중요한 게 환경이다. 그럼 어떻게 환경을 만들어주는 게 잘해주는 것일까?

힘든 일은 하지 않도록 하고, 먹고 싶은 것 다 먹을 수 있고, 입고 싶은 것 다 입을 수 있고, 사고 싶은 것 다 살 수 있게 해주며, 자녀가 원하는 것을 다 들어주는 게 맞을까? 전혀 아니다. 이러한 환경은 자녀를 나약하게 만든다. 부모로서 해줄 수 있는 능력의 50%만 해줘라. 나머지 50%는 성인이 된 뒤에 줘도 충분하며, 오히려 그렇게 해주는 게 효과적이다. 50%만 해주고 나머지 50%는 스스로 채워갈 수 있도록 만들어라.

자녀에게 마냥 잘해주는 게 오히려 자녀 인생에 좋지 않은 영향을 끼칠 수 있음을 명심해야 한다. 사람은 힘든 것을 많이 경험할수록 강해진다. 강한 인내력을 가진 자가 성공한다. 자녀가 성공하길 바란다면 가끔은 힘든 일을 스스로 해결하기 위해 노력하도록 놔두라.

요즘 강남에서 일류대 보내기 위해선 4가지 조건을 충족해야 한다고 말한다. 첫째, 할아버지의 재력, 둘째, 아버지의 무관심, 셋째, 어머니의 정보력, 넷째, 둘째의 희생. 아버지의 재력만으로는 첫째 애의 과외비를 감당할 수 없으므로 할아버지의 재력이 필요하다. 아버지는 과외 없이 일류대에 입학하여 좋은 회사에 다니고 있으므로, 애들이 학원을 몇 개 다니며 공부해야 한다는 것을 이해하지 못한다. 아예 아버지가 무관심한 게 더 도움이 된다. 어머니의 정보력으로 더 좋은 학원과 학교를 보내야 하고, 애 둘을 모두 일류대에 보내기는 어려우므로 둘째는 희생해야 한다. 참으로 안타까운 현실이다. 아버지의 능력으로는 아들 하나 키우는 것도 힘들고, 둘째는 첫째를 위해 희생해야 한다는 이해하기 힘든 현실이 펼쳐지고 있다. 이러한 구조적인 문제는 반드시 바뀔 것이라고 본다. 어려서부터 자녀의 흥미를 찾고, 흥미를 갖도록 하고, 스스로 하는 분위기를 만들어주고, 첫째 애를 위해 둘째 애를 희생하는 바보 같은 짓은 하지 않기를 바란다.

자녀에게 자기 생각으로 강요하지 말라. 공부하는 것이 가장 중요하다고 생각하고 공부를 잘하도록 모든 것을 집중하다가 나중에 후회할 수 있다. 자녀는 하기 싫어도 부모가 강요하면 어릴 때 다른 방법이 없어 마지못해 하게 된다. 부모는 자녀가 말을 잘 듣는구나 생각하며 만족해 할 것이다. 그렇게라도 공부하면 하지 않는 아이보다 공부를 잘할 것이다. 하지만 언제까지나 그렇게 말 잘 들을 것이라는 생각은 하지 말라. 어느 순간 자녀의 생각이 180도 바뀔 수도 있다.

그렇게 되면 과거의 모든 행동은 부모가 원해서 했을 뿐 나는 하고 싶지 않았었다며 과거의 행동들을 모두 부정한다. 그리고 이제부터는 자신이 모두 결정, 행동하겠다고 선언한다. 엄청난 충돌이 발생하겠지만, 기식 이기는 부모 없다는 말이 나오는 이유가 이 순간부터이다. 아무리 이기려해도 못 이긴다. 이미 자식은 부모에게서 독립할 준비를 모두 갖추고서 던진 말이기 때문이다. 집을 나가게 되고, 혼자서 돈을 벌려 할 것이다. 사회생활이 얼마나 힘든지 그 한계점에 다다르기도 하겠지만, 부모의 판단을 인정하지 않는다. 이미 많은 생각을 해왔고 부모의 말과 행동에 대응할 준비가 되어 있어 싸움에서 부모가 이기지 못한다. 아무리 강한 신체적 통증을 주어도 바꿔 세우기 힘들다. 이러한 상황을 만들지 않으려면 어려서부터 조금씩 조정할 줄 알아야 한다.

7살짜리 아들이 어느 날 갑자기 피아노가 하기 싫다고 했다. 엄마가 계속 하게 하려 할 때 그렇게 하지 말라고 설득하고 바로 중단시켰다. 아들이 처음으로 자신이 해야 할 일들에 강한 거부감을 표현했다. 이미 한참 동안 하기 싫었을 것이고, 계속 진행해도 교육적인 효과는 거의 없을 것이다. 그럴 때는 그만두겠다는 의사 표현을 받아 주는 게 현명하다. 그렇게 해줘야 자신이 해야 할 모든 일들이 마지못해 이끌려서 하는 게 아니라, 스스로 맞다고 생각해서 하는 것들이 되는 것이다. 부모의 선택에 의해 부모의 인생을 사는 게 아니라, 자신의 인생을 살고 있으므로 해야 할 일들을 더 집중하며 즐겁게 할 것이다. 피아노는 조금 못 치더라도 더 많은 것들을 얻을 수 있다. 필요하면 피아노도 다음에 자식이 인성할 때 다시 시도하면 된다. 짧은 시간에 더 큰 효과를 얻게 될 것이다.

자신의 스타일로 자식을 키우지만 강요하지 말아야 한다. 자신의 스타일 중에 자식이 싫어하는 게 있으면 그것을 포기해야 한다. 부모는 자식이 잘 성장하도록 인생의 안내자 역할만 할 뿐, 자식의 인생을 어떻게 만들려고 무리해서는 안 된다. 부모는 자식에게 안내자의 역할로 충분하다. 선택하고 행동하는 것은 자식에게 맡겨라.

Part 10 삶의 팁들(Tips)

누구나 살면서 접하게 되는 많은 일들이 있다. 어떤 이는 그러한 경험 속에서 보고 듣는 것에 의해 스스로의 가치기준을 세우며 끊임없는 변화를 추구하며 발전하고, 어떤 이는 생각과 마음을 닫고 변화를 두려워한다. 앞으로 설명할 삶의 팁(tip)들은 어떤 면에서 작아 보이지만, 어떤 이의 인생까지 바꿀 수 있는 큰 의미가 있는 게 될 수도 있다.

● 일기장

일기장을 쓰는 것은 참으로 소중한 일이다. 나의 하루를 돌아보며 가슴 뿌듯해 하기도 하고, 후회하기도 한다. 일기를 씀으로써 나의 행동과 말을 되짚어 보게 된다. 이러한 과정을 되풀이하면 나의 미래의 생활이 많이 다듬어 지고 바른 모습으로 변하게 된다. 일기를 꾸준히 써놓고 힘들거나 고민되는 일이 많을 때 그 일기장을 꺼내서 다시 읽으면, 새로운 힘이 솟아날 것이다.

누구나 그렇듯 젊은 시절 자신이 미래에 대한 꿈이 있고 열심히 살았다면, 그런 순간들을 되돌아보면서 다시 일어나고 싶은 생각이 생길 것이다. 또한 일기는 글 쓰는 능력도 향상되고, 사물을 보고 비판하는 능력도 향상시킨다.

사회생활하며 바쁘게 살다 보면 일기 쓰기가 쉽지 않다. 그렇다면 매일 쓸 필요는 없다. 매월 또는 매년 한 번이라도 일기를 써라. 매년 한 번 정도 일기 쓰는 것은 전혀 어렵지 않을 것이다.

중학교 때 썼던 일기장을 다시 꺼낸 시점이 대학교 1학년 때이다. 일기를 다시 시작하며 일기장 표지에 쓴 글은 "나의 인생은 내가 설계하고 개척해 나가야 한다."이다. 그 이후 며칠 단위든 몇 개월 단위든 여유가 생기면 글을 남겼다.

지금까지 내가 살아오는 데 많은 영향을 끼친 것 중 하나가 1년을 마감하며 썼던 일기다. 1년 동안 내가 달력이나 수첩에 메모했던 것을 모두 정리한다. 회사동료, 친구, 애인, 가족 등 누구와 약속하고 만났던 일들. 면허증 또는 자격증 취득, 장학금 수령, 아르바이트 생활, 입대, 취직, 결혼, 출산, 승진 등 많은 변화를 위해 노력한 것들. 어머니, 매형, 고숙이 하늘나라 가신 슬픈 일들. 산으로, 바다로, 해외로, 공원으로 여행 및 캠핑 다녀온 일들. 방송국 공연, 뮤지컬, 영화, 연극 관람 등의 문화생활들. 월급 받고, 지출하고, 투자하고, 빌려주고, 빌리며 자산의 변화된 모습 등. 많은 일들을 겪으며 보낸 시간들을 정리해놓는다. 특히 한 해를 마무리하면서 느끼는 감정으로 마무리하고, 새해를 어떠한 마음과 자세로 지내야겠다는 다짐으로 일기를 끝낸다.

다음은 현재까지 가지고 있는 일기장의 제일 첫 페이지 중학교 때 작성한 내용이다.

7월 19일 토요일

오늘은 내가 서울로 전학을 와서 처음으로 맞이하는 여름방학 날이다. 나는 아침부터 설레는 마음으로 학교에 등교하였다. 3째 시간에 종업식을 할 때 교장 선생님께서는 이렇게 말씀하셨다. "방학은 쉬는 게 아니라 수업의 연장이며, 자기의 취미를 다산려 활용하라고 갖는 것이며."라고 말씀하셨다.

종업식이 끝나자 담임선생님께서는 통신표를 나누어 주었다. 성적이 떨어졌을까? 올랐을까? 나는 얼떨떨한 마음으로 통신표를 열어보았다. 생각보다는 괜찮았으나 이것으로 만족하지 않고 뒤떨어진 과목을 보충시켜 보다 좋은 성적을 받아야겠다고 결심하였다.

다시 읽어봐도 좋다. 이러한 결심들이 모여 지금의 나를 만들어 놓았구나 하는 생각을 갖게 한다.

다음은 군 생활 일병 때 휴가 나와서 작성한 글이다.

-표지 부분-

군에서 올 한 해를 보내야 한다. 시간을 죽이지 말고 활용하도록 하자. 삶과 죽음, 인내, 낙오, 구타, 좌절, 포기, 쓰러짐, 형, 친구, 부모님, 인생, 즐거움, 만족, 희망, 내일 .

-본문 내용-

5월 22일 일요일

군에 들어와 두 번째 정기휴가를 나왔다. 꿈과 같이 멀게만 느껴졌던 휴가를 나오고 보니 정말 가슴 뿌듯하다. 뒤를 돌아보면 시간이 정말 순식간에 지나간 듯하다.

신교대 - 내 인생에서 이 6주보다 더 힘든 상황은 없을 것이다. 행군, 가스실, 각개전투, 사격 등등 땀을 비 오듯 흘리며 뛰던 그 순간들…. 그 어려움을 다 극복하고 낙오 한 번 없이 무사히 마치고 퇴소하게 되어 기쁘다.

이등병 - 도깨비 소대가 있는 GP에 투입되면서 나의 고뇌는 시작됐다. 박 모 씨 개XX 후원자라는 명목 아래 나의 일거수일투족 사사건건 시비를 걸었다. 지금까지 나를 이 녀석보다 더 때린 사람은 없다. 씸XX, 고기 안 먹는다고, 지명 빨리 못 외운다고, 인터콤 제대로 송수신 못 한다고 등등, 짜증나는 경우가 한두 번이 아니다. 그렇게 힘들게 2개월이 흐르고 정기휴가를 맞이했다. 세상이 완전히 달라 보였다. 이제야 좋은 게 뭔지도 조금은 알 것 같고, 부모님의 사랑도 가족의 포근함도 느낄 수 있었다.

일병 - 이젠 부대에 구타가 대부분 사라져 맞는 경우는 거의 없다. 군에 있으면 모든 걸 포기하고 죽고 싶은 충동이 생길 때가 가끔 있다. 즐거운 일이라고는 하나도 없는 군대에서 제대할 날짜만 헤아리며 하루하루 시간만 죽이는 참혹한 상황이 싫다. 아무리 힘들어도 참고 견디자. 고진감래-, 새옹지마라 하지 않는가…. 내일은 또 밝은 태양이 떠오를 것이다.

역시 참아내기 힘들었던 군대에서의 극한 시간이 떠오르고, 그러한 시기에도 이겨내고자 다짐했던 상황이 일기장에 들어 있다.
다음은 내가 복학하여 한 학기 보낸 뒤 쓴 글이다.

6월 29일 토요일

일주일 전에 시험이 끝나고 여름 방학에 들어갔다. 1학기 동안 오직 장학금을 타야겠다는 신념 아래 모든 활동과 생각을 없애고 공부만 했다. 결과 =) 7과목 중 6과목은 A+이고 1과목만 B+를 얻는 경이로운 기록을 세웠다. 등록금은 장학금으로 대체되었으니, 방학 동안은 나름대로 인생을 즐기면서 다른 공부를 할 수 있게 되었다.

제대 후 지금까지 9개월간 이룬 성과를 시간 순으로 훑어 본 보자.

· 건축 일용직을 하며 2,150,000원 소득 얻음.
· Toeic 시험을 치러 620점 받음.
· 운전면허증 획득.
· 정보처리기사 2급 자격증 획득.
· 과 수석(전액 장학금 수령).

죽기를 각오하고 무엇인가 하고자 하면 못 할 것이 전혀 없다. 내일은 내 마음 먹기 나름이다.

일기를 쓰며 스스로의 생각과 마음가짐을 가다듬고, 그로 인해 생겨난 강한 의지력으로 매년 나의 가치와 성과를 올리게 되는 것에 뿌듯했다. 다음은 결혼하면서 남겼던 일기이다.

1월 4일

-표지부분 단어 나열-

인생전환-결혼

승진(과장, 2월), 결혼(9월 18일). 한 해 많은 변화와 많은 활동이 있었다. 동문 총무, 체력 단련부 간사, 동기 회장, 인동회 총무, 대학모임 총무. 본격적 운전 시작. 이젠 더 나은 내일을 반려자와 함께….

-본문 내용-

정말 격동의 1년을 보냈다. 가장 큰 부분은 결혼-내 인생의 전환점. 어떠한 영향을 내 인생에 가져다줄지 아직은 모른다. 중요한 건 서로 사랑하고, 믿고, 의지하고, 따라주려고 한다면 밝은 미래가, 행복한 미래가 펼쳐지지 않을까 생각한다.

중요한 단어 - 사랑, 믿음, 양보, 웃음, 존경.

나의 다짐 - 현숙 씨 당신만이 내 사랑이요. 유일한 내 여자요. 영원히 함께할 인생 반려자요. 내가 몸 바쳐 행복을 안겨줄 행운아요.

바람 - 웃으며 건강히, 젊어지는 삶이 되길….

이젠 내 가정 지키고, 본가 및 처가 양가를 챙겨야 한다. 이전보다 더 열심히 생활해야 하고, 이전보다 더 주변을 챙겨야 한다. 좀 더 큰 사람, 넓게 보고 크게 생각하고 현재를 소중히 여기며 열심히 미래를 위해 살자.

올해는 그토록 바라던 과장 승진까지 했다. 과장으로서 당당한 모습, 자신감 있는 모습을 지니고, 향후 차장, 부장이 될 준비를 하자. 앞으론 더 행복한 삶이 펼쳐지길….

- 이하 일자별 결혼준비 사항 및 문화, 취미, 재테크 사항은 생략 -

항상 일기를 쓰면 과거를 정리하고 다짐하는 글을 남기게 되니 아주 좋다. 거의 매년 새해를 시작하면서 '한 해를 보내며'라는 일기를 작성했다. 나를 다시금 담금질하며 방향성을 잃지 않고 살아가도록 해줬던 소중한 일기장이다.

지금은 자녀들을 위해 기록을 남기고 있다. 태어나는 순간의 생생한 현장부터 시작하여, 백일잔치, 돌잔치, 성장과정, 여행 갔던 기록, 습관, 어린이집, 유치원, 학교 다니던 때의 행동들을 기록했다. 자녀들을 위한 일기를 남기는 것은 나중에 성장했을 때 어린 시절 엄마, 아빠와 어떻게 지냈고, 동생이나 오빠와 어떻게 지냈는지를 알게 해주고 싶어서이다. 엄마가 자기희생 하며 얼마나 열심히 살아왔는지를 알려주고 싶어서이다. 첫째 아이 두 살 때 모습을 보고 작성한 글이다.

책 읽어주면 옆에 앉아 잘 듣고 아주 좋아한다. 귀여운 행동을 하나씩 한다. 무릎으로 기어 다닐 때 머리를 쳐올리며 기는데, 그 모습이 얼마나 우스운지 보는 사람들이 모두 배꼽 잡고 웃는다. 세배할 때 배 깔고 머리를 바닥에 붙인 채 엉덩이 들썩거리는 행동으로 가족들을 웃겼다. 걸으면서 윙크하는 모습, 안녕하세요, 배꼽 인사하는 모습이 귀엽다.

누군가 빠빠이 손 흔들기를 주문하는 대로 잘 따라 해서 사람들을 많이 웃긴다. 요즘엔 가끔 춤을 추기도 하고, 영어단어를 이야기하기 시작했다. 가령, 곰 하면 곰 배어, 양 하면 양 십, 소 하면 소 카우라 이야기한다. 이젠 여행을 가려고 하면 짐이 아주 많다(분유, 분유통, 기저귀, 옷, 물, 간식, 장난감 등).

다음은 첫째 아이 여섯 살 크리스마스 때의 글이다.

크리스마스 선물로 지성이가 좋아하는 동물세트 선물을 미리 구입하여 유치원으로 보내어 지성이가 받았다. 양치할 때 크리스마스 선물 받았냐고 묻자. 동물 받았다며 좋아했다. 그런데 선물포장이 집에 있는 것과 똑같다며 "산타할아버지가 마트에서 사왔나 보다."라고 지성이가 말했다. 엄마가 보내 걸 아는 건지?

어제 오선엔 '아기돼지 삼형제' 연극을 봤고, 오늘 오전엔 케이크 만들기를 했다. 요즘 유치원에서 코인(숙제 등 잘하면 주는 것)도 많이 쌓으며 잘 지내고 있다.

여름에 대구탐방 여행 1박 2일 갔을 때 계단 오르기 가위바위보 게임 하는데, 지성이가 삐져서 게임 그만둘 때 내가 이렇게 얘기했다. "게임은 승패보다 게임 자체가 즐거운 것이라며, 승패는 중요치 않다."고 말했다. 그런데 며칠 전에 지성이가 동생과 게임하며 "게임은 승패보다 게임 자체가 중요한 거야."라는 말을 하는 걸 보고, 지성이가 이해력이 높은 걸 또 한 번 느꼈다.

다음은 둘째 아이 태어날 때 작성한 글이다.

엄마가 한 달 전 회사일이 힘들어 출산휴가 시작했고, 1주일 전부터 출산하러 갈 짐을 꾸려놓았다. 오늘 새벽 2시 30분에 진통을 느끼기 시작하여 짐을 꾸려 큰 처형님과 함께 삼성제일병원에 3시 30분 도착하여 바로 입원하였다. 지성이는 작은고모가 와서 데려가고, 엄마는 가족 분만실에서 5분, 3분 단위로 진통을 계속하였다.

4시간에 걸친 진통 끝에 7시 38분 무통분만 주사 없이 순조롭게 자연분만에 성공하며 행복이(둘째의 예명)가 세상에 첫 울음을 터뜨렸다. 예쁜 공주라 더욱 기뻤다. 예정일보다 3주 먼저 나왔지만, 몸무게 3.12Kg, 키 51Cm, 머리 33.2Cm로서 건강하게 태어났다. 양가 모든 가족들이 오늘 일요일이라 여유 있게 병문안 오가며 축하를 해주었다.

다음은 둘째 아이 네 살 때 글이다.

수민이를 천재라 부른다. 어제 아이들 돌봐 주시는 시터 선생님이 수민이를 천재 같다고 이야기했다. 구몬 선생님도 수민이 4살인데 6살 수준이라고 이야기했다. 그리고 한 번은 발 씻는데, 세면대 잡고 세숫대야에 발 담가 발로 비누 묻혀 왼발로 오른발 씻는 모습을 보며, 누구도 그렇게 안 하는데 창의성도 있어 보인다고 시터 선생님이 이야기했다. 내가 봐도 아주 똑똑하다. 천재일 수도 있겠다라는 생각이 된다. 하지만 평범함 속에서 행복하며 훌륭하게 자라도록 해주고 싶다. 성장 환경도 잘 만들어줘야겠구나 생각된다.

"왜?" 라는 말을 끊임없이 한다.

말을 배우기 시작하면서 왜라는 질문을 아주 자주 한다. 왜에 대해 대답해주면 다시 왜 그러냐며 계속해서 왜를 묻는데, 짜증내지 않고 계속 대답해준다. 모든 현상, 모든 사물, 모든 행동에는 그 이유가 있기 때문에, 그 이유를 알기 바라는 마음에 계속 대답을 해준다.

일기를 쓴다는 것은 참으로 큰 의미가 있다. 과거에 대한 기록을 남긴다는 의미도 있고, 현재 자신의 위치를 되짚어본다는 자기성찰의 기회도 된다. 또한 미래 자신의 삶을 설계하는 계기가 되기도 한다.

자녀들에게는 일기가 교육적으로 많은 효과를 줄 것이다. 만약 일기를 쓰지 않고 있다면, 지금부터라도 과거를 정리하며 새롭게 시작하는 마음으로 일기를 쓰도록 하라. 인생이 달라질 것이다. 힘들게 매일 쓰지 않아도 된다. 사건이 있을 때나 매년 초 한 번씩만 작성해도 충분하다. 당장 도전해보라. 자신의 소중한 보물을 만들어가는 일이다.

⊙ 수첩과 기록 남기기

일기장 못지않게 소중한 물건이 수첩이다. 항상 수첩과 펜을 가지고 다녀야 한다. 길을 걷다가 갑자기 중요한 일이 생각날 수도 있고, 고민했던 일을 해결할 번뜩이는 아이디어가 뇌리를 스쳐지나갈 수도 있고, 우연히 귀한 사람이나 친한 사람을 만나 무엇인가 기록할 필요를 느낄 때도 있게 된다. 수첩을 가지고 다니는 수고로움에 비해 얻는 효과는 클 것이다.

누군가와 대화중에 메모가 필요한 중요한 말이 있을 수도 있고, 한 번 듣고 넘어가기에 아까운 아름다운 말들도 있을 수 있다. 그러한 이야기를 기록하면 상대방도 기분이 좋아진다. 자신의 말을 무시하지 않고 메모하는 모습을 보면, 이 사람에게는 믿고 이야기를 해도 되겠구나 하는 신뢰감도 생긴다. 자신의 말을 소중히 받아들이는 만큼 상대방도 말을 더 가다듬어 조리 있게 말하려 할 것이다. 수첩이 만남의 자리를 더 의미 있게 만들고 스스로를 더욱 바람직한 사람으로 보이도록 할 것이다.

기록 남기는 것을 습관하면 좋다. 글을 작성하여 남기는 것 못지 않게 생생한 장면을 남기는 것도 의미가 있다. 예전에는 사진을 많이 이용하여 과거 기록을 남겼고, 요즘엔 캠코더를 많이 활용한다. 또 핸드폰을 이용하기도 한다.

아기를 낳으면서 캠코더를 구입하여 태어나는 장면부터 계속 기록을 남겼다. 둘째 아기가 태어난 후 첫째 아기가 질투하는 것을 느꼈다. 동생에게만 백일잔치, 돌잔치 해준 것처럼 느끼고, 동생에게 엄마와 아빠가 더 잘해주는 것처럼 느끼고 있는 듯 보였다. 그래서 그동안 찍어놨던 캠코더를 모두 보여줬다. 동생이 태어나기 전에 돌잔치하고, 여행 다니며 즐겁게 보냈던 순간들을 보여줬다. 그 이후 동생을 질투하는 모습이 없어지고 동생을 돌보며 잘 지내게 되는 것을 보았다. 캠코더가 첫째 아이를 변화시키는 큰 역할을 한 것이다.

애들이 태어나면서 만들었던 각자의 아기 앨범과 내가 작성하고 있는 일기를 적절한 시점에 아이들에게 넘길 예정이다. 그동안 자신들의 과거 기록을 읽으며 많은 것을 깨닫지는 못하더라도 현재 자신이 어떠한 과정을 지나왔는지 느끼는 게 있을 것이라 생각한다. 그리고 이후 일기는 스스로 쓰게 할 예정이다.

사람들은 모든 것을 기억하고 있을 것처럼 살아간다. 그리고 실제로 많은 것을 기억하고 있다. 하지만 새로우 기억은 쌓이기는 것 이상의 망각 현상이 있음을 알아야 한다. 기억을 하고 있더라도 그 순간의 생생한 느낌은 시간이 지나가면서 차츰 희미해질 수밖에 없음을 알아야 한다. 많은 것을 기록해놓는 것은 내 인생을 보다 풍요롭게 만드는 귀중한 재산이 될 것이다.

◉ 부지런하라

주변의 대부분의 사람들이 바쁘다는 말을 참 많이 한다. 항상 바쁘다고 한다. 바빠서 운동할 시간이 없고, 밥 먹을 시간도 없고, 사람 만날 시간도 없고, 여행 다니거나 취미생활을 할 수가 없다고 한다.

하지만 부지런한 사람은 운동도 하고, 식사도 규칙적으로 하고, 인간관계도 잘 형성하고, 주말이면 여행을 다니거나 취미생활을 즐긴다. 바쁜 사람은 해놓은 것은 없고 걱정만 많은 사람이다. 회사에선 애들 유치원에 잘 갔을까? 아내는 식사 잘하고 있을까? 부모님과 여행도 다녀와야 하는데 이번 주말엔 뭘 할까? 고민한다. 그래서 회사에서 할 일 제대로 못 하고, 뭐 해달라면 그 고민들로 바쁘다. 집에선 팀장님께 결제 올릴 게 있는데 어떻게 처리할까? 부하직원이 자꾸 말대꾸하는데 어떻게 달래줄까? 회사에서 승진하려면 무엇을 해야 할까? 고민한다. 회사에서 해야 할 많은 일을 고민하며 바빠서 가족들과 즐거운 시간을 갖지 못한다.

바쁜 사람은 게으른 사람이다. 바쁜 사람은 해야 할 일에 집중하지 못하고 걱정만 태산 같은 사람이다. 바쁜 사람이 되지 말고 부지런한 사람이 되도록 하라. 부지런히 움직이며 행동하는 사람이 되도록 하라. 부지런한 사람은 결국 성공한다. 부지런한 사람은 꿈을 이룬다. 부지런한 사람은 행복한 삶을 산다. 부지런한 사람은 주변 사람까지 행복한 삶을 살도록 해준다. 스스로 부지런해지고, 부지런한 사람과 어울리도록 하라.

◉ 유머

유머는 생활의 활력소이다. 우리는 하루에도 수많은 대화를 나눈다. 대화를 하면 짜증나는 사람이 있는가 하면, 대화를 하면 기분 좋은 사람도 있다. 나와 대화를 할 때 상대방이 기분 좋게 느끼길 바란다. 그러면 대화

중간에 유머러스한 말을 넣는 것을 생활화하고, 동일한 말이더라도 좀 더 아름다운 언어를 사용하도록 하라. 상대방이 나에게 좀 더 호감을 갖고 나의 말을 좀 더 귀담아 들을 것이다.

유머 감각이 없다고 속단하지 말라. 아무것도 없는 상황에서 인간은 태어난다. 그리고 모든 능력은 자기 노력을 통해 형성된다. 유머 감각이 전혀 없는 사람도 조금씩 노력하면 자연스럽게 유머 감각이 생겨난다. 대화중에 톡톡 튀는 한 마디로 좌중을 웃음바다로 몰고 갈 수도 있다.

가장 쉬운 유머의 시작이 언어유희이다. 사오정 시리즈처럼 비슷한 말로 상대방을 웃기는 것이다. 또는 생각하지 못한 반전의 방식으로 웃길 수 있다. 누구나 생각하는 대답이 아닌, 상상 못 할 대답을 하는 방식이다.

가장 많이 유머를 만들어 내는 방식 중 하나가 누군가를 '왕따'시키거나 상대방의 약점을 이용하여 웃음을 만들어 내는 것이다. 한 사람을 희생시켜 몇 사람을 즐겁게 해주지만, 그 한 사람에게는 스트레스를 쌓이게 하므로 적절하지 않다. 웃기는 것은 잠시이지만, 그로 인한 당사자의 상처는 오래 간다. 혹시 그러한 이야기가 제 3자를 통해 전해지기라도 하면 당사자와 웃음을 전달한 사람은 엄청난 적 같은 존재가 되고 말 것이다. 사람 관계에서 적은 절대 만들면 안 된다. 이러한 유머는 득보다 실이 훨씬 크다. 웃기는 것도 기분 좋은 유머여야 의미가 있다.

예를 들어, 가족들이 모였는데 노총각이 몇 명 있었다. 자식 둘 낳고 힘들게 가족 꾸려 살고 있는 분이 노총각들에게 "여기 아직 결혼도 안 하고 편하게 살고 있는 사람 많네," 하며 부러움과 자신의 힘든 상황을 비유적으로 이야기했다. 그래서 내가 그랬다. "본인은 편안하지 않지만, 둘을 편하게 살게 해주고 있잖아요." 그랬더니, "맞아." 한다. 그러면서 자신은 힘들지만 그것이 보람 있는 고생이라는 걸 인정했다. 그러한 유머는 웃음을 주기도 하지만, 상대방으로 하여금 고생의 보람을 느끼도록 하므로 1석 2조의 효과를 낳는다.

직원들과 식사를 하는데 한 사람이 아내가 풍수지리설 세미나를 다녀왔다며 이야기했다. "남쪽을 향해서 자면 돈을 많이 벌고, 북쪽을 향해서 자면 가난해진다. 동쪽을 향해서 자면 건강하고, 서쪽을 향해서 자면 허약해진다." 그랬더니 사람들이 남쪽과 동쪽이 좋은데, 어떻게 해야 할까 고민들을 많이 했다. "한 달씩 바꿔가며 자야겠다." "남쪽과 동쪽 중간으로 향해 자야겠다." 등 의견이 분분했다. 그때 "배우자는 남쪽을 향해서 자도록 하고, 나는 동쪽을 향해서 자면 된다."라고 했더니 모두 배꼽을 잡고 웃었다. 배우자를 통해 돈을 모으고 나는 건강하게 장수하며 살면 되므로 두 개의 장점을 모두 얻을 수 있는 아이디어인 것이다.

유머는 함께하는 사람들을 즐겁게 하고, 웃음을 통해 긴장감을 해소해주는 좋은 수단이다. 웃는 얼굴에 침 못 뱉듯이 웃는 분위기를 유지하면 짜증나는 일도 더 없어질 것이다. 나 스스로를 더 행복하게 살 수 있게 해줄 것이다.

◉ 특기

직업으로 가진 업무 능력 외에 남들에게 보일 수 있는 특기를 하나 정도는 가지고 있는 게 좋다. 특기는 전혀 없어도 살아가는 데 큰 어려움은 없다. 하지만 살아가는 데 윤활유 역할을 한다.

회사에서 회식할 때 노래방 갔는데 노래를 잘 부르면 부러움의 대상이 되며 일하는 데도 조금이나마 좋은 이미지를 남기게 된다. 난 노래에 소질이 없는 것을 알고 혼자 춤을 배우기도 했다. 댄스 가수 춤을 녹화하여 연습하기도 했다. 대학 2학년 때 과 축제할 때 장기자랑에 나가서 입상하기도 했다. 물론 회사 회식 때에도 노래는 부르지 않지만, 댄스곡을 선곡해놓고 춤을 보이거나 남들 댄스곡에 분위기를 살려준다. 이러한 특기를 만들어 놓으면 회식이 싫지 않고 즐거운 시간이 되며, 기분 좋게 시간을 즐길 수 있게 된다.

또한 축구 등 운동을 하나쯤은 잘하는 것이 좋다. 군대에서 축구나 족구를 잘하면 대우 받으며 생활할 수 있다. 군대에서는 주말마다 내기 축구를 한다. 이때 축구를 잘하면 당연 고참들이 좋아할 수밖에 없다. 축구시합 때 덕분에 이기고 회식비 지출도 줄여준다면, 내무반 생활할 때에도 힘든 일 시키지 않고 우대하는 것은 당연한 일이다. 노래, 춤, 운동 등 특기를 하나쯤 가지고 있으면 살아가는 데 더 많은 즐거움을 가져다 줄 것이다.

◉ 여행

여행과 같은 여유와 즐거운 시간을 갖는 일이 삶에는 필요하다. 생산적인 활동을 통해 얻은 수익을 여행을 통해 소비함으로써 그동안 쌓였던 스트레스를 없애고 기분을 상쾌하게 만들어준다.

여행이 즐거우려면 우선 몸이 건강해야 한다. 건강해야 즐거운 시간을 만끽할 수 있다. 젊었을 때 고생하고 나이 들어 여행 다니며 즐겨야 하는데, 건강이 좋지 않으면 후회가 매우 클 것이다. 여행은 마음에 맞는 사람들과 함께할 때 즐겁다. 마음에 맞는 사람이 많을수록 즐거운 시간을 가질 가능성이 커진다. 인생을 즐기기 위해서도 인간관계를 항상 원만히 유지해야 한다. 또 일상생활 속에서 절약하며 지내야 여행을 즐길 만한 여유 자금이 풍부하게 모아질 것이므로 평상시에는 다소 절약하는 삶을 살아야 한다.

최고로 행복한 시간을 갖기 위한 여행 준비도 꼼꼼히 잘 챙겨야 더 즐겁게 보낼 수 있다. 사람에 따라서는 무계획 속에서 즐기는 사람도 있지만, 그것은 혼자 떠나는 여행에서나 가능하다. 가족이나 친구들과 함께하는 여행이라면 준비가 무엇보다 중요하다.

기본 준비물을 대략 챙겨보면, 먹거리로는 식사 및 과일, 간식 등, 놀 거리로는 공 등의 놀이도구, 그리고 볼 거리는 여행정보 같은 책자 등이 필요하다. 그 외에 비상약, 카메라, 캠코더, 세면도구, 여벌의 옷 등이 필요하다. 여행 장소가 정해지면 그곳의 행사나 축제를 관공서에서 확인하는 것도 좋다. 국내 여행 계획이면 군청이나 시청에 전화해보면 많은 정보를 얻을 수 있다. 구체적 장소가 정해지면 해당 관리사무소에 전화해서 예약하거나 오픈시간 및 여행 소요시간 등을 확인하는 것이 좋다. 약간만 관심 갖고 준비하면 길거리에서 시간을 소비하는 안타까운 상황은 만들어지지 않을 것이다.

여행이 항상 즐거운 것은 아니다. 여행을 하다 보면 지치고 서로간의 취향 차이로 충돌이 생기기도 한다. 함께 다닐 때 싫어하는 것은 강요하지 않는 게 좋다. 힘든 것은 일부 강요해서 함께하게 되면 만족하는 경우가 많이 있지만, 싫어하는 것은 강요해서 좋을 것이 없다. 서로 간에 최대한 편안히 쉴 수 있도록 해주는 게 좋다. 또한 집 떠나면 고생이듯이, 여행 이후엔 많이 피로한 상태라 집에 와서는 씻고 바로 취침하는 등 쉬도록 하라. 특히 어린 아이들은 피로의 누적으로 면역력이 약해져 쉽게 감기 등에 걸리기 쉬우니 관리를 해줘야 한다.

국내 여행의 경우 가급적 아침 일찍 출발하라. 여행이 활성화되면서 여행지 대부분이 교통 정체 상태가 된다. 오가면서 지치게 되므로 새벽에 출발해서 여행을 즐기고, 여행객이 늘어날 때 집에 돌아와 쉬는 게 여행을 제대로 즐기는 첩경이다.

여름 여행지 중에는 계곡이 최고 추천지이다. 계곡은 별도 요금도 없고, 많이 붐비지도 않으며, 산에서 내려오는 물이 시원하고, 아이들은 물속에서 수영하며 놀고, 어른들은 그늘에서 고기 구워 먹으며 한잔하고 쉴 수 있다. 또한 계곡물에 다양한 생명체들이 있어 아이들에게 흥미를 더해준다. 모두 함께 물고기를 잡으며 즐거운 시간을 가질 수도 있다. 휴양 형태의 여행을 통해 피로도 씻고, 관광 형태의 여행을 통해 사람들의 다양한 삶을 보며 견문을 넓히는 기회를 많이 갖도록 하라. 작은 것에 얽매이며 소심하게 살고 있는 자신의 가슴을 확 트이게 해줄 것이다.

⦿ 1석 2조

동일한 노력으로 성과를 더 많이 낼 수 있는 방법을 찾도록 해야 한다. 돈을 지출하면 지출한 금액 이상의 많은 효과를 낼 수 있도록 해야 한다. 시장을 한 번 가더라도 사야 할 물건을 미리 정리하고, 평상시 구매할 필요가 있는 물건을 기억해두고 할인 등을 이용하여 저렴하게 구매할 수 있는 시점에 구입하도록 한다. 시장 갔다 오는 길에 전기, 은행 등 처리할 일이 있으면 같이 해결하면서 오도록 한다. 선물을 사주더라도 상대방이 만족하고, 지출하는 게 아깝지 않고 감동을 전달할 수 있는 것을 평상시에 생각했다가 선물하도록 한다.

1석 3조의 효과는 내가 어떠한 노력과 지출을 할 때 3적(適)을 고려하면 쉽게 방법을 찾을 수 있다. 적시(適時)-적합한 시점에, 적재(適材)-적합한 사람, 적소(適所)-적합한 장소에서 노력과 지출을 하게 되면 그 효과가 달라진다. 적합한 상황과 분위기가 효과에 영향을 미치는 것이다.

⦿ 새옹지마(塞翁之馬)

세상만사(世上萬事)는 변화가 많아 어느 것이 화(禍)가 되고 어느 것이 복(福)이 될지 예측하기 어려워, 재앙도 슬퍼할 게 못 되고 복도 기뻐할 것이 아님을 이르는 말이다. 인생(人生)의 길흉화복(吉凶禍福)은 늘 바뀌어 변화가 많다는 말이다.

'생즉사 사즉생', 즉 살려고 하면 죽고, 죽으려 하면 산다. 인생살이는 묘하고 아이러니한 맛이 있다. 하지만 그러한 접근방식이 적절하다는 것이다. 내가 죽기를 각오하고 자기희생을 하게 되면 주변에서 불쌍히 여겨 도와준다. 하지만 내가 살려고 발버둥 치며 어깨에 힘을 주거나 거짓말을 하며 으스대면, 주변의 누구도 도와주려 하지 않고 오히려 비난의 대상이 될 뿐이다. 내가 누군가를 위해 희생하면 희생의 덕을 본 사람은 나에게 고마운 마음을 품고 나에게 이로운 사람이 될 것이다. 그러한 사람이 주변에 많으면 언젠가 나는 희생 이상의 혜택을 누리게 될 것이다. 사람의 마음을 움직이는 삶이 결국에 성공한다.

새옹지마는 위기 속에 기회가 있고, 기회 속에 위기가 있다는 말과도 통한다. 순탄한 생활을 하고 있을 때 늘 위기가 올 것을 대비하여 준비하고 있어야 하며, 현재 상황이 너무 힘들고 위기의 순간이라 하더라도 언젠가는 흘러갈 인생여정의 한 부분일 뿐이므로 참고 이겨내면 즐거운 시간이 다시 찾아올 것이다. 즐겁게 지내는 시간보다는 위기의 시간이 주어졌을 때 더 큰 기회를 잡을 수 있다. 그러므로 그 위기의 시간이 더 복된 시간으로 승화될 수 있다. 기꺼이 그 힘든 시간을 즐기며 최선을 다해 살아갈 가치 있는 시간인 것이다.

◉ 생각도 기술이다

끊임없이 생각하라.

인간이 가진 가장 큰 혜택은 훌륭한 두뇌를 가졌다는 것이다. 생각의 한계는 없다. 인간이 생각하는 공간과 시간은 무제한이다. 그리고 생각에 의해서, 정신세계에 의해서 모든 가능성을 가지게 된다. 끝없는 상상력의 세계는 인간세계를 발전시키고 더 살기 좋은 세상으로 변화시킨다.

강한 정신세계는 아픈 몸도 이겨내고 어떠한 고통과 시련도 이겨낼 수 있을 정도로 강하다. 하지만 정신이 희미해지고 약해지면 작은 것에도 쉽게 쓰러지며 너무나도 약한 존재가 되고 만다. 강한 정신과 강한 체력이 조화를 이루면 무엇이든 이루어낼 수 있는 인간이 되는 것이다. 강한 정신세계를 만들어 가도록 스스로를 훈련시킬 필요가 있다.

끊임없는 생각을 통해 정확한 판단력과 치밀한 분석력 및 다양한 상황을 고려한 문제해결 방법을 찾는 노력을 해야 한다. 해결해야 할 상황이 만들어지고, 태어나는 시작점부터 그 상황이 유지됨으로 인해 만들어낼 결과물과 효과 등 종착점까지 고려해봐야 한다. A부터 Z까지 고려하는 생각의 접근방식을 통해 새로운 아이디어와 해결 방안을 찾을 수 있다. 이러한 능력을 키우면 남들이 생각하지 못한 것들까지 생각해낼 수 있게 되며 사회에서 능력 있는 사람으로 평가받을 것이다.

생각을 집중하고 능력을 키우기 위해서는 불필요하고 무의미한 상상의 세계를 없애고, 유익하고 의미 있는 생각만을 하도록 생각을 조정할 수 있어야 한다. 어떠한 상황 해결을 위한 최선의 아이디어를 찾도록 생각의 방향을 조정하는 노력도 필요하다. 고민이 없을 때에는 푸른 초원과 높은 가을하늘과 맑은 호수를 생각하며 휴식하는 시간을 가질 필요도 있다. 어린아이가 엄마 이거 뭐에요? 이거 왜 그래요? 문듯 스스로 "왜?"라는 단어를 생각의 중간에 넣는 노력도 필요하다.

아침에 일어나 머리를 감으면서 어제의 일과 오늘 할 일들을 생각해보고, 화장실에서 볼일 보면서 잠시 전에 있었던 상황들을 생각해보고, 길을 걸으며 사람과의 관계를 정리해보는 습관을 가질 필요가 있다. 그리고 잠자리에 누울 때는 아무 생각 하지 말고 편하게 깊이 잠자도록 머리를 비우는 노력도 필요하다. 상상력의 세계를 성장시키고, 창의적 아이디어를 만들어내기 위해서는 몸이 피곤해서는 안 된다. 저녁 취침 시간에는 항상 잠을 자며 머리를 쉬게 해주어야 더 나은 창의성을 키워갈 수 있다. 끊임없이 생각하고, 정해진 취침 시간엔 무조건 깊들다.

● 말도 전략이다

신체 구조상 두 귀로 두 번 듣고, 한 개의 입으로 한 번 말하도록 하라. 많이 듣고 많이 생각한 뒤에 말하는 습관을 갖도록 하라. 듣는 것과 생각하는 것은 수정하고 다시 되돌려 최적의 것을 만들 수 있지만, 말은 한 번 내뱉으면 절대 주워 담을 수 없다. 미안하다고 사과하며 되돌려보지만, 이미 나갔던 말을 없던 일로 만들 수는 없다.

그만큼 말을 할 때는 신중해야 한다. 그렇다고 말을 하지 말라는 것은 아니다. 신중함은 누군가를 평가하거나 무슨 일에 나의 의견을 제시할 때 더욱 필요하다. 말할 때 태도와 소리의 크기에도 신경 쓸 필요가 있다. 상대방이 거북하게 느끼지 않도록 단어와 제스처, 말소리의 크기를 조정해야 한다.

회의할 때에도 상황을 주의 깊게 많이 듣고 의견 제시하는 것이 효과적이다. 이야기하지 않으면 생각이 없는 것처럼 보이고 나 스스로도 정확하게 상황 파악을 하기 힘들기 때문에 적절히 의견을 제시하고 질문할 필요가 있다.

이야기할 때 순서도 중요하다. 상대방에게 기분 나쁜 이야기를 해야 할 때에는 처음에 기분 좋은 이야기부터 한다. 옷이 잘 어울린다, 예뻐진 거 같다, 요즘 덕분에 잘 지내고 있다, 넌 능력도 좋고 부럽다 등, 칭찬하며 상대방이 나에 대해 호감을 갖도록 해놓으라. 그런 뒤 내가 진정으로 하고 싶은 불만 사항을 이야기하면, 상대방은 나의 이야기를 거부감 없이 받아준다. 불만 사항에 대해 진심이 들어가 있는 것으로 보게 되는 것이다.

대화 상대자와의 관계를 개선하는 데에도 말하는 것보다 듣는 것이 더 효과적이다. 상대방에게 도움 되는 말을 하고 잘잘못을 깨닫도록 어떠한 조언의 말을 해주는 것보다, 상대방의 고민과 답답한 마음을 최대한 말할 수 있도록 들어주는 것이 더 큰 도움을 준다. 그렇게 하고자 하는 말을 다 들어준 뒤 약간의 도움 되는 말들을 해주면 아주 좋은 관계가 형성될 수 있다.

상대방이 말을 하려고 하면 중간에 끊지말고 무조건 들어라.

상대방이 말하고 싶어할때 끊고 내가 얘기를 하면 상대방은 나의 얘기는 듣지않고 자신이 생각한 것을 어떻게 얘기할 지 고민한다.

결국 나의 얘기는 허공의 소리로 무시당하고, 서로 다투거나 내가 설득당하게 될 것이다.

그리고, 내가 얘기할 때는 나의 주장을 전하는 설득력 있는 기술을 익혀야 한다. "말 한마디에 천 냥 빚도 갚는다."라는 속담이 있다. 말만 잘하면 어려운 일이나 불가능해 보이는 일도 해결할 수 있다는 말이다. 사람들과의 관계에서 어떻게 말을 주고받느냐에 따라 상대방이 나에게 베풀기도 하고 나에게 대접받고 싶어 하기도 한다. 어떻게 이야기하느냐에 따라 상대방이 나에게 돈을 빌려주기도 하고 욕을 하기도 한다. 똑같은 의도로 말을 하지만 표현하기에 따라서 반응은 완전히 달라진다.

말은 자신을 변화시킨다. 비판이나 험담을 하면 그 순간엔 쾌감을 느끼지만, 부정적인 말 속에는 우리의 몸속에 화를 일으키는 특성이 있어 결국 말하는 사람 스스로 나쁜 감정과 스트레스를 받게 된다. 평상시 '죽겠다'는 말을 자주 사용하면 몸의 기운이 저하된다. 긍정의 말과 부정의 말 중 어떠한 말을 더 많이 사용하느냐에 따라 그 사람이 달라진다. 말에 의해 몸이 변화된다. 부정적으로 '하지 말라'고 이야기하기보다는, '어떻게 하라'고 긍정적인 이야기를 하도록 하라. '쓰레기 버리지 마!'라고 이야기하기보다, '쓰레기는 쓰레기통에 버려!'라고 이야기하는 게 당사자 간에 더 좋은 느낌을 준다.

부드럽고 아름다운 말을 사용하면 상대방도 기분 좋게 받아들이지만, 그보다 자신에게 더 좋다. 그러한 좋은 말은 내 신체의 기운도 상승되게 만든다. 말이 씨가 된다는 것은 말한 대로 결과가 이어진다는 것이다. 내가 좋지 않은 말을 많이 하면 내게 좋지 않은 일이 많이 생기게 된다. 말을 통해 자기 암시가 이뤄진다. 상대방을 기분 좋게 해주는 언어, 긍정적인 언어, 건설적인 언어를 사용하는 훈련을 하도록 하라.

● 문제해결

살면서 크고 작은 문제를 계속 접하게 된다. 해결할 문제가 있다는 것은 성장과 후퇴의 기로의 순간이라고 할 수 있다. 영향도의 차이는 있겠지만 그 순간의 판단에 의해 인생이 좋아지는 방향으로 갈 수도 있고 좋지 않은 방향으로 갈 수도 있다. 기준이 뚜렷한 사람은 판단도 쉽다. 평소에 나름대로의 기준, 가치관 형성이 중요한 이유이다. 이미 형성된 사람은 기회가 왔을 때 기회를 바로 잡을 수 있다. 그럼 그러한 기준 형성이 되지 않은 분야에 대해서 판단이 필요할 때는 어떻게 할까?

■ 다양한 경우(case)의 추출

나름대로 다양한 경우를 고려해봐야 한다. 선택 가능한 모든 경우의 수를 따져봐야 한다. 다양한 경우를 생각할 수 있는 능력이 중요하다. 특히 회의할 때 그러한 능력은 인정받는다. 남들이 생각하지 못한 경우까지 볼 수 있는 능력을 키워야 한다. 이게 창의성이다.

■ 최선과 최악

선택에 따라 어떠한 결과가 나올지 예측해봐야 한다. 그 예측은 최선과 최악을 고려하여 선택한 것이 잘되면 어떻게 될지, 잘 안 되면 어떻게 될지 극단적인 상황까지 볼 수 있어야 한다. 최선과 최악의 상황이 만들어지면 대화할 때에도 설득력이 생긴다. 내가 어떠한 결심이 생겼을 때, 상대방에게 너의 생각대로 진행하면 이렇게까지 악화될 수 있는데 그래도 괜찮겠냐고 반박할 수 있고, 나의 생각대로 진행하면 이렇게까지도 가능하니 진행해보자고 설득할 수 있다. 갈등이 생기는 것은 결과가 예측하기 어렵기 때문이며 확실한 것이 없기 때문이다. 결정한 뒤 진행을 잘하면 좋은 결과로 이어진다.

결정에서 중요한 기준은 논리 싸움이다. 누가 더 논리적으로 설득력 있게 방향 및 방법을 제시하느냐의 차이인 것이다. 그러한 논리가 잘 형성되는 사람은 결단력도 있고 추진력도 있다고 평가받는다. 결정한 뒤에는 반드시 성공적으로 마무리되도록 열정을 다하는 노력을 아끼지 않아야 한다. 자신의 의지대로 결정된 사안이 혼자 처리할 수 없는 큰일이라면 일처리를 위한 처리 방법을 분류하고 함께할 수 있는 사람들에게 업무를 나눠주도록 하라. 혼자 할 수 있는 경우에도 다소 부담되면 주변 사람들을 활용하는 것이 아주 좋다. 백지장도 맞들면 가볍듯 문제해결도 최대한 주변 사람을 활용하면 가벼워진다. 일을 맡길 때는 해야 할 일이 100이면 120 정도의 성과를 내놓도록 맡겨라. 그래야 저성과자가 있는 경우 조정이 가능하다. 고성과자도 기존 임무보다 큰 부담을 갖지 않는 선에서 맡게 되므로 순조로운 진행에 도움이 된다. 진행 중 발생할 가능성을 고려한 리스크 분산이다. 업무처리 마무리 순간까지의 상황을 고려하는 능력을 쌓으면 어떠한 일 진행도 어렵지 않게 처리 가능할 것이다.

■ 대화

혼자서 해결되지 않는 문제가 있을 때는 사람들을 만나 대화를 나눠라. 이미 경험이 있는 사람들을 만나 이야기를 나눠라. 고민했던 부분이 쉽게 풀리는 경우가 많이 있을 것이다. 자신이 생각하지 못했던 이야기들을 늘게 될 것이다. 주변 사람들을 통해 해결하기 어려운 난이도가 있는 문제는 전문가를 찾아라. 판단이 어려운 문제를 해결하기 위한 가장 좋은 방법은 해당 분야의 전문가와 상담하는 것이다. 자신의 인적 네트워크를 활용하면, 전문가는 아니더라도 잘 아는 누군가와 연결은 가능할 것이다. 찾으면 된다. 전문가를 찾아서 고민을 이야기하고 해결방안을 찾도록 하라.

■ 전화

우리의 생활을 편리하게 해주며 문제해결 하는 데 가장 좋은 수단이 전화이다. 항상 전화를 잘 이용하라. 큰 수고 없이 많은 문제를 빠른 시간에 해결할 수 있는 최고의 도구가 전화이다. 전화를 이용하여 꼬리에 꼬리를 물며 연결해가다 보면 원하는 사람과 연결이 되고 원하는 답을 찾을 수 있게 된다. 또한 전화는 사람과의 원만한 관계 유지에 큰 역할을 한다. 누군가와 만나기로 약속했는데 가지 못하거나, 부모님이 시골에 멀리 떨어져 있어 자주 찾아가지 못하거나, 누군가 병원에 입원했는데 바쁜 일로 가지 못하거나, 말다툼을 했는데 직접 만나서 말하기가 곤란할 때 등, 어느 누군가에게 서운하게 할 수 있는 상황을 전화 한 통화로 눈 녹듯이 편안하게 해줄 수 있다.

사람은 하루에도 수십 번씩 핑계를 대곤 한다. 그 핑계를 대지 않게 하는 방법이 전화다. 차가 막혀 지각할 때 미리 전화해주면 상대방이 이해하고 기다려준다. 도착해서 차가 막혔다고 이야기하는 것보다 훨씬 효과적이다. 어떠한 일이 닥치기 전에 미리 전화 한 통화 해주면 상대방이 기다리며 짜증나는 일이 없을 것이고, 회의가 늦어지는 등의 시간을 죽이는 일도 없을 것이다. 전화를 잡담하는 용도로 사용하기보다, 생활을 좀 더 부드럽게 풀어가는 용도로 적극 활용하라.

전화 걸기를 귀찮아하지 말라. 멀리 떨어져 있어도 바로 옆에 있는 친근감을 전달할 수 있는 게 전화다. 잠시 책 읽는 것을 멈추고, 바로 미안함이 느껴지는 누군가에게 전화 한 통화 걸어보라. 기분이 좋아질 것이다.

◉ 견제 & 균형

문제해결의 방법 중 하나가 '견제냐, 균형이냐?'의 갈등이다.

국가 정책을 펼칠 때는 항상 견제와 균형의 원칙에 따라 운영한다. 어떤 이는 그러한 견제와 균형의 원칙을 일관성 없는 정책을 펼치는 것이라고 비판한다. 하지만 일관성 유지가 쉽지 않기 때문에 적정한 상황을 만들어 가고자 두 가지 방식을 동시에 운영하는 것이다.

고용을 늘리는 것과 회사를 구조조정(혁신)하는 것은 상반된다. 방만하게 운영되는 회사의 경우 직원들 명예퇴직을 시키는 등의 방법으로 경비를 줄이고, 조직을 슬림화하도록 압력을 가하여 회사를 혁신하게끔 유도한다. 고용을 늘려야 하므로 회사들에게 고용을 많이 하면 인센티브를 주는 식으로 고용창출을 위해 노력한다. 제3자 입장에서 보면 이해되지 않는 논리다. 한쪽에서는 직원을 퇴직시키라 하고, 한쪽에서는 고용을 늘리도록 독촉한다.

물가를 잡는 것과 경기를 활성화하는 것도 마찬가지 방식으로 상반된다. 물가를 잡으려 하면 경기는 둔화되고, 경기를 살리려 하면 물가가 올라간다. 정부정책의 대부분이 이와 같이 상반되기 때문에 방향 잡는 위치에 있는 결정권자는 신중하게 분위기 형성을 잘해줘야 한다.

회사 내부 운영에서 비슷한 논리가 신상필벌이다. 잘하는 직원들은 상을 주어 더 잘하도록 용기를 북돋아 주고, 일하지 않는 직원은 벌을 통한 자극을 주는 방법을 택한다. 벌을 줘야 다른 직원이 벌 받는 직원을 보며, '나는 저렇게 되지 않도록 열심히 해야겠구나.' 생각하게 된다. 또한 상을 받는 직원을 통해 '나도 열심히 해서 상을 받아야겠다.'라는 생각을 갖도록 유도할 수 있다. 열심히 했는데도 벌을 받는 직원이 생기면 오히려 사기가 저하되는 부작용이 생긴다. 적절한 조화를 이뤄야 만나는 것이다.

개인에 있어서는 칭찬과 꾸지람으로 분류될 수 있다. 친구가 회사에서 적응하지 못하고 상사와 의견이 충돌한 뒤 회사를 그만두었다면 어떻게 대응해줄까? 칭찬을 통해 용기를 줄까, 아니면 꾸지람을 통해 자기성찰에 노력하도록 할 것인가는 본인들의 선택이다.

자녀가 요즘 공부는 안 하고 운동만 열심히 한다. 회초리를 들어 공부하도록 자녀를 바꿔놓을 것인가, 아니면 운동하는 것을 칭찬하며 건강하게 지내고 시간 되면 공부하도록 유도할 것인가.

우리는 동일한 문제점에 대하여 반대로 행동을 보일 수 있다. 이때 절대 감정을 앞세우지 말고, 상황을 좀 더 깊이 있게 이해하는 시간을 갖도록 하라. 그 뒤에 행동해도 늦지 않다.

국민들의 정서와 시장 분위기에 의해 정책이 의도한 것과는 다른 방향으로 흘러가기도 한다. 좀 더 깊은 상황분석이 부족한 결과일 것이다. 개인의 심리 상태와 행동 사유를 정확히 파악하지 못하여 벌과 꾸지람을 택한 경우 의도한 것보다 상황을 더욱 악화시키는 결과를 낳기도 한다. 가급적 균형, 상, 칭찬을 활용하는 것이 아주 좋다. 하지만 이러한 긍정의 방식이 어려울 때는 가끔 견제, 벌, 꾸지람 같은 방식을 이용하는 게 효과적이다.

◉ 상대성

자연 속에도 빛과 어둠이 있고, 일출과 일몰이 있고, 초승달과 그믐달이 있고, 먹고 먹히는 생태계의 양면성이 있듯이, 인간의 삶 속에도 동일한 모습들이 있다. 맞고 틀림이 있고, 태어남과 죽음이 있고, 젊음과 늙음이 있고, 부자와 가난한 자가 있고, 고용주와 피고용자가 있고, 볼트와 너트가 있고, 좋은 것과 나쁜 것이 있다. 상대성의 원리가 대부분의 생활 속에 들어와 있다. 절대적 진리란 없다. 진리라는 것도 인간이 상황 속에서 만들어놓은 규칙에 불과하다. 상황이 바뀌면 진리도 바뀐다. 가치기준이 변화되는 것이다.

사람을 죽이면 무조건 죄인이다. 이것 또한 시대적 상황에 따라 살인자가 영웅으로 대우받기도 한다. 혼란의 상황을 막고자 인간이 법과 규칙을 만들어 질서를 형성한 것이다. 모두가 그 가치기준에 맞게 살도록 교육되는 것이다. 진리조차도 바뀔 가능성이 있다는 말이다.

예전엔 교통사고가 발생해도 100% 가해자와 100% 피해자가 있었다. 하지만 요즘엔 100%로 결정되는 것은 거의 없다. 100% 피해자로 보았던 상황도 다시 생각해보면 피해자가 사고 발생이 일어나지 않도록 주의하지 않은 잘못이 있는 것이다. 방어운전을 하거나 상대방에게 사고예방 경고 등을 통해 피해를 줄일 수 있는 것을 고려한 것이다.

애들이 싸울 때도 그렇다. 누가 잘못했다고 결정하려 노력하지 말라. 누가 먼저 때렸으니 그가 잘못했다고 결정하지 말라. 싸움을 일으키고 확대시킨 결정적인 잘못은 때린 사람일지 모르나, 피해자가 상대방이 화나지 않도록 잘 이야기했다면 싸움까지 하지는 않았을 것이다. 다투고 싸우는 것은 쌍방이 모두 감정을 절제하지 못하고, 상대방이 이해하도록 논리적으로 이야기하지 못해 발생하는 것이다. 좋지 않은 상황을 만든 두 사람 모두에게 잘못이 있는 것이다.

의견이 불일치하고, 논쟁이 생기는 것은 무엇이 옳은지 확실하지 않기 때문이다. 몰라서, 고집불통이라서 그러한 상황이 만들어지기도 하지만, 보편적으로는 100% 확실한 것은 없고 단지 확률만 존재하기 때문에 그런 일이 일어난다. 논쟁은 권력을 가지거나 의사 결정권을 가진 자의 판단에 의해 정해진다. 모든 결정은 다른 사람보다 능력이 뛰어난 것으로 인정받고 그러한 지위에 올라간 사람에 의해 결정된다. 불완전한 일부 사람에 의해 모두 결정된 것이다. 결국 그 결정으로 만들어진 법과 규칙과 이론들 대부분도 불완전한 것이다.

모든 것을 불완전하다고 부정하는 것은 아니다. 인간은 그 불완전한 것들을 계속해서 좀 더 완전해지게 하려고 노력하며 살아간다. 나도 그 완전함을 위한 일부의 노력을 하고 살아가며, 그러한 삶을 의미 있다고 생각한다.

◉ 적당히

우리는 '적당히'라는 용어를 자주 사용한다. 밥을 지을 때 "물 양을 어
느 정도나 해야 해?" "어~, 적당히 해." 놀고 싶을 때 "엄마 얼마나 놀면 돼
요?" "어~, 적당히 놀아." 운동할 때 "얼마나 운동하는 것이 좋아요?" "어~,
적당히 해." 물을 마실 때 "물은 얼마나 마셔야 건강에 좋아요?" "어~, 적
당히 먹어야 가장 좋지."

모든 질문에 대한 최적의 답은 '적당히'이다. '적당히'라는 것은 과하지도
부족하지도 않은 수준이다. 그것은 사람에 따라 다르고, 상황에 따라 다
르고, 시점에 따라 다르다. 가장 적합한 수준은 스스로 느껴서 판단하라
는 것이다.

■ 조화

'적당히'라는 말 속에는 어떠한 것에 치우치지 말고 조화를 유지하라는
뜻이 있다. 체질이 태양인, 태음인, 소양인, 소음인 형태로 나누어지는 것
은 특정 성향이 더 많기 때문이다. 가장 좋은 것은 모든 성향이 조화를
이루어 특정 성향에 치우치지 않는 것이다. 그러한 치우침이 없는 성향을
가졌다면 체질 개선을 위해 노력할 필요가 전혀 없다. 체질 개선이 필요
한 것은 한쪽 성향이 강하고 특정 성향이 약하므로 몸에 이상이 생기기
때문이다. 약한 부분에서 이상이 생겨 발병할 가능성을 키우기 때문이다.
책을 읽어도 한쪽 분야의 책만 읽으면 극단적인 사람이 된다. 오로지 자
신이 알고 있는 것만 절대 진실이라며 자기 세계를 만들어버린다. 결국 사
회생활이 순조롭지 않게 된다. 책을 읽어도 다양한 책을 읽어야 한다. 사
람을 사귀어도 다양한 분야의 사람을 사귀고 만나야 시야가 넓혀지고 생
각도 커진다. 내가 가진 전문분야를 깊이 있게 알아야 하지만, 그 전문분
야에 다른 분야 지식까지 포함시킬 수 있다면 한 단계 업그레이드된 지식

을 형성할 수 있을 것이다. 내 전문분야의 단점들을 다른 분야의 장점들을 활용하여 없애는 것이다.

■ 식사, 운동, 잠, 술

특히 적당히 절제의 필요가 있는 것이 식사, 운동, 잠, 술 등이다. 식사는 편식하지 않고 골고루 먹어야 한다. 좋은 것만 먹으면 좋을까? 좋은 것도 많이 먹으면 독이 된다. 독도 적당히 먹으면 약이 된다.

가장 큰 욕구 중 하나인 식욕을 절제하도록 하라. 운동을 하라고 많이들 이야기하지만 운동도 지나치면 오히려 독이다. 지나친 운동은 몸의 한쪽 부분을 강화시키면서 다른 약한 부분을 만든다. 건강한 사람이 한 순간에 죽는 것은 이러한 약한 부분이 형성되기 때문이다. 마라톤 등 운동에 중독되면 심한 병에 걸린 것과 같다. 적당히 운동하라.

잠을 적당히 자면 아주 좋다. 머리도 맑아지고, 건강도 유지하고, 상쾌한 하루를 보낼 수 있다. 잠이 과하면 소중한 시간을 소모해버린다. 시간은 재산이다. 재산을 방탕하게 쓰는 것과 같다. 잠을 과하게 자고 일어나면 오히려 피곤하게 느껴진다. 몸에 맞지 않기에 몸에서 반응을 보이는 것이다. 잠이 부족하면 간이 피곤하고 신체 기관들이 과열되어 이상이 생길 수 있다. 기계가 과열되면 폭파하듯 우리 몸도 과열되면 이상을 일으킨다. 적절히 쉬어줘라. 그래야 창의적 생각도 나오고 몸도 잘 움직인다.

술, 적당히 마시라

술 많이 마시면서 우울한 기분을 풀 수 있다. 많이 마시고 망가지면서 답답한 마음을 풀 수 있다. 하지만 그보다 부작용이 훨씬 많다는 것은 과하게 마셔본 사람은 모두 알 것이다. 술을 절제하여 흔들거리는 삶을 살지 말라. 술을 이기지 못하고 감정에 휘둘려 살게 되면 인생 망친다.

■ 과욕은 금물

무엇이든 지나친 것은 좋지 않다. 좋다는 것, 옳다는 것, 도리라는 것도 모두 지나치면 어디선가 문제를 일으킨다. 부모를 잘 모셔야 한다. 그래서 결혼한 뒤 자신의 부모에게 지나치게 용돈도 많이 드리고, 선물도 많이 해드리고, 부모님 집에서 잠도 자면 좋을까? 배우자와 배우자 부모가 엄청 화를 낼 것이다. 균형감을 가져야 한다. 적당히 해야 한다. 잘하는 것도 지나치면 오히려 화를 부른다. 적당히 하는 게 모두를 더욱 행복하게 해준다.

욕심 부리지 말라.

3대 욕구로 말해지는 식욕, 성욕, 수면욕에 대한 욕구를 적당히 채우라. 욕구를 참는 것도 정신적으로는 스트레스를 주게 되어 좋지 않다. 하지만 욕구 충족이 지나치면 생활의 균형이 완전히 깨진다. 적당히 욕구 만족하는 정도에서 끝내라. 3대 욕구를 적당히 조정하지 못하면 긴 인생여정의 행복감을 충족시키기 위한 것과는 점차 멀어진다. 욕구 충족을 위한 적당한 시기도 있다. 수면욕은 어렸을 때 충분히 자는 습관을 가지며 채워주는 게 좋다. 식욕은 한참 성장시기인 청소년기에 채워주는 게 좋다. 성욕은 결혼 후 부부간에 충분히 채우는 게 좋다. 욕구 또한 그 시기에 맞게 충족시켜주면 생활이 더욱 편안하면서 욕구 충족의 만족감까지 최고의 수준에 이른다. 시기가 아니면 적정선에서 참고 다른 부분에 열정을 쏟는 게 내 인생을 행복하게 사는 데 도움이 된다. 나와 관련된 모든 부분에 적당히 균형감 있는 생활을 하도록 하라.

◉ 타이밍

살아가면서 어떠한 말과 행동을 할 때는 무엇보다 타이밍을 잘 잡아야 한다. 동일한 말과 행동도 그 타이밍에 따라 효과가 극과 극으로 완전히 달라진다. 타이밍이 맞지 않게 말과 행동을 하는 경우 주변 사람으로부터 분위기 파악 못 한다며 꾸지람을 듣게 된다. 고문관이라며 놀린다. 분위기와 상황파악을 잘하면서 대응해야 한다.

주식을 거래할 때 매매 타이밍에 따라 수익을 내기도 하고, 손실을 입기도 한다. 짧게 혹은 길게 상승 흐름인지 하락 흐름인지 분위기 파악을 잘해야 한다. 공부할 타이밍인데 놀고 있으면 부모와 자주 갈등을 일으키게 되며, 사회생활 할 때 그 시기에 공부하지 않았던 것을 크게 후회하게 된다. 그 시기에 공부하면 사회생활 하며 얼마든지 인생을 즐길 수 있는데, 인생을 즐길 수 있는 시기에 즐기지 못하고 직장이 없어 헤매거나 이제야 공부하겠다며 학원을 기웃거리는 불쌍한 인생이 되고 만다.

운동할 시기에 운동을 하지 않아도 평생 허약한 체질로 살며 후회한다. 운동을 해야 나이 들어 건강한 삶을 누리며 여행도 다니고 행복한 삶을 살 수 있다. 젊었을 때는 운동의 필요성을 못 느낀다. 운동하지 않아도 힘들지 않고 체력이 유지되기 때문이다. 하지만 나이 들면 건강하지 못한 것을 땅을 치며 후회하게 된다. 자신이 건강을 챙기지 않고 바쁘게만 살아온 인생을 후회하게 된다.

남녀가 사귈 때도 타이밍이 중요하다. 상대방이 사귈 준비가 되어 있고 여유가 있어야 한다. 상대방이 시련을 당해서 누군가를 의지하고 싶어 할 때라면 가장 최고의 타이밍이다. 결혼하고 싶을 때 사귀어야 쉽게 결혼도 가능하다. 무모하게 프러포즈하는 것도 마이너스이다. 결혼을 위한 분위기와 상황이 형성되지 않았는데 프러포즈를 하면, 상대방은 오히려 경계하며 뒷걸음칠 것이다. 프러포즈는 두 사람 간에 결혼할 마음이 있는 상황에서 확정시키는 용도로 이용해야 한다.

회사생활 하며 상사에게 결재할 때도 타이밍이 적용된다. 상사가 기분 좋을 때 결재를 올리면 쉽게 결재를 받을 수 있다. 하지만 기분이 좋지 않거나 월요일 오전처럼 긴장되고 할 일이 많아 머리가 복잡한 상황에서는 결재를 얻어내기 어렵다. 목요일이나 금요일 오후가 주말 계획도 세우며 마음도 풀리고 기분이 좋을 때이므로 이 시기에 결재를 올리는 것이 가장 좋다. 이러한 타이밍의 중요성은 개인의 운명을 판단하는 사주팔자에서도 볼 수 있다. 사주팔자는 태어난 연월일시로 판단한다. 언제 태어났느냐가 그 사람의 운명을 판가름한다. 개인적으로는 사주팔자를 믿지 않지만, 이처럼 생활 속에서도 타이밍의 중요성을 찾을 수 있다.

그렇다고 어떠한 말과 행동을 할 때 너무 신중하여 최적의 타이밍을 놓치는 일이 있어서도 안 되겠다. 평소에 어려서부터 다양한 상황에 맞는 적합한 말과 행동을 할 수 있는 훈련을 하도록 해야 한다.

● 도전정신

한 번뿐인 인생 이렇게 해도 살고, 저렇게 해도 산다. 나 스스로 어떠한 결정이 서면 밀어붙이는 도전정신을 가져야 한다. 나의 결정을 믿고 신뢰해야 한다. 주변의 시선과 사람들을 지나치게 의식해서는 안 된다. 나의 의지를 보여야 한다.

인생은 밑져야 본전이다. 어차피 맨몸으로 태어났고, 잃어봐야 태어날 때의 내 모습이다. 그리고 모두가 죽는다. 가끔 '사나이라면 목숨을 두 개 가진 것처럼 행동하라.'는 말을 생각한다. 사나이라면 목숨 걸고 뭔가 해볼 용기가 있어야 한다. 그게 남자다. 인생은 죽을 각오를 가지고 내 모든 열정을 쏟는 강한 투지를 펼칠 가치가 있다. 해보는 것이다. 안 되면 그만이다. 해보고 후회하는 게 덜 스트레스 받는다.

어떠한 일이든 결정이 되면 무조건 시작하라. 진짜 시작해서는 안 될 일이라면 고민 자체도 없다. '시작이 반'이라고 하는 것은 시작이 어려운 것이지, 시작만 하면 이미 절반을 진행한 것과 같은 효과를 갖기 때문이다. 사람들은 어떠한 일을 시작하는 데 절반의 시간을 허비한다. 시작 전에 갖게 되는 불필요한 고민은 평상시에 해놓고, 일단 해야 할 일이다 생각되면 당장 시작하라. 시작하지 못하고 고민하는 다른 사람보다 배는 앞서가는 사람이 될 것이다.

도전에서 한발 더 나아가 모험을 즐겨라.

인생을 항해에 비유하기도 한다. 배가 항해하지 않고 정박해 있으면 안전하고 사고의 위험이 없다. 하지만 배는 정박해 있으라고 만들어놓은 것이 아니다. 안전하게 있으면 아주 쓸모없는 배가 된다. 배의 가치는 위험해도, 파도가 몰아쳐도 드넓은 바다를 헤치고 나아가는 데 있다. 사람도 싣고, 물건도 싣고, 갖가지 것들을 실어 날라야 한다. 인생의 가치는 이러한 모험을 할 수 있어야 더욱 빛난다. 인간의 삶은 현재에 머물러 있지 않고 끊임없이 배우고, 경험하고, 실천에 옮기며 무엇인가를 만들어내는 데 가치가 있다. 당장 어떠한 목표를 세워보고, 무엇인가에 도전해보고, 모든 어려운 것들을 이겨내며 나아가보라. 밝은 내일이 만들어지고, 가슴 뿌듯한 기쁨을 만끽하게 되며, 살아가는 게 이렇게 행복한 일이구나 생각될 것이다.

◉ 패러다임의 변화

시간의 흐름과 함께 세상은 변한다. 가치 중심은 항상 변한다. 갈수록 더욱 빠르게 변한다.

옛날에는 그래도 처처히 변하기에 기존에 가치 있다고 여겼던 깃이 살아 있는 동안 어느 정도 유지됐다. 그래서 나이 드신 분들이 하는 "요즘 젊은 이들 문제 있어."라는 말이 잘 통했다. 하지만 변화 속도가 빨라져 젊은이들의 생활과 가치관이 더 올바른 경우가 많아지면서 그러한 말은 많이 사라졌다. 시대상황의 급변은 생활의 많은 것을 바꿔놓고 개인의 가치관을 변화시킨다.

옛날에는 무시하고 천시하던 연예활동이 최고의 유망 직업이 되었고, 가장 돈 잘 버는 직업이 되어 있다. 옛날에는 싸움 잘하는 국가가 다른 나라를 전쟁으로 점령했으나, 이제는 경제 강국이 세계 최강 국가로 인정받는다. 물리적 전쟁이 IT 전쟁으로 변화되었고, IT를 이용하여 모든 활동이 이루어진다. 옛날에는 많은 지식을 가진 사람이 인정받았다. 잘 외우고, 잘 기억하는 사람이 능력 있는 사람이었다. 이젠 그러한 정보는 인터넷에 다 있다. 많은 지식을 가지기보다 그 지식을 기반으로 창의적인 아이디어를 내놓을 수 있어야 한다. 틀 속에서 따라가는 사람보다, 틀을 깨며 생각할 수 있는 사람이 되어야 한다.

회사를 운영하더라도 과거에는 능력 있는 한 사람을 잘 활용하면 회사가 성장했다. 하지만 이제는 능력 있는 세계의 모든 사람을 활용할 줄 알아야 한다. 세계 모든 사람을 내가 운영하는 회사의 직원처럼, 고객처럼 활용할 수 있는 방법을 찾아야 한다. 스마트폰의 등장은 이러한 시야의 확장을 가져왔다. 스마트폰 사용자 중 어떤 이는 회사 직원처럼 좋은 아이디어를 생각하고 스마트폰에 올린다. 어떤 이는 고객처럼 그러한 제품들을 스마트폰에서 구매한다. 이러한 접근은 스마트폰의 가치를 높인다. 단순히 전화와 소식을 주고받는 수단이 아니라, 돈 벌이가 가능한 수단까지 돼준다. 세계를 상대로 경영하라.

주변에는 크고 작은 변화가 끝없이 진행된다. 눈에 보이거나 보이지 않는 변화가 있다. 그 변화는 사람의 생각을 바꾼다. 그로 인해 형성된 보편적 가치가 규칙이 되고 법이 된다. 이러한 패러다임의 변화를 거부하면 안 된다. 받아들이고 비판하며 적응하는 노력이 있어야 한다. 기존 틀을 깨고 새로운 시각과 새로운 가치관을 형성할 마음의 문을 열고 있어야 한다. 이러한 자세는 갈수록 더욱 요구되는 항목이 될 것이다. 이러한 능력을 갖춘 이가 세상의 중심인물로 성장할 것이다.

■ 자본주의 시대의 종말

칼로 흥한 자 칼로 망하고, 총으로 흥한 자 총으로 망한다는 말이 있듯, 자본주의 시대가 돈으로 흥하여졌는데 돈에 의해 망하게 되지 않을까 걱정된다. 돈을 필요에 의해 마구 찍어내는 미국이 자본주의 시장을 주도하고 있다. 그러한 미국이 경제적으로 위기를 맞을 때마다 돈을 더 찍어낸다. 그로인해 미국의 신용도에까지 영향을 미치는 등, 미국이 근본적인 문제점을 만들어낸다면 세계 경제 질서가 유지될까? 결국 돈에 의해 세계를 지배한 미국이 돈에 의해 망하지 않을까 걱정된다. 이젠 방향전환을 해야 할 것이다. 자본주의가 살려면 자본주의의 문제점을 끌어내어 혁신적 변화를 가져와야 한다.

먼저 자산의 개념을 보자. 부채를 자산으로 계산하여 개인 부담을 가중시키는 경우가 많다. 부채가 자산을 늘릴 수 있는 기회를 주지만, 이자부담으로 그 기회를 누리기보다 부담으로 작용하는 경우가 대부분이다. 건강보험료 등을 계산할 때 기준 값을 자산이 아닌 자기 자본만으로 해야 한다. 자산에 대한 기존 개념을 깨고 현실화할 노력이 필요하다.

자본주의 시장의 잘못된 계산방식 중 하나가 비율 계산이다. 물가, 생산성, 성장률, 임금인상 등 모든 계산을 비율로 한다. 비율의 큰 허점 중 하나가 빈익빈 부익부와 같은 격차를 늘린다는 것이다. 1억 원 이상 고소득자의 5% 임금인상과 1천만 원 이하 저소득자의 25% 임금인상을 비교하면, 5%와 25% 수치로 볼 때 저소득자의 임금인상이 5배 이상인 것으로 보인다. 하지만 고소득자는 1억의 5%인 5백만 원이 인상되었고, 저소득자는 1천만 원의 25%인 250만 원 인상되었다. 결과는 정반대이다. 고소득자가 5배 덜 오른 게 아니라, 2배 더 오른 것이다. 결국 세월이 흘러갈수록 빈익빈 부익부 현상은 심화될 수밖에 없는 구조이다.

양극화를 키우지 말고 부의 분산을 위해 노력해야 한다. 부의 분배를 통해 부에 따른 갈등을 없애고, 행복지수를 높이며, 소비를 살려 경제의 선순환 구조를 만들어야 한다. 부의 분배를 위해 세금 구조를 개선해야 한다. 소득 수준이 낮으면 세금을 없애고, 소득이 높으면 현재보다 더 큰 세금을 걷어내야 한다. 부의 대물림을 최소화하도록 증여세를 더욱 늘려야 한다. 비생산적인 경제 활동보다 생산적인 경제 활동을 하는 직종의 소득 수준을 높여야 한다. 서비스업의 성장이 수익 창출엔 효과적이지만, 국내 산업기반을 탄탄하게 하는 데는 미약하다. 금융기관 및 증권사와 같은 업종의 규모가 커지는 것은 비효율적이다. 경제의 선순환적 모습을 갖추기 위해 소비 시장과 비생산적 활동이 필요하다. 하지만 무엇보다 중요한 것은 생산적 경제활동을 활성화시켜야 한다는 점이다. 관심의 중심은 생산과 소득을 늘리는 쪽으로 가야 한다. 농수산 생산업에 종사하는 인구가 늘고 소득도 늘려주도록 노력해야 한다.

자본주의에 사회주의 이론의 장점을 접목시켜 새로운 가치기준이 형성될 필요가 있다. 자본주의로 인해 물질적 풍요를 얻었지만, 그보다 중요한 정신적 풍요가 줄어들었다. 현 자본주의 구조는 더 큰 마음의 공허함을 발생시켜 행복지수를 줄이는 바람직하지 않은 모습이다. 대한민국 대부분의 사람은 충분히 행복할 수 있다. 세상 사람 대부분은 예전보다 행복할 만 하다. 하지만, 현실은 대부분 불행하다고 생각한다. 왜일까? 물질만능주의가 만들어 놓은 부작용이다. 물질보다 정신세계의 중요함을 알고 바꾸어야 한다. 전 인류를 위해서는 끊임없는 물질적 발전을 지향하기보다, 인간 삶의 행복을 찾아주는 근본적인 부분을 향상시키도록 성장 방향의 초점을 재조정해야 할 것이다.

■ 젊은 대한민국을 만들자

이 사회가 늙어간다? 젊어질 수 있다. 대한민국은 갈수록 고령화 사회로 변화되고 있다. 생활환경 및 의료기술이 좋아지면서 평균 수명은 늘어나고, 자녀 키우기가 어려워지니 출산율은 줄어든다. 노인층 인구 비율이 늘어나면서 사회가 급속도로 늙어가고 있다. 사람이 늙어간다고 국가 경제가 반드시 늙어가야 하는 건 아니다. 젊어질 수 있다.

젊은 인재들은 예전보다 더욱 많아졌다. 출산율 저하로 청년층 인원은 줄었지만 교육 수준이 좋아지면서 젊은 인재는 훨씬 많아졌다. 아쉬운 것은 유능한 인재가 일할 곳이 없다는 게 가장 문제다. 고령화 사회로 간다고 하지만 정년을 늘려선 안 된다. 노하우만을 고집하는 나이든 대다수의 인재는 조직의 혁신을 위해선 정리될 대상이며, 자기계발과 끊임없는 자기 변화를 시도하는 소수의 인원만 남으면 된다. 불가피하게 정년을 늘리더라도 극소수의 리더만 남기면 되는 것이다. 다수의 고 경력 인재는 다른 일자리를 찾도록 기업과 사회가 돕고, 젊은 인재가 그 자리를 차지하도록 해야 한다. 젊은 인재의 참신한 아이디어와 열정을 활용하지 못하면 사회적 손실이다. 대한민국이 젊어지도록 정부가 나서야 한다.

요즘 젊은이들은 예전 사람들보다 체력도 좋아졌고, 머리도 좋아졌고, 능력도 탁월해졌다. 사회 진출 연령을 낮춰서 보다 빨리 사회에서 역할을 수행할 수 있도록 해야 한다. 그들의 능력을 최대한 활용하도록 해야 한다. 젊은 인재를 통해 새로운 일자리도 만들고, 그들의 능력도 키우고, 이 사회도 젊어지도록 해야 한다. 젊은이들의 아이디어로 창업을 하도록 하는 것도 좋지만, 그보다 젊은이들이 일자리 만들기 위한 아이디어를 내놓는 기회를 만드는 것도 좋다. 전 국민을 위한 일자리 창출을 자리 못 잡고 있는 젊은 인재를 통해 만드는 것이다. 이게 일자리 창출이 아닐까 싶다.

일자리 창출은 청년만을 대상으로 할 것이 아니라, 모든 성인 국민을 대상으로 고려해야 하다. 정년을 늘리지 말고, 노인층이 일거리 창출을 위해서도 노력해야 한다. 퇴직 후 할 수 있는 일자리를 만들어야 한다. 환갑 이후엔 월급보다 어떠한 일을 하고 있다는 자체가 의미를 준다. 찾아보면 이 사회를 위해 할 수 있는 일이 많다. 찾아야 한다.

예를 들어, 살기 힘들어지면서 생계형 범죄도 많아지고 치안이 중요시되며 갈수록 관광산업이 크게 성장할 것이다. 이러한 점을 고려할 때 일정 규모 이상의 모든 건물과 아파트에 경비와 환경정화를 담당할 직원을 의무적으로 채용하도록 한다. 관리구역을 건물 내로 한정하지 말고 건물 밖 일정 구역까지 관리하도록 한다. 건물 내외 일정 구역을 경비 직원이 의무적으로 순찰하도록 하고, 환경정화 직원은 외부 길거리까지 항상 깨끗하게 유지되도록 한다. 학교 경비직원도 정문 및 후문 각 1명에 순찰할 수 있는 인원을 1명 더 의무적으로 유지하도록 해야 한다. 생활하는 데 불안감을 없애고, 깨끗한 주변 환경 속에서 항상 밝고 좋은 느낌을 가질 수 있을 것이다. 인건비에 비해 얻는 효과가 더 클 것으로 판단한다.

또한 노인층의 노하우와 인생의 가르침을 전달할 기회를 많이 만들어야 한다. 가정이 파괴되는 모습을 많이 보게 되는데, 노인 분들을 통해 가정을 지키는 노하우를 전해야 한다. 이러한 노력을 하면 이 사회를 보다 행복하게 만들 수 있을 것이다. 정부는 기업을 지키고 경제 살리는 데만 힘쓸게 아니라, 가정과 사람을 먼저 지키고 행복한 사회를 만들도록 노력해야 한다.

■ 대한민국의 힘과 내일

대한민국은 강한 힘이 있다. 그 힘은 국민이며 오래전부터 이어진 국민들의 강인한 정신과 지혜이다. 고조선 때부터 시작된 우리 민족의 뿌리 깊은 정신이 어느 나라보다 강한 것이다. 지금 빛을 발하는 대한민국의 저력은 조상들이 조금씩 쌓아온 결과물이다. 오랜 옛날부터 가지고 있던 잠재된 능력들이 세계 속으로 전파되면서 그 가치가 드러난 것이다. 기본에 충실한 교육 열기가 지금을 만들었고, IMF 외환위기 및 금융위기처럼 어려울수록 국민이 하나 되어 대한민국을 지키고 살리려는 단결된 단일민족의 힘이 한강의 기적을 만들었다.

세계에서도 유일하게 우리나라는 원조를 받던 나라에서 원조를 주는 나라로 성장했다. 세계를 이끄는 민족이 되었다. 반기문 UN 사무총장이 선임되는 등 우리 민족은 세계를 지배하기 시작했다. 짧은 시간에 1차 산업에서 2차, 3차 산업으로 변화했고, 다시 스마트 사회로 변화되고 있다. 몇 십 년 사이에 상상 이상의 초고속 성장을 하고 있다.

앞으로도 더욱 성장해갈 대한민국이다. 하지만 한 단계씩 가자. 물질적인 외적 성장보다 정신적인 내적 성장을 함께 잡고 가자. 물질적 풍요보다 정신적 풍요를 위해 가자. 정서적으로 메마른 사회로 변화되면 안 된다. 빈익빈부익부로 사회적 갈등을 심화시켜서는 안 된다. 생활이 어려운 최하층이 많아져서는 안 된다. 천천히 가더라도 함께 가는 길을 택하도록 하자. 함께 갈 때 더불어 행복한 사회를 만들 수 있다.

정부는 이러한 점을 절실하게 느끼고 국민들의 세금을 사용해야 한다. 돈을 버는 것보다 쓰는 게 중요하다. 정부가 국민들이 벌어들인 돈을 쓰는 주체이다. 정부가 어디에 돈을 쓰느냐에 따라 대한민국은 조금씩 그쪽 방향으로 바뀐다. 정부는 미래를 보고 국민의 피 같은 돈으로 국민 모두가 행복할 수 있는 방법을 찾아라. 정부의 예산 사용 및 지원 등을 자세히 보면 대한민국 사회의 향후 방향성이 보인다. 국민은 내 돈이 과연 잘 사용되는지 관심 있게 봐야 한다. 정부도 연말 세금 사용처 결정에 대한 보다 자세하고 타당한 사유를 설명 해줘야하며, 그 결정을 하기 전에 전년도 세금 배정한 것이 어떻게 잘 사용되고 어떠한 결과를 얻었는지 국민들에게 알려줄 의무가 있다. 왜 국민들의 세금을 가져가서 마음대로 사용만 하는가? 사용 결과에 대한 국민들의 목소리를 듣도록 하라. 투명하고 공정한 소통하는 사회를 만들기 위해 정부가 앞서서 실행에 옮기도록 하라. 정부는 국민들이 피땀 흘려 벌어들인 세금을 가지고 대한민국의 큰 방향성을 잡아줘야 한다. 국민 개개인의 뛰어난 능력을 최대한 발휘할 수 있도록 환경을 만들어야 하며, 우리의 것이 얼마나 소중했는지 깨닫고 미래에 투자해야 한다. 우리의 것을 소중히 아낄 때 세상 사람이 우리의 것을 찾으며 그 가치가 올라가고 관광도 눈부시게 성장할 것이다. 우리의 훌륭한 문화와 정신을 지켜가자. 대한민국에서 살아가는 모든 국민이 행복한 마음을 갖고 살 수 있는 나라를 만들도록 하자.

정부는 효율적인 시스템을 구축해야 한다.

예를 들면, 연말정산 시스템을 국세청에서 모두 처리한다. 각 기관별로 연말정산을 처리하다 보니, 매년 바뀌는 세법에 따라 담당자가 교육을 받고 전산 시스템을 구축하고, 연말정산 입력하는 직원들을 다시 교육시킨다. 이를 위해 엄청난 비용이 지출된다. 이렇게 처리할 이유가 전혀 없다. 이미 국세청은 카드, 연금, 보험, 의료비 등 연말정산 항목의 대부분을 알고 있다. 주택 및 가족관계에 대한 정보도 전산화되어 있으므로 쉽게 전달받을 수 있다. 기부금, 개인소득에 대한 정보는 각 기관 담당자를 통해 일괄 입력 받으면 된다. 인적 공제에 대한 부분도 개인이 결정할 것이 아니라, 기준을 설정하여 일괄 반영하면 된다. 충분히 시스템 구축이 가능하며, 엄청난 비용 지출을 막을 수 있다. 또한 세법도 훨씬 합리적으로 만들어질 것이며, 매년 연말정산 오류를 발생시켜 많은 이를 힘들게 할 필요도 없다.

도로 명에 의한 새로운 주소체계도 마찬가지다. 기존 지번에 의한 주소체계를 전면 변경함으로 인해 각 기관별로 엄청난 비용이 지출되고 있다. 왜 정부 차원의 시스템 구축을 하지 않는가? 새로운 도로 명 주소가 수시로 발생하면 그때마다 자료 갱신도 해줘야 한다. 이것을 정부 차원에서 시스템을 구축하여 각 기관에서 연결하여 사용하도록 해주면 주기적인 갱신도 필요 없고 이용도 쉬워질 것이다.

대한민국 대부분의 업무처리는 전산화되어 있다. 이 전산화 항목 중 일부는 정부에서 관리할 필요가 있다. 정부 차원의 시스템을 구축하여 각 기관들이 변화에 쉽게 적응할 수 있도록 해야 한다. 정부에서 관리하면 표준화되어 어디서든 동일한 코드와 프로그램이 되어 있으므로 혼란도 막을 수 있다. 정부의 적극적인 역할수행 노력이 나타나길 기대한다.

● 복지

복지는 사람을 행복하게 살 수 있도록 해주는 아주 좋은 정책이다. 복지정책을 잘 수립하면 대한민국이 행복한 나라가 될 것이다.

돈을 잘 쓰는 게 중요하다. 복지는 돈을 쓰는 활동이다. 복지정책을 수립하는 것을 보면 어디에 쓸 것인가에만 집중하고 있다. 하지만 그보다는 기준 잣대가 중요하다. 일반적으로 소득 수준에 따라 복지 혜택을 부여한다. 잘못된 기준이라고 본다. 복지 혜택은 삶에 여유가 없는 사람들에게 주어지는 활동이다. 과연 어떠한 사람이 그 대상인가? 소득보다는 재산 소유 정도가 더 정확한 잣대이다. 5억 빚이 있는 월 소득 5백만 원 봉급생활자보다 20억 집을 소유한 실직자가 부자이다. 그런데 우리 사회는 20억 집을 가진 자가 복지 혜택을 더 많이 누리는 구조이다. 어처구니없는 상황이다. 복지 혜택의 기준에 소득 수준뿐 아니라 재산 정도를 반영해야 한다.

재산 파악은 충분히 가능하다. 금융기관을 통해 예금 및 대출금 파악이 가능하다. 국토해양부에서 주택 실거래 가를 알고 있다. 국세청을 통해 연소득을 알고 있다. 이미 개인 재산 및 가계 재산을 파악할 수 있는 상황이다. 형식적 복지 운영이 아니라 실제 상황에 맞게 운영해야 한다. 재산 정도에 따른 복지 혜택 기준을 마련하여 진정으로 필요한 사람에게 혜택이 주어지도록 해야 한다.

재산 정도는 세금납부 기준에도 적용할 수 있다. 소득뿐 아니라 재산 정도에 따라 세금 납부 정도를 조정하여 부의 분배가 효과적으로 이루질 수 있게 해야 한다. 이미 부자인 사람들이 가지고 있는 재산은 사회에 환원하도록 하는 시스템이 전혀 없다. 기부금이라는 자발적 납부의 좋은 제도가 있지만, 이것은 거의 효과가 없다. 너무 수동적 접근 방식이다. 강제적으로 일정 부분을 사회에 납부하도록 해야 한다. 당연한 모습이고, 당장 제도화해야 한다. 모든 법과 제도를 가진 자들이 수립하기에 뒤엎기 힘들다. 그러므로 국민들이 나서서 잘못된 기준들을 바꿔야 한다. 선거를 통해서, 민원을 통해서, 소송을 통해서 등 다양한 방법을 이용하여 우리는 할 수 있다.

Part 11

가치관 팁들(Tips)

● 앎

우리가 지식, 지혜 등을 알게 되는 방법은 책, 대화, 시행착오 등을 통해서이다. 우리는 책을 통해서 간접적 경험을 한다고 한다. 직접 경험하지 않아도 책을 통해서 많은 것을 알게 된다. 하지만 책의 단점은 책 주제의 방향에 따라 다소 치우치는 경향이 있다는 점이다. 중심을 갖기보다 주장하는 방향에 맞춰서 모든 것을 정당화시켜놓고 독자를 그 논리 속으로 빠져들게 한다. 그래서 책을 선택할 때는 많은 종류의 것을 읽을 수 있도록 다양하게 골라 보는 노력을 해야 한다.

대화도 아주 유용한 수단이다. 짧은 시간에 어떠한 정보를 얻고자 할 때 가장 좋은 방법이 대화이다. 대화를 통해 내 생각을 전달하기보다 어떠한 정보를 얻는 수단으로 사용하는 게 가장 좋은 대화법이다. 대화를 시작하기 전에 자신의 생각을 확정하고 접근하는 방식이 가장 좋지 않은 대화법이다. 이것은 대화라기보다는 일방적 지시와도 같으며 상대방에게 아주 불쾌감을 준다. 내가 어떠한 주장을 하겠다고 다짐하고 나름대로 정리된 상황일지라도 서로 간에 의견을 주고받는 상황이라면, 상대방의 의견을 충분히 듣고 나의 생각을 충분히 얘기한 뒤, 서로의 차이가 무엇인지를 고민하며 최선의 결론이 상대방 주장 속에서 나올 수 있음을 인정해야 한다. 내가 상대방 생각을 인정하는 건 지는 게 아니다. 누구의 아이디어인지보다 대화를 통해 서로의 최선의 안을 찾을 수 있는 넓은 포용력이 더 크게 인정받을 수 있다.

대화 전에 스스로 준비하고 정보를 찾는 노력을 하고, 대화 속에서 더 많은 정보를 얻고 서로가 생각 못 했던 부분까지 얘기해가며 발전할 수 있는 것은 상대방을 인정하고 받아줄 준비가 되어 있을 때이다. 스스로 변화할 준비가 되어 있고, 자신이 알고 있는 것이 전부가 아님을 인정할 수 있는 사람이야말로 모든 것을 알 수 있고 모두를 지배할 능력을 가진 사람이다. 내가 변해야 옆에 있는 사람을 변화시키고 설득시킬 수 있다.

과거부터 알고 있는 지식 속에서 살아가면 그 삶은 후퇴한다. 새로운 것을 담을 수 있는 사람만이 전진하는 삶을 가질 수 있다. 시행착오를 통해 어떠한 정보를 얻는 것은 가장 아랫단계의 것이라 본다. 급변하는 시대 상황에서 시행착오를 통해 노하우를 쌓으며 내가 자리를 잡아가기엔 틈이 너무 좁다. 시행착오를 통해 얻는 것은 '이렇게 하면 문제가 있다.'라는 문제의식이 대부분이다. '이렇게 하면 안 되는구나.' '이렇게 하면 실패하는구나.' '이렇게 하면 상대방이 화내는구나.' '이렇게 하면 관계가 악화되는구나.' 등 문제점을 얻어 다시 그러한 실수를 하지 않도록 해주는 게 대부분일 것이다.

어떠한 사실을 알게 되는 다양한 방법이 있고, 그 알게 된 사실이 절대 진리가 될 수 없음도 알아야 한다. 상황에 따라서는 그 전에 알고 있는 사실이 오히려 마이너스가 되는 경우도 있다. 이미 알고 있다는 선입관 때문에 쉽게 결정을 못 하고 고민만 더 많아지는 경우도 있다. 이러한 가능성을 안다면 알게 된 진실마저 '그럴 수 있구나.' 정도로 인식하고 있는 게 더 좋을 수 있다는 말이다. '절대 이것 아니면 안 된다.'가 아니라 '이게 더 좋지 않구나.' 정도로 인식하는 것이 적절하다.

인터넷이나 전문가를 통해 듣는 정보를 100% 믿지 말라.

외식의 단점은, 외식업에서 일하는 사람의 일정 비율은 돈을 벌기 위해 음식의 청결이나 건강을 생각하기보다 입맛을 올리기 위한 조미료나 신선하지 않은 재료를 사용하는 경우가 있다는 점이다. 독서를 위해 선택하는 추천도서의 일부도 책을 내놓는 출판업자가 로비를 통해 추천도서에 목록이 올라가도록 강요하여 포함되는 것도 있다. 재테크에서 언급했듯 중

권사에서는 거래가 많이 이뤄지도록 투자자를 유도한다. 손해 보는 장사 한다는 장사꾼의 말을 믿지 말라고 하는 것은 그 말이 소비자를 유혹하기 위한 전략이기 때문이다.

똑같은 사건에 대해 변호사와 검사의 입장이 완전 반대인 것도 다소 아이러니한 모습이다. 변호사는 무조건 피고가 무죄 판결을 받도록 주장한다. 모두가 자신의 입장에서 말을 하고 설득하려 한다는 것이다. 모든 주장을 말하는 사람의 입장에서 다시 되짚어보고 나름대로 그 주장의 진의를 생각해볼 필요가 있다. 결국 다양한 정보와 다양한 상황들을 통해 자신이 판단해야 하고, 그러한 의심 없이 믿을 만한 사람이 주변에 많이 있다면 좋을 것이다.

◉ 정직

정직하라, 도덕적으로 문제없는 생활을 하라.

교육이라는 과정을 통해 오랜 기간 배움을 갖지만, 그것은 대부분 지식을 쌓는 과정이다. 사람이 살아가는 데 지식이 많음으로써 갈 수 있는 사회적 위치는 팀원 정도다. 팀장이 되고 사회 리더가 되려면 그와는 한 차원 높은 교육이 필요하다. 머리로 배우는 것보다 한 차원 높은 마음으로 배우는 교육이 필요한 것이다. 이러한 교육이 부족하기 때문에 우리는 사회 고위층의 부조리를 많이 본다.

회사에서 퇴직당하는 대부분의 사건이 순간적 실수로 발생한다. 이 정도는 괜찮겠지, 이걸 누가 알겠어, 이것은 누구나 하는 거잖아, 나 혼자 하는 것도 아닌데 뭘, 이렇게 자기 합리화를 시키며 행한 한 순간의 실수로 인생이 바뀌는 사람이 많다. 한 순간의 실수로 실업자가 되고 삶이 황폐화되는 경우가 많다. 평생 사회적 위치를 찾아가고 풍요로운 삶을 형성하며 가족들의 행복한 삶을 꿈꾸며 뼈를 깎는 고통을 참으며 쌓아왔던 과

거의 노력들이 한순간에 바람처럼 날아가는 허무함을 느끼지 않으려면 정직하라. 사회는 상상할 수 없을 정도로 냉정하다. 나의 힘이 사라지는 순간 모두 등을 보이며 걸어가 버린다.

작은 욕심으로 큰 것을 잃는 한심스런 실수를 저지르지 않도록 하라. 따분한 듯 평온한 일상적 생활이 가장 행복한 순간인 것을 알라. 그 순간 조그마한 이익을 찾기보다 자신의 가치 상승을 위한 자기 계발할 부분을 찾으라.

◉ 위치에 맞는 사고와 행동

살아가면서 수많은 관계를 형성하는데, 그 모든 관계 속에 나의 위치가 다양하게 형성되어 있다. 시간이 흐르면서 위치가 바뀌기도 하고, 하루에도 몇 번씩 상황에 따라 바뀌기도 한다. 심지어 동일한 관계자와 서로간의 위치가 바뀔 때도 있다. 학교 다닐 때 친구였는데 회사에 입사 후 선후배가 되기도 하고, 사장과 직원 관계가 되기도 한다.

우리는 위치에 맞게 사고하고, 행동해야 한다. 다양한 위치에 맞는 다양한 사고와 행동을 할 수 있어야 한다. 친구를 회사에서 상사로 만나면, 회사에서 상사로 깍듯이 대우해줘야 한다. 공적인 것과 사적인 것을 명확히 할 줄 알아야 한다. 공과 사를 구분하는 것은 위치에 맞는 행동을 하라는 것이다. 회사에서 생활하는데 친구나 가족과 생활하는 것처럼 해서는 안 된다. 회사에서 가족과 같은 분위기가 좋다고 하는 것은 일이 잘될 때, 일을 잘할 때 통하는 말이다. 자기 역할 못 하면서 가족 같은 분위기를 위해 행동하면 분위기 파악 못 하는 사람으로 찍힌다.

장례식장에 가서 같이 울어주고 슬퍼하며 시간을 보낸 뒤 환갑잔치 같은 잔칫집에 가게 되면 같이 춤추고 노래하며 즐겁게 해드려야 한다. 하루에도 몇 번 상황에 따라 다른 역할을 해야 한다. 잔칫집에서 방금 전에 다녀온 상가 집 분위기로 있으면 안 된다.

사장이면 사장으로서의 역할에 충실해야 하고, 직원이면 직원으로서의 역할에 충실해야 한다. 내가 조그마한 상점의 사장으로 부업하며 회사 다니는 직원이라면, 회사에서의 나의 행동과 상점에서의 나의 행동은 180도 달라진다. 사장으로서 직원들을 지시하고 타이르며 운영의 전반적인 부분을 모두 관리해야 하지만, 회사에서는 상사가 시키는 일에 충실해야 한다. 팀원에서 팀장으로 승진했는데 팀원처럼 행동하는 어리석은 행동을 하지 말라. 팀장이면 팀장다운 역할 수행을 하도록 하라.

학생이면 가르침을 잘 듣고 배우는 자세가 필요하고, 강사가 되었다면 전문가로서 모든 것을 알아야 한다는 자세로 가르쳐야 한다.

위치에 맞는 역할을 수행하려면 끊임없는 자기 노력도 필요하다. 바뀐 위치에서 역할을 충실히 잘해내기 위해 공부해야 한다. 자식으로서 부모에게 의지하며 공부하고 취직하며 모든 도움을 받는다. 그런데 결혼했다면 바뀌어라. 이제는 자식이 아니라 부모의 역할에 충실하라. 독립된 가정을 가진 부모가 되었는데도 스스로 조그마한 결정 하나 못 내리며 모든 자기 행동 방향을 부모에게 전화해서 물어보는 행동을 해서는 안 된다. 자식 식사 하나 제대로 챙기지 못해 건강을 해치는 무능력한 부모가 되어서는 안 된다. 결혼했으면 부모에게 의지하려는 생각을 접고 어떻게 자식을 잘 키울까 고민하라. 결혼했으면 회사 직원들과의 시간보다 배우자나 자식과 더 많은 시간을 보내려 노력하라. 내가 부모가 되었음을 몇 번이고 되새기도록 하라.

◉ 소중한 것

사람의 가장 큰 단점 중 하나가 소중한 것을 잃어봐야 그 소중함을 절실하게 깨닫게 된다는 것이다. 나는 이 책을 통해 재산, 사람, 시간, 가족 등 많은 소중한 것들을 이야기하고 있다. 내가 살아가는 게 가능하도록 해주는 주변에 있는 모든 것들이 아주 소중한 것들이다.

주변에 조성된 환경 덕분에 먹는 것도 가능하고, 돈 벌이도 가능하고, 숨 쉬며 살아갈 수 있는 것이다. 누군가는 그 환경을 더 잘 조성하려고 노력한다. 단지 우리는 그 환경을 누리고 있다. 그러므로 소중히 다뤄야 한다. 공기와 물이 오염되지 않도록 해야 하며, 주변이 지저분해지지 않도록 해야 한다. 그것은 최소한의 내 역할이다.

그리고 가족, 나의 의식주를 챙겨주고 애들을 돌봐주는 배우자가 없다고 상상해보라. 그 날로 술 마시고, 친구 만나고, 여가생활 하며 누렸던 나의 모든 생활이 없어진다. 아내가 했던 청소, 빨래, 시장보기, 애보기, 밥하기, 반찬 만들기 등 모든 것을 내가 해야 하는 상황이 닥칠 것이다. 그 전 아내와 말싸움했던 일들이 하찮은 일로 보일 것이다. 그렇게 되기 전에 아내가 아프지 않도록 보약도 사먹게 해주고 좀 더 즐겁게 지낼 수 있도록 관심 갖는 게 현명한 행동일 것이다. 주변에 있는 많은 소중한 것들을 보다 소중히 생각하고, 존경하고, 오랜 기간 동안 유지될 수 있도록 최선의 역할을 다하는 현명함을 갖도록 하라.

글을 마치며

선택, 관계, 돈에 대한 올바른 가치관 형성과 자기계발, 건강관리는 행복한 삶을 살기 위해 반드시 필요한 중요한 요소이다.

삶은 선택의 연속이다. 무엇을 먹을지, 누구를 만날지, 어느 대학을 갈지, 누구와 결혼할지, 자녀 교육은 어떻게 시킬지 등 우리는 하루에도 수십 번씩 크고 작은 선택들을 끊임없이 하고 있다. 삶은 관계의 연속이다. 부모, 배우자, 자녀, 가족, 친척, 친구, 직장 선후배, 동료 및 우연히 마주치는 사람 등 우리는 하루에도 수십 명씩 만나며 좋든 나쁘든 관계를 맺고 있다. 삶은 돈과 연관된 생활의 연속이다. 먹고, 자고, 입고, 움직이고, 선물하고, 투자하고, 저축하는 등 우리는 하루에도 몇 번씩 돈과 관련된 생활을 하게 된다.

어떠한 선택을 할지, 어떠한 관계를 형성할지, 어떻게 돈을 사용할지 자신만의 행복기준, 가치기준을 잘 형성하여 항상 행복한 인생을 만들어가기 바란다. 자신의 삶을 스스로 제어하려면 우선적으로 자신의 능력을 향상시키며, 꾸준한 자기계발을 통해 넓고 크게 멀리 보는 생각의 폭을 확대하고, 자신의 마음을 편안하게 다스릴 수 있는 사람이 되어야 한다. 자신의 인생을 행복하게 즐기며 살려면 건강관리를 잘해줘야 함을 잊어서도 안 된다. 시간, 사람, 돈에 쫓기며 진정한 행복을 누리지 못하는 안타까운 삶을 살지 말고, 이 세 가지를 관리하며 살아가는 성공적인 인생길을 걷길 바란다. 내일을 꿈꾸는 학생부터 자녀를 둔 부모까지 모두가 이 책을 통해 행복의 나라로 한 발짝 다가설 수 있기를 희망한다.

끝으로, 항상 나를 더 큰 사람이 되도록 아낌없는 지원과 격려를 해주는 아내에게 감사의 말을 전하고 싶다.